The insurance observation and thinking

# 保险观察与思考

（2018）

王小韦◎主编

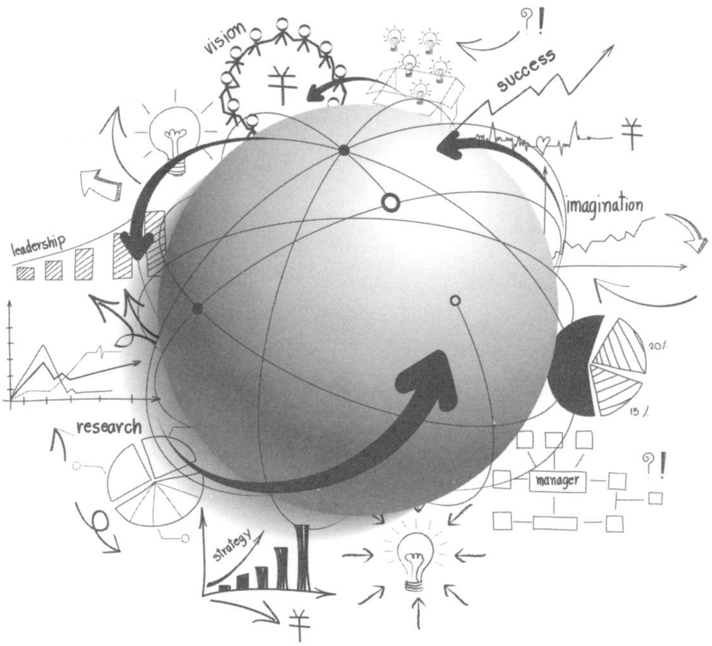


中国金融出版社

责任编辑：张清民
责任校对：李俊英
责任印制：陈晓川

**图书在版编目（CIP）数据**

保险观察与思考.2018/王小韦主编.—北京：中国金融出版社，2019.1
ISBN 978-7-5049-9967-2

Ⅰ.①保… Ⅱ.①王… Ⅲ.①保险业—中国—文集 Ⅳ.①F842-53

中国版本图书馆CIP数据核字（2019）第022103号

保险观察与思考.2018
Baoxian Guancha yu Sikao. 2018

出版
发行 中国金融出版社

社址 北京市丰台区益泽路2号
市场开发部 (010)63266347，63805472，63439533（传真）
网上书店 http://www.chinafph.com
(010)63286832，63365686（传真）
读者服务部 (010)66070833，62568380
邮编 100071
经销 新华书店
印刷 北京市松源印刷有限公司
尺寸 169毫米×239毫米
印张 18
字数 270千
版次 2019年1月第1版
印次 2019年1月第1次印刷
定价 60.00元
ISBN 978-7-5049-9967-2

谨以此书献给孜孜不倦地钻研保险理论的拓荒者！

# 《保险观察与思考（2018）》 编委会


**主　　编：**王小韦

**副 主 编：**马丽娟　胡　刚　高笑寒　陈　曙

**撰稿人员**（排名不分先后）：

田　丽　王小韦　马丽娟　王雨飞　高笑寒
郜　恺　王　晶　李　昊　杨志莹　胡　刚
陈　曙　时　欣　俞莹蕾　郭　涛　杜　娟
黄　鹏　李　盼　张艳玲　李红维
李　霞（甘肃保监局）　苏　洁
黄明明　段晓华（欧亚学院）
李鹏彬（太平集团）　陈　亮（滴滴集团）

# 序一

王小韦和他的同事们要出版《保险观察与思考（2018）》了，这是一件令人高兴的事，可喜、可贺、可圈、可点。我阅读过他们已出版的前两本文章汇编，许多文章的精彩分析和评论，给我留下了深刻印象。

即将出版的这本文章汇编，收录了王小韦和他的同事们在2017年第三季度到2018年第三季度发表的作品，一共有56篇。在这些文章里，作者们依然从保险业和保险监管机关的视角，对当前保险业发展做了有深度的思考和探索，既有对保险业改革的探索，也有对中国保险制度和保险业务创新的评论，还有对全行业和地区的监管政策的解读和改进研究。其具体内容，包括保险制度和保险产品创新、保险中介和保险营销制度改革、车辆保险改革、保险业反欺诈的业务和政策，以及不少对鲜活保险案例的立法和司法方面的分析，涉猎的范围非常广泛。这些文章虽然探讨的问题有大有小，字数有多有少，但是其风格很鲜明，那就是非常务实、接地气，没有空谈理论或者监管政策，都是以事论理、以规论理、以案论理，坚持问题导向，将保险理论、法律法规与保险业务实践中出现的问题紧密结合起来，加以分析和探讨。特别是对于车险改革的得失利弊以及进一步改革方向的考察，对于保险营销制度改革的剖析，对于保险创新技术的发展现状、前景的分析和探索，对于反欺诈的多元治理结构的构建等方面，不乏新颖观点和有深度的分析。

我作为一名保险学教师和保险研究爱好者，学习这些用心写出来的文字，在很多问题上受到启发和教益。我非常赞赏本书的作者们在保险理论和实务方面的深厚功底，以及其孜孜不倦地努力钻研和探索的巨大热情。我相信，读者们也一定会从这些鲜活的文字中“倾听”到一群研究者的充满真情的心声和感受到这些监管者的可贵的敬业精神。

以我多年的体会，进行保险理论、实务和政策的研究是一件很辛苦的事，在某种程度上也是很枯燥的事。并不是人人都有热情和兴趣来做这件事的，特别是对于每天要忙于处理繁忙监管工作业务的干部来说，要有如此高涨的观察与思考的积极性，是很不容易的。但是，辛苦和枯燥的研究工作如果有“知音”，能得到支持，这些成果有益于行业发展，得到行业内外相关部门的认可，有利于监管的改进，定会使研究者们感到欣慰。在我国近3000名保险监管干部队伍里，虽然不乏善于思考和积极写作的监管干部，也经常能读到他（她）们写的有见地的文章，或者出版的专著。但是像陕西监管局这群年轻人这样，在单位的支持下，自发地结合在一起的稳定的保险研究团队，结合监管业务和行业发展实践，孜孜不倦地观察、思考和探讨问题，在几年时间里，发表数百篇作品的团队还不多见。毫无疑问，他们的这些研究，既对正确理解和执行相关保险法律法规，贯彻银保监会的监管意图，创造性地、因地制宜地制定本地的市场监管规则，正确宣传解析监管政策、规则的意图和依据，做好陕西区域的保险监管工作，起到积极的作用，也对进一步完善我国保险监管法律法规和规章以及保险业的深化改革和发展起到积极的推动作用。

研究虽然需要不辞辛苦，但更需要悟性和热情。读者们从本书中一定会发现，以王小韦为主要创作人员的这群年轻的监管者和研究者都很有悟性。他们非常善于观察，总会从保险实践中，在监管规则的执行和制定的过程中，在各种保险纠纷和诉讼案件中，敏锐地发现有价值的线索，找出需要探讨的问题，及时进行研讨、凝练观点和进行写作，这是最为难能可贵的。

以笔者之陋见，研究没有壁垒，也并不是少数人的专利。为了使监管工作适应日新月异的科技进步和市场变化，监管部门除了充分发挥专职研究部门的作用外，还有必要也完全有可能鼓励和支持监管部门的广大干部员工进行保险研究，像陕西监管局那样，充分发挥更多干部员工的积极性和创造性，脚踏实地地用心观察和思考。只有这样，才能加深各级监管机构对银保监会各项政策和规章的理解，更有创造性地执行这些政策和规章，保险监管的整体水平才会迅速提高，保险业才容易实现更加有活力的发展。根据我的了解和观察，保险监管队伍中藏龙卧虎，大部分干部员工具有高学历、高水平，有很强的研究能力，不乏内在条件，只要监管部门给予他们宽松的环境和必要的支持，就会产生良好的群体效应。

在《保险观察与思考（2018）》出版之际，我对王小韦及其研究团队表示衷心的祝贺！也希望王小韦和他的团队在现有研究的基础上，再接再厉，紧紧围绕保险发展、改革的主题和监管工作的实际，不断提高自己的理论和政策水平，继续坚持现有的研究，进一步拓展研究领域。例如，作为监管部门，除了维护市场的公平和良好秩序、推动市场化改革外，还有一项重要的职责是保护消费者的权益，每年，各地都有许多保险消费者投诉，监管部门也做了许多维护消费者权益的工作，但本书中反映这方面问题的文字不多。我希望《保险观察与思考（2019）》出版时，能够看到正面反映这方面问题和效果的作品，更加全面地反映我们有成效的保险监管工作。

**首都经济贸易大学　庹国柱**

**2018 年 10 月 26 日**

# 序二

两年前，经中国资深保险学者、渭南同乡好友成继跃先生介绍，我与陕西保监局王小韦先生彼此添加了微信和QQ，并成为“线上”好友。此后，我们互动频繁，时常交流保险理论研究经验和心得体会，也实时阅读了他撰写的系列文章。2017年3月，我收到王先生寄送的《保险观察与思考（2012—2016）》（以下简称丛书一）；今年又相继收到他寄送的《保险观察与思考（2017）》（以下简称丛书二），以及《保险观察与思考（2018）》（以下简称丛书三）的电子文稿，并邀请我为丛书三撰写序言。三本书见证了王先生及其同事们在从事保险监管工作之余，对保险理论研究的执着、挚爱，以及取得的丰硕成果。

通读《保险观察与思考》系列丛书收录的280余篇、110余万字的文章，我认为该丛书内容翔实，具有以下四大亮点。

一是注重理论与实践的研究衔接，启发性强。《保险观察与思考》系列丛书中，作者主要针对保险市场监管、保险经营管理展开理论研究，对于研究的选题和聚焦的问题，能够紧密联系保险市场实际，言简意赅、观点鲜明、就事论事地从宏观、中观、微观三个维度提出合理建议，以及从综合考虑制度建设、系统配置、人员管理三个层面提出详细的解决方案。

该书可以与高校保险研究的理论成果相互衔接，共同丰富保险理论研究。从保险研究的视角看，可以分为高校保险理论研究、保险监管实务理论研究、保险市场主体（保险企业）理论研究。由于其收集的材料和分析的角度等差异会形成不同的结论，可以相互补充、相互佐证、相互促进，共同构成一个系统完整、科学合理的保险理论体系。

比如，研究保险中介市场准入的问题，既受到保险监管政策调整的影响，又受到上市制度改革政策的影响。系列丛书收录了《车企代理车险改革的重点、难点和突破点》（见丛书一第 3 页）《当前保险门店建设扫描》（见丛书一第 142 页）、《保险中介监管应与工商登记改革衔接》（见丛书一第 18 页）、《中介变革路上勿忘防范风险》（见丛书二第 42 页）等文章，选择上述问题研究，就是为了优化完善保险监管的需要，对于保险企业的理论研究和院校保险理论研究也具有启发性。

二是内容丰盈、成果涉猎宽泛。《保险观察与思考》系列丛书的选题立足于保险市场实际，涉及保险经营管理、保险中介市场几乎所有的问题，研究了除保险资金运用监管、公司治理监管以外的省级保险监管层面的几乎所有的问题。可见，其内容非常丰盈，研究成果涉猎领域很宽泛。

该书主创人王小韦先生以及主要创作者就职于保险中介监管部门，研究的问题与日常监管基本一致，但又扩展到相关的保险业务领域。比如，反保险欺诈问题，《保险观察与思考》丛书收录了《车险欺诈：练内功重于借外力》（见丛书二第 96 页）、《打造反保险欺诈的“中央厨房”》（见丛书二第 328 页）等多篇文章。这些文章贯穿了一个重要主线，就是加强保险公司内控制度建设，规范保险经营，提高从业者素质，预防保险欺诈的发生。数据显示，财险是当前保险欺诈的“重灾区”，车险经营中的保险欺诈尤甚。车损险项目之所以成为车险经营欺诈的“重灾区”，在于对投保车辆价格的评估上。打击和预防车险领域的保险欺诈，丛书中的相关文章建议，以依靠系统管控为根本手段，科学评估各类二手车的投保价格，从源头上遏制和预防利用豪华二手车诈骗的风险，维护保险市场秩序，维护遵纪守法的车险消费者的合法权益。

三是实践性及操作性强。《保险观察与思考》系列丛书收录的文章，都是他们 2011 年以来在《中国保险报》《中国保险》《保险中介市场》等保险报纸杂志上公开发表的文章。王小韦等人在八年多研究保险理论的过程中，始终紧扣保险监管实务、保险市场及经营管理实务，其作品观点明确、数据翔实、易于操作，对行业发展具有普遍的指导意义。

四是成果具有系统性及连续性。《保险观察与思考》系列丛书收录的文章，凸显了作者理论研究的系统性和连续性。比如，研究治理保险销售误导的问题，《保险观察与思考》系列丛书收录了《推广沪版“银保新规”保障银保新政实施》（见丛书一第 23 页）、《录音录像：银保业务监管的划时代改革》（见丛书一第 47 页）、《“银行统治下的保险公司”能否华丽转身“白天鹅”》（见丛书三第 225 页）等多篇文章。贯通起来，研究治理保险销售误导，时间跨度达六年之久，系统分析了保险销售误导高发、难治的根源，突出强调了借用录音录像手段对保险销售过程进行固化，以便于保险机构的上级机构、保险监管部门、保险行业协会调解保险纠纷，以及法院等部门审理保险纠纷案件。

保险理论研究、保险监管制度设计和保险实践发展之间互动性极强，伴随着国家社会治理能力和治理体系现代化的步伐，保险理论研究势必会紧扣保险实务的新问题、新动向、新趋势。需要来自高等院校、保险监管部门和保险经营主体在保险理论研究方面的相互合作交流、相互补充佐证、相互促进，共同构成一个系统完整、合理有效的保险理论体系，助推我国成为世界保险业的强国。以上是我对《保险观察与思考》系列丛书收录文章的读后感，期望对读者能够有所启发，并以此为序。

**广西大学保险研究所所长、保险学科带头人　唐金成**
**2018 年 10 月 10 日**

# 序三

我在2018年6月南开大学农业保险研究中心组织的学术年会上认识了王小韦先生。我担任南开农险中心的副主任，负责年会征文事宜。他作为陕西省的一位保险监管干部，积极为年会投稿，给我留下了深刻的印象。最后，他的论文入选年会优秀论文，因此我和王先生有了较多接触。

后来，他给河北经贸大学图书馆和我分别赠送了《保险观察与思考（2012—2016）》《保险观察与思考（2017）》。最近，又给我《保险观察与思考（2018）》书稿的电子版，让我给他的新书写序。接到这个任务，我非常惶恐，真诚地说："都是别人给我的书写序，我真的还没有给别人写过序，害怕自己水平有限，影响了王先生大作的水平。"王先生也很真诚地拒绝了我的推辞，我只好硬着头皮写人生中的第一个书序。

几次出差途中，我在阅读器上拜读了王先生《保险观察与思考（2018）》的书稿，再回头看看《保险观察与思考（2017）》中列示的他们这个团队2012年至2017年11月16日发表文章一览表，先不说文章的内容、广度与深度，光是这个写作数量，作为一名高校的专职研究人员，看了不禁有些汗颜。相比之下，我需要向他们学习。

首先，要学习他们对保险研究的勤奋。以2017年为例，他们这个团队一共发表了66篇文章，一年52周，平均每周发表1.3篇文章。更何况，他们的主业是保险监管与实务，而不是理论研究，能这么勤奋地笔耕，真的难能可贵。

其次，要学习他们对保险研究的热爱。王小韦先生带领的团队，是没有从事保险理论研究的义务的，换句话说，保险理论研究是他们工作中的“分外事”。他们对“分外事”能够坚持七年如一日，这其中肯定有很多的热爱成分。我和很多高校老师一样，虽然也很热爱保险理论研究，但似乎还没有达到他们的境界，多多少少会受到学校学术业绩考核的干扰。有时候我也想写一些很有意义的、时效性较强的小文章，但因为这些文章在学校业绩考核时算分很少，也因为时间精力有限就没有写。希望我们以后能向王小韦团队学习，能够摆脱业绩考核的窠臼和功利，多写一些尽管学校考核不算分，但是对保险实践和发展有帮助的论文。

保险学科是一门需要将理论研究与实践密切联系的学科。但是，我国的保险学者大多缺乏实践经验，而保险机构和监管机构的同志们又没有时间从事理论研究。因此，希望在未来，王小韦先生和他的研究团队能够一如既往地坚持写下去。中国的保险业迫切需要源自实践的理论研究。

真诚祝愿《保险观察与思考》越写越多，越写越好！

**河北经贸大学　冯文丽**
**2018 年 10 月 26 日**

# 序四

王小韦先生供职于陕西省银保监局，谈起我与小韦先生的相识，还要感谢《中国保险报》。由于我的研究方向是保险法，偶尔在《中国保险报》案例周刊上发表文章。为了阅读方便，我订阅了一份报纸。在浏览报纸时，我经常见到署名王小韦的文章，读罢他的文章，感觉无论是理论水平，还是实务经验，抑或文采，都是非常棒的。此后开始关注他写的每一篇文章。后来，《中国保险报》袁婉珺编辑出于工作需要建了一个微信群，我和小韦先生都在这个群里，从此联系多起来了，慢慢地我们成了好朋友。

一年前，王小韦先生提出让我为《保险观察与思考（2017）》写序的事情，被我委婉地拒绝了。一是因为对自己的水平还是知道的，人贵有自知之明。《保险观察与思考》系列书籍在保险业界的影响与日俱增，本人才疏学浅，对保险的认识很肤浅，哪敢担此重任。二是各种事务缠身，精力实在不够。小韦先生理解了我的难处，暂时放过了我，但同时提出《保险观察与思考（2018）》我一定要完成写序的任务。考虑到还有一年的时间，我爽快地答应了。时光荏苒，日月如梭，转眼一年就过去了。人无信不立，这次再也不能耍赖了，硬着头皮，假装有学问，写下几点感受，不对之处请小韦先生和读者朋友批评指正。

在小韦先生发给我的第一批稿件（各篇文章均已公开发表）中，有36篇文章，关注点既有传统保险问题，也有当下保险热点问题，完全符合《保险观察与思考》的出版宗旨，透过现象看本质。用深邃的目光观察保险现象，引发人们的深层次思考，进而推动保险业的健康有序发展。36 篇文章涉及的问题可以归纳为以下几个方面。

## 一、人工智能对保险业的影响

近年来，人工智能技术发展日新月异，对人类的生产和生活发生着深刻影响。在人工智能快速发展的同时，也在倒逼传统保险加速转型。对于保险业适应人工智能发展的问题，作者提出了三点建议：一是顺应变革，主动转型发展；二是拟订合同，消除理解分歧；三是突出风险控制，消除风险隐患。上述建议具有较强的前瞻性和针对性，是保险业应对人工智能发展的良策。

## 二、互联网保险与传统保险要合作共赢

凭借着自身独具的互联互通的先天优势，凭借着开展主营业务过程中积累的海量数据，攻城略地于传统产业或者行业，互联网企业战功累累。对于保险领域，互联网企业同样扮演着弄潮儿、先行者和拓荒者的角色。互联网保险与传统保险各有优势，只有合作才能共赢。

## 三、跟踪社会热点，关注保险的社会管理职能

在《劝烟诱发吸烟人遇难意外险赔不赔》这篇文章中针对社会热点案件展开讨论，可以看出作者对社会问题的敏锐性。该事件原本是一起法律案件，但作者从意外伤害保险的角度提出了自己的建议，具有很强的现实意义。现实生活中，人们的保险意识仍然需要提高，保险的三大职能仍有进一步发挥作用的空间。

## 四、反保险诈骗工作任重道远

保险欺诈是一个老话题，是保险业的顽疾。如何治理保险诈骗，可谓仁者见仁，智者见智。作者提出“建一网、把两关、管三人”的观点。“建一网”是指构筑一张信息完整网络，通过完善车险信息平

台，填补覆盖全险种保单登记平台，推动全民医疗档案建设、交通事故责任认定书公开等工作，编织一个反保险诈骗的网络。“把两关”是指加强流程管理，把好核保、核赔两道关。“管三人”是指加强人员管理，紧盯关键岗位，管好精算人、核保人、查勘人。作者长期从事保险监管工作，对保险监管一线的工作非常熟悉，上述建议是工作经验的总结，具有很强的指导作用和可操作性。对反保险欺诈具有重要作用，值得保险从业人员认真学习和研究。

## 五、对保险法理论与实务的研究更加深入

36 篇文章中，涉及的案例较多，作者对案例的法理剖析精准到位，可见其法学功底之深厚。据我了解，小韦先生并非法学专业出身，但由于工作原因，对保险法理论与实务的研究丝毫不逊色于法律专业的人士，令我非常钦佩。这让我们从事保险法理论与实务研究的学者感到了压力，不得不加倍努力，力争对得起别人称谓的“学者”二字。

最后我想说的是，作为一名保险监管部门的工作人员，工作的繁忙是可想而知的，但是在忙碌之中，还能挤出时间来思考保险问题，笔耕不辍，撰写了大量的研究文章，令我产生羡慕、嫉妒的感觉，但不存在“恨”。如果有“恨”的话，只恨自己不够努力！与小韦先生这样的学者交往本身就是自我提高的好方式。我真心希望小韦先生在保重身体的前提下，多出成果，快出成果，皆为精品。

预祝本书成为保险界仁人志士的“良师益友”！

是为序！

**河北农业大学　王卫国**
**2018 年 10 月 9 日**

# 序五

“敛气凝神做保险，沉心醉处伏伟识”，王小韦主编（书中内容多出自小韦之笔）的《保险观察与思考（2018）》即将付梓，与其之前主编的同名著作一样，本书保留了紧跟保险监管时代步伐，对最新最切实的保险监管问题做深入的观察和思考的一贯风格。

## 一、保险为社会提供安全网，为企业经营提供资金源

在保险产品销售关系中，投保个体购买保险公司的保险产品这个显性的社会关系，可以作向上和向下两个层面的延伸。

向下延伸，达至资本汇集层面，投保个体缴纳的保险费汇集成为保险公司用于资本运营的保险基金。保险公司资本运营属于金融资本运营，其过程的成败直接关系到保险公司偿付能力的强弱，甚至有无。

向上延伸，达至投保群体的利益层面。保险产品的市场化源自于对具有相同危险的投保群体利益的汇集。保险分散危险、弥补损失的目的和功能的发挥与投保群体的利益直接关联。投保群体的利益具有公共属性，其功能导向是风险转嫁和保障安全。

安全性和公共性的结合成为对保险业加以公共治理的法治需求。英国公共管理学家简·莱恩在《新公共管理》中指出：“公共治理理论是关于政府运作方式的一系列理论，是分析政府政治决策方式的理论框架，也是对政府提供社会服务方式的研究。”公共治理“能够使社会作为社会得以存续，避免出现波兰尼所说的‘市场机制成为人类命运的唯一主宰’，以及将会由此产生的梦魇般的情景”。英国的迈克·费恩塔克（Mike Feintuck）在《规制中的公共利益》中指出：“法律和

规制必须要在这个过程中扮演某种角色。”

## 二、观察保险业实态细微，思考保险业问题全面

丛书已经出版了数集，从保险监管、保险经营者、保险研究者和消费者的视角来看，本丛书集观察和思考之大成、之全面、之细致，叹为观止。

第一，丛书不仅从财险、寿险入手，对新型寿险产品的问世发出了关切之声，对带病投保的传统性老问题提出了新的见解，还从专业视角对被行业称为“第三领域”的“意外伤害险”中的新问题，比如“劝烟诱发吸烟人遇难保险赔不赔”等问题，进行了理论和实务的论证。其结论令人信服。

第二，机动车保险占据我国保险业的半壁江山，车险问题堆积如山，保险公司赤字经营的诉苦之声不绝于耳。如何探查其问题所在，并从而提出解决方案，在丛书中，笔者做了大量的有益尝试。其中，作者不仅关注到新一轮车险改革的重要性，还以此为契机，提出了分量十足的深化建议，让人感到此非“鸡汤”，而是实实在在的“干货”。

第三，新生事物“互联网保险”随着互联网大潮猛涨，不仅财险大涨，寿险也大展拳脚，为互联网保险的发展，发出了“且转、且险、且专”的呼声。丛书中，笔者还瞄准了生命科学中的热门话题：基因检测技术在互联网寿险中的发展途径和互联网寿险驾驭基因检测技术的三大路径，为两大新技术的结合贡献自己的思考结晶。笔者并没有停顿在新技术运用的层面，对如何“发挥互联网寿险在寿险疾病‘预减延’的积极作用”，也展开了认真的观察和思考，带来了新技术、新科学下的保险业的新动向和新思路，呈现出多层次的分析和论证。

第四，保险反欺诈是保险业的永恒主题。有盈利行业，必有铤而走险不劳而获的欺诈现象出现，保险业概莫能外。从保险诞生以来，

反保险欺诈已经成为保险经营的一项主要功课。在《赤峰骗保案对开展反车险欺诈工作的启示》《细节看保险：打击保险欺诈的三重境界》《打击保险欺诈：建一网、把两关、管三人》《反保险欺诈要抓住三大关键》等文章中，笔者为行业出谋划策，还对《细节看保险：创设保险欺诈指数的基本问题》进行了探讨，并在《细节看保险：社会治理视角下反保险欺诈的预防型思维》中发表了见解，为全面防范保险欺诈风险，进行了大量的观察和深入的思考，颇值得细细品味。

第五，身为保险监管工作人员的主编和主要创作人员，自然对如何实施保险监管更为上心。不仅对监管机构的"多措并举提升保险中介监管服务质量"，以及出台"规范车险经营系列制度"有所涉猎，还积极呼吁"新架构下提升银保业务监管的三大抓手：理论、制度、技术"，为保险监管提出了一系列的新建议、新想法，为保险业的健康和繁荣发展把好关。

## 三、保险需要观察，保险需要思考

中国保险业从其诞生的那天起，就与国计民生结下了不解之缘。无论是在中国人民保险公司的"简易人身保险"(simple life insurance)一花独放的年代，还是在保险新时代的今天，保险事业与社会发展、经济腾飞齐头并进，日新月异。人们的生活已经进入网络时代，生命科学已经拉开了再生医学，癌症即将被攻克，基因治疗使得人延年益寿，保险更需要细致入微的观察，更需要对保险进行周详、理性的思考；为新时代的保险发展提供智力支撑和配套措施；为新时代的新保险需求的实现，提供新思维和新思路。

思考之于推进保险法制文明，定文之于保险法制现代化，在此书中定格成概览全书之后在脑中的别样印记：以保险、保险监管正当性的探查，建立经济、金融、社会、保险市场的微观视角，进而形成推动保险业发展、保险监管法律体系建设的洪荒之力。

身负保险监管职责的王小韦主编，多年如一日，长期不懈地对保险业进行细致入微的观察，并对观察到的新现象进行思考，加以考证。他和一群志同道合的伙伴们，缜密思维，执着于保险业发展，为各种新现象提出完善的建议和思路。真可谓是笔耕勤奋、观察细致、思考全面、建言献策。留此丛书，丰功于保险业，伟绩于大中华。

**中国太平保险服务（日本）有限公司总经理　沙银华**
**2018 年 10 月 11 日**

# 保险经营的几个基本问题

（代前言）

著名作家高尔基说："书籍是人类进步的阶梯。"著名作家莎士比亚说："书籍是全世界的营养品。"上述名言共同的智慧内核至少可以概括出两层含义：一是传世的文字作品应当是有价值的，具有阶梯或者营养品的功能；二是一个人要健康稳健成长必须阅读好的作品。笔者深知自己联袂保险同仁原创的《保险观察与思考》系列丛书，距离名著甚远，但是我们的愿景就是让这套丛书能够成为高尔基、莎士比亚定义的书籍。

本套《保险观察与思考》系列丛书，已经出版《保险观察与思考（2012—2016）》（以下简称丛书一）和《保险观察与思考（2017）》（以下简称丛书二），加上即将出版的《保险观察与思考（2018）》（以下简称本书），已经出版了三本，收录了近280余篇文章、110余万字，这套丛书到底能给保险业发展提供怎样的"阶梯"，到底能给保险消费者提供怎样的"营养品"，作为这套系列丛书的主编、主要创作人员，有必要回答上述问题。

这套书中收录的《"银行统治下的保险公司"能否华丽转身"白天鹅"》（全文详见本书第225页）文章，回答了保险业存在、发展、改善中的一个基本问题，就是如何看待保险业的社会形象问题。此问题是一个老生常谈的问题。但是，传统的分析往往在于指责保险从业人员素质低等原因，基本上没有触及问题的本质。在该篇文章中，笔者认为银行业和保险业的社会形象差异有天然属性和社会属性两大根源。天然属性在于，银行业产品是以数字计算为主，以文字表述为辅，基本上不出现销售误导的情形，而保险产品是以文字表述为主，以数字计算为辅，出现销售误导本身就是一个大概率事件，自然会给保险理赔埋下隐患。基于两种产品或者两种行业天然属性的差异，在监管制度设计上，应该是保险监管严格于银行监管。但是，在实务中保险监管制度宽松于银行业监管制度。表现在以下四个方面：一是用工制度。银行业用工制度采取银行机构与从业人员签订劳动合同的方式，保险业用工制度绝大多数采取保险机构与从业人员签订代理合同。鉴于用工制度的差异，银行业员工留存率远远高于保险业员工留存率，职业生涯规划长期性远远高于保险业职业生涯规划。二是准入门槛。银行业从业人员的市场准入继续持证上岗制度，由银行业监管部门或者银行业协会组织从业人员考试发证以及继续教育；而保险业从业人员的市场准入，按照《保险法》（2015 版）的规定，取消了由保险监管部门发证准入的方式，对人员招聘等行为完全交给保险主体进行，降低了准入门槛，这或许会促进保险业业绩增长，但是，这也给保险业发展埋下隐患。三是业务来源。银行业开展业务活动全部通过自有员工开展，对业务品质具有绝对的把控权；保险业开展业务活动主要通过保险中介渠道开展，对业务品质不具有绝对的主动权。在保险业实务中，甚至出现接受保险公司委托的保险专业中介机构与保险专业中介机构合作，再次拉长保险产业链条。四是薪酬制度。银行业的薪酬制度设计与很多传统行业一致，按月按年发放薪酬；而保险业的薪酬制度设计，除了签订劳动合同的正式员工薪酬制度与银行业薪酬制度设立类似外，绝大多数签订代理合同的从业人员的薪酬实行没有底薪、没有社保的单纯提取佣金的形式。在上述分析的基础上，笔者提出了一个组合拳的建议，例如保险产品设计简单化、保险销售链条缩短化、保险风险防范前置化和保险理赔条件清晰化，笔者建议逐步依法恢复保险从业人员考试制度，推行分级分类持证制度。

这套丛书中，收录了《推行间接式监管保险中介市场》（见丛书一第58页）、《保险中介格局"大洗牌"路演》（见丛书一第154页）、《保险中介变革路上勿忘风险防范》（见丛书二第42页）、《探析保险代理新规的"坐标"体系》（见本书第221页）。上述这些文章，研究的问题聚焦于保险中介监管制度设计，但是，笔者在研究中能够深入保险中介监管制度体系内部，建立在探寻保险中介监管制度规律的基础上。我国的保险中介监管体系，从逻辑上，在第一层级，分成保险代理、保险经纪和保险公估三大类；在第二层级，保险代理分为机构代理和人员代理；在第三层级，保险代理机构分为保险专业代理机构和保险兼业代理机构。但是，在实务中，呈现出以下三种业态：一是经代不分。保险代理和保险经纪的商业模式几乎完全一致，佣金收入均来自保险公司，保险代理和保险经纪之间没有出现《保险法》设计和界定的商业模式。二是业务叠加。在保险代理体系内部，保险专业代理机构代理的险种主要是车险（占比高达90%以上）与专业代理车险业务的汽车经销商等兼业代理机构业务类型完全一致，彼此之间形成直接的竞争关系。所以，保险监管政策取向直接影响到保险中介业务结构。三是资格联动。保险代理从业资格呈"滚动式交叉"形式。在颁布《保险法》（2015版）之前，保险代理（经纪）从业资格证适用于保险公司、保险中介机构；考试发证制度取消后，与保险公司签订代理合同的保险代理人、与保险专业中介机构签订代理合同的保险代理人，银行、汽车经销商等兼业代理机构也不再要求持有保险代理资格证书，保险中介的保险资格要求整体降低。基于上述理解，制定保险中介机构监管制度，需要统筹保险中介准入条件。不过，限于本书主体，笔者对于保险中介监管政策对保险中介市场格局的影响，不再展开论述，有兴趣的读者可以浏览笔者的相关文章。

这套丛书中，收录了《保险中介监管应与工商登记改革衔接》（见丛书一第18页）、《论保险中介行政审批衔接商事制度改革》（见丛书一第 116 页）等文章，研究商事制度改革后保险中介市场准入监管的问题。近年来推动的商事制度改革，落实保险监管领域最主要的改革就是将保险中介法人机构市场准入由前置程序改革为后置程序、将保险中介分支机构市场准入由审批程序改革为备案程序，申请人首先到工商行政机关办理登记手续，然后持营业执照到保险监管部门办理行政审批或者进行报告。但是，在实务中发现，由于工商部门办理登记条件远远低于保险监管部门审批的条件，市场上出现了一些“有营业执照，没有许可证”的机构，其中有的机构变相从事保险中介业务，给保险市场造成了非积极的影响。

这套丛书还收录了涉及商业车险改革、反保险欺诈、治理销售误导等保险经营多个领域的文章，贯穿其间的理念是前置风险防范节点，预防和减少风险事故的发生，减少人民群众不必要的生命和财产损失。

希望这套丛书能够为保险理论研究、保险监管制度建设、保险实务操作和保险消费者理性使用保险手段进行风险管理提供帮助，丛书中存在的不当之处，诚请广大读者批评指正。

王小韦

**2018 年 10 月 10 日**

# 目　录

## 【保险创新篇】

## 【反保险欺诈篇】

# 经典案例篇

# 父母为成年子女购买新型寿险产品的效力如何

李　霞　王小韦

在现实生活和保险经营中，夫妻之间互相购买寿险产品或父母为成年子女购买寿险产品是比较常见的情形，但如果购买包含以死亡为给付条件的寿险产品后，发生保险纠纷，保险公司不能证实已经征得被保险人的同意的，法院会认定保险合同无效。

## 典型案例

2011 年 3 月 29 日，母亲武某（时年 55 岁）以其子聂某（时年 29 岁）为被保险人，在某保险公司重庆分公司（以下简称 A 公司）填写了投保单，拟投保 A 公司的一款两全保险（分红型）产品，并在投保人签名处签名，声明"本人已阅读保险条款及产品说明书和投保提示书，了解分红……保险的特点和保单利益的不确定性"。同时，武某还指定自己为保险合同中的身故保险金唯一受益人，该投保单载明年金领取年龄为 60 周岁。2011 年 4 月 8 日，武某与 A 公司正式签订了保险合同。合同成立日期为 2011 年 4 月 8 日，生效日期为 2011 年 4 月 9 日，缴费方式为年缴，缴费日期为每年的 4 月 9 日，投保的主险为××两全保险（分红型），主险保险金额为 890947. 97 元，保险期间为终身，缴费期满日为 2016 年 4 月 8 日，年缴保费 100 万元。根据保险合同中的约定，保险期间为保险合同生效之日起至该合同终止日止，该保险公司在该合同保险期间内承担以下保险责任：一、生存保险金，自保险合同生效之日起至保险合同约定的祝寿金领取日前，若被保险人生存至每满三个保单年度的年生效对应日，公司按下列约定给付生存保险金……。二、祝寿金……。三、身故保险金，被保险人于保险合同生效之日起一年内因疾病身故，公司按合同约定的保险费（不计利息）给付身故保险金，保险合同终止；被保险人于保险合同约定的祝寿金领取日前，因前述以外情形身故，公司按基本保险金额的200%与保险合同约定的保险费（不计利息）之和给付身故保险金，保险合同终止。自保险合同约定的祝寿金领取日起，若被保险人身故，公司按被保险人身故当时下列两者的较大值给付身故保险金，保险合同终止：（1）基本保险金额的100%；（2）保险合同的现金价值。四、意外伤害身故保险金，被保险人遭受意外伤害，并自意外伤害发生之日起180日内因该意外伤害导致被保险人于保险合同约定的祝寿金领取日前身故，公司按上述第三款的约定给付身故保险金后，再按基本保险金额的300%给付意外伤害身故保险金，本附加合同终止。保险费付款账户为武某账户。武某于2011年、2012年、2013年分三次向A公司共计缴保险费300万元。

2014年，武某向法院提起诉讼，请求确认其与A公司签订的保险合同无效，要求A公司返还已缴的保险费300万元，并从武某缴费的次日起至实际返还之日止，以银行1年期贷款利率的标准支付资金占用损失费，同时要求A公司承担诉讼费用。

一审法院开庭审理后，判决该保险合同无效，要求A公司于判决生效之日起10日内返还武某保险费300万元，驳回武某的其他诉讼请求。一审案件受理费33680元，武某负担3609元，A公司负担30071元，鉴定费3000元由A公司负担。A公司不服一审判决，提起上诉。二审判决驳回上诉，维持一审判决。二审上诉案件受理费用30800元，由A公司承担。

### 诱发保险纠纷的三大关键节点

一是该案的保险产品定性的问题。本案中，A公司认为本案所涉及的保险合同是以投资为目的的分红型人寿保险合同，不应依据《保险法》第三十四条的规定被确认无效。A公司认为，该条规定的“以死亡为给付保险金条件的合同”是指单纯以死亡为给付保险金条件的保险合同，而本案所涉及的险种为分红型两全保险，虽然保险责任中有身故保险金条款，但分红型保险属于理财类保险产品，分红型保险的被保险人或受益人在获得身故保险金或生存保险金保障的同时，还可以以红利的方式分享保险公司的经营成果，故其不属于“以死亡为给付保险金条件”的保险合同条款，不应被确认无效。而法院认为分红型人寿保险虽然具有较强的投资属性，但其中的道德风险并未因其具有投资属性而消失或减弱，而且其作为人身保险中的人寿保险，与一般的人身保险相比具有保险金额大、保险期间长的特点，尤其应尊重被保险人同意权的行使，以防范道德风险的发生。因此，有投资属性的分红型人寿保险合同涉及以被保险人死亡为给付保险金条件的保险责任，未经被保险人同意并认可保险金额，应认定合同无效。对涉案保险产品的性质，笔者同意法院的认定，而保险公司的说法并不成立，且有“白马非马论”的嫌疑。

二是被保险人是否同意并认可该保险合同。2011 年武某投保时，被保险人聂某时年 29 岁，其已是成年人，根据《保险法》第三十四条第一款的规定，该保险合同事关其个人人身利益，其本人应当具有充分的知情权。经过法院认可的机构鉴定，本案中涉及被保险人聂某的所有签字均非聂某本人签字。

按照《最高人民法院关于适用〈中华人民共和国保险法〉若干问题的解释（三）》（法释〔2015〕21 号）第一条的规定，当事人订立以死亡为给付保险金条件的合同，根据《保险法》第三十四条的规定，“被保险人同意并认可保险金额”可以采取书面形式、口头形式或者其他形式，可以在合同订立时作出，也可以在合同订立后追认。有下列情形之一的，应认定为被保险人同意投保人为其订立保险合同并认可保险金额：（一）被保险人明知他人代其签名同意而未表示异议的；（二）被保险人同意投保人指定的受益人的；（三）有证据足以认定被保险人同意投保人为其投保的其他情形。在庭审中，鉴于 A 公司不能提供证明聂某知晓或者同意其母武某为其投保的证据，故法院认定聂某对该保险合同的存在并不知情。

三是无效保险合同的法律后果。本案中，法院在判定该保险合同无效的同时，认为武某和保险公司都对该合同的无效负有一定的过错责任。依据《合同法》第五十八条的规定，合同无效或者被撤销后，因该合同取得的财产，应当予以返还；不能返还或者没有必要返还的，应当折价补偿。有过错的一方应当赔偿对方因此所受到的损失；双方都有过错的，应当各自承担相应的责任。武某未取得聂某的同意就为其购买了高额的人身保险，保险公司未对该高额的人身保险合同进行充分审核就同意承保，未考虑道德风险，对于该保险合同的无效，双方均应依照其过错程度承担一定的后果。与投保人相比，保险公司作为专业的商业保险经营主体具有更丰富的行业经验，其应承担更重的责任，进而承担更多的不利后果。综上所述，一审法院并没有全部支持武某的诉讼请求，只是判决保险公司退回武某已缴的保费和承担相应的鉴定费用，在诉讼费用承担上也并没有判决由保险公司承担全部一审案件的审理费用，而是由双方共同承担（由于二审是由保险公司不服一审判决提起的，在终审判决维持原判后由其承担二审审理费用也是合理的）。

## 建议和启示

### 重视人身保险中可能引发的道德风险

法院对该案件的判决结果的主要出发点在于人身保险中可能引发的道德风险，这值得引起保险公司重视。按照《保险法》的规定，父母可以为其未成年子女购买以死亡为给付条件的人身保险。2015 年 9 月，保监会下发了《关于父母为其未成年子女投保以死亡为给付保险金条件人身保险有关问题的通知》（保监发〔2015〕90 号），其主要出发点也在于防范道德风险。对于父母为成年子女以及夫妻之间互相购买人身保险的行为，目前并未有特殊规定，仍应适用《保险法》第三十四条第一款的规定，需取得对方的同意，其目的在于确保被保险人的知情权顺利实现。

对于保险公司而言，针对如何避免类似情况发生，笔者提出以下三个建议：

一是加强销售管理，做好源头控制。近年来，投保人为子女、配偶投保人身保险的情况屡见不鲜，因此发生的销售误导等现象也引起了社会的广泛关注。保险、银行等行业的监管机关通过发布消费提示或要求对相关产品的销售过程进行录音录像以及电话回访投保人等途径逐步规范了对保险产品的销售流程监管。对前端销售行为的规范，不仅有助于实现保险合同的约定，也有助于维护投保人、被保险人的知情权，防范和控制道德风险，同时减少销售误导等情况的发生。但在实践中，仍然有个别保险公司存在代抄写风险提示语、业务员代投保人接听回访电话等情况的发生，阻碍了投保人知情权的实现，也因此受到监管机关的行政处罚。保险公司应加强对前端销售流程的管理，从源头上防范和控制潜在的风险。

二是树立证据意识，保存过程性信息。在本案的诉讼过程中，依据“谁主张，谁举证”的民事诉讼证据规则，保险公司应该提供聂某的书面或者口头认可该人身保险合同的证据材料，但本案中保险公司未能拿出有力的证据证明聂某同意或者认可该保险合同。本案中，武某为其子聂某投保的人身保险的保险金额高达几百万元，而保险公司自始至终未与被保险人聂某取得实际有效的联系。法院据此认为，聂某对该保险合同完全不知情，武某为其投保人身保险并非其真实的意思表示。如果保险公司在武某投保后，及时与被保险人聂某取得联系，告知该保险合同的具体内容并取得聂某的书面或者口头同意，通过合法途径及时获得口头或者书面等补充性的证据材料，使得聂某认可该保险合同中涉及的保险金额，则不会导致其在法庭上的被动局面，进而引发保险合同被判定无效的严重后果。

三是强化过程控制，预防道德风险。本案中，导致保险公司最终败诉的根本原因在于法院认为其对该保险合同道德风险的重视程度不够。以死亡为给付保险金条件的保险合同，可能诱发以侵害被保险人生命为对象的道德风险。在未经被保险人同意并认可保险金额的情况下订立的保险合同，不仅可能会使被保险人的生命陷于危险中，也有害于社会的公序良俗。因此《保险法》第三十四条对此类行为予以严格限制，赋予被保险人以强大的“同意权”。该内容属于禁止性条款，有强制性效力，保险合同当事人在订立保险合同时不得违反，否则可能导致合同无效的严重后果。

在订立人身保险合同的过程中，保险机构应当加强对道德风险的排查和关注，发现可疑情况及时拒保并报案，以避免和减少悲剧的产生。笔者之前曾研究过一个案例，丈夫在与妻子婚后不到一个月，连续为其投保了保险金额高达450万元的3份人身意外保险，并在未经妻子同意的情况下将保单中的受益人由法定继承人变更为自己。婚后不到3个月，妻子溺水而亡。经公安机关侦查，妻子的死亡是丈夫伙同他人谋杀的。该案中，保险公司在办理投保及后续的保单变更受益人的过程中，缺乏职业敏感性和严谨性，为罪犯实施犯罪行为提供了可乘之机。

人身保险合同以人的生命、健康为标的，保险公司作为专业经营者，更应当从伦理及法律的角度重视和预防道德风险，避免不法之徒利用保险合同做违法之事。

（本文发表于2017年10月26日《中国保险报》）

# 劝烟诱发吸烟人遇难意外险赔不赔

王小韦　陈　曙

一个案例，一面镜子。透彻剖析涉及保险的典型案例，有利于排查保险经营中存在的短板，从而有针对性地寻求补齐保险经营短板的节点和有效措施，从而预防和减少风险事故的发生，为人民群众安全生产、安居乐业提供风险保障。

## 案情简介

据某知名媒体报道，2017 年 5 月，A 医生在其供职的医院电梯内劝阻一位吸烟的老人不要吸烟，两人持续争辩，后来老人因为心脏病发作离世。A 医生被老人家属起诉至法院要求赔偿 40 万元。一审法院认为受害人和行为人对损害的发生都没有过错，根据公平原则，酌定 A 医生向老人家属补偿 1.5 万元。老人家属不服一审判决，提起上诉（以下简称案例一）。围绕案例一中 A 医生是否应当承担赔偿或者补偿责任，网友展开了热烈讨论。

## 分歧意见

笔者把案例一放在一个由保险从业人员、律师、法官等专业人士参加的讨论群中，假设老人投保了意外伤害保险（以下简称意外险），围绕意外险赔偿的问题，同样展开了热烈讨论，观点迥然不同。

第一种观点认为，意外险不应当赔偿。在某百科词条中解释，意外险有以下三层含义：一是必须有客观的意外事故发生，且事故原因是意外的、偶然的、不可预见的。二是被保险人必须因客观事故造成人身死亡或者残疾的结果。三是意外事故的发生和被保险人遭受人身伤亡的结果，两者之间有内在的、必然的联系。从案例一中表述的事实看，老人之所以离世是基于其自身存在的心脏病，作为一名病人更应当知晓吸烟的危害性，其在狭小的电梯间吸烟，即使不被A医生劝阻，也可能被其他公民劝阻。

第二种观点认为，意外险应当赔偿。同样依据某百科词条，基于案例一的事实，对于导致老人离世的后果，无论是对于老人还是对于A医生来说，的确是意外的、偶然的、不可预见的，所以意外险应当赔偿。

## 产生根源

针对案例一的意外险赔偿分歧问题，产生的根源是多方面的，可以从保险经营和保险监管两个维度展开分析。

一是保险经营层面。保险公司是保险市场的经营主体，有必要、有能力消除对于保险产品理解的分歧隐患。根据现行保险监管的规定，意外险是经营财险、人身险的保险公司都可以经营的保险产品，所以常见的保险公司几乎都在经营意外险。但是，经过对不同保险公司的意外险保险合同进行对比分析，不难发现各家保险公司的保险合同条款在表述上貌似大同小异，其实内涵差异巨大。在经营意外险的过程中，由于某个环节的漏洞，可能会给投保人（被保险人）、保险公司甚至社会造成不可估量的损失。

公开资料显示，2015年3月上旬，某家注册地在上海的保险公司，通过某保险专业代理机构的网销平台，向居住地在江苏的具有夫妻关系的李某（丈夫）、廖某（妻子）销售了一款意外险产品，收取保费1988元，保险金额为300万元。投保两个月后，妻子廖某溺水离世。伴随着案件的侦破，该案件几乎成为被全行业同时认定的故意杀人案件、保险诈骗案件（未遂案件）、保险业十大诈骗案件和保险纠纷赔偿案件。2017年3月，上海某法院判决承保的保险公司进行赔偿并承担一半的案件诉讼费（金额共计3万余元）。对于此案件，有很多网友展开热议，由于意外险的杠杆作用，是以两条人命、三个家庭的幸福为代价的（以下简称案例二）。

二是保险监管层面。2009年8月，保监会印发的《人身意外伤害保险经营标准》（保监发〔2009〕91号，以下简称91号文），是对意外险产品监管的分水岭文献，标志着对该产品的监管更加明确具体。91 号文重点规范了单证管理、出单管理、销售管理、财务管理、查询服务和产品管理等内容，基本贯穿了意外险经营的全过程。其中，对于产品管理，重点强调了意外险产品应当由保险公司总公司统一管理，统一向保监会备案。但是，欲查询意外险产品备案的具体要求，需要查找另外的相关文件。

### 化解建议

意外险是一种有效化解和预防风险的商业化手段，只有改善公司经营和进行有效监管，才可以最大限度地发挥保险参与社会治理的功能。

一是重视产品研发，优化合同拟定。一般来说，保险合同绝大多数都是格式条款，意外险就是其中的典型代表。根据《保险法》的规定，采用保险人提供的格式条款订立的保险合同，保险人与投保人、被保险人或者受益人对合同条款有争议的，应当按照通常理解予以解释。对合同条款有两种以上解释的，人民法院或者仲裁机构应当作出有利于被保险人和受益人的解释。在保险纠纷仲裁和诉讼中，其中很多纠纷就是源于对保险合同的理解分歧，甚至出现法官、律师、保险公司和保险消费者之间大相径庭的理解。

为了预防保险纠纷，制作统一、通俗、科学的保险合同条款是基础工作。为了做好此项工作，要在保险业的技术专家、精算人员、法务人员等参加的前提下，广泛吸收权威的法官、律师、警察等司法界的专业人士参与保险合同的拟定。在保险责任和免除责任准确界定的基础上，由精算人员进行保险价格精算。通过集思广益形成的保险条款，便于保险营销培训、保险营销介绍及保险纠纷化解。案例二在保险纠纷审理环节中的焦点问题是确定投保人，但是在审理案件的过程中，涉及的投保人和被保险人均已离世，没有活证据，只能依靠不够完备的资料进行推理。

二是重视风险防范，优化经营导向。保险业是经营风险的专业行业，风险管控既是保险业发展的生命线，也是保险公司生存的生命线。但是，从实际的保险经营来看，其往往是重销售、轻风控。结合案例二来说，丈夫李某之所以为妻子廖某购买巨额的意外伤害保险，就是希望以其为道具实现保险诈骗。正是伴随着案件侦破的深入，才识破丈夫李某已经短期内在多家保险公司购买了意外伤害保险产品。如果能够提前在保险业的不同公司之间共享丈夫李某购买多份产品的事实，并能够对其变更受益人的环节进行严格管控，或许可以遏制一起杀人案件的发生。

为此，建议在各级保险行业协会的主导下，加快建设信息共享平台，对于异常投保行为进行提前关注；在各家保险公司内部，对于购买大额保险的投保人、被保险人的相关信息进行深入了解，重点关注其风险评估以及风险变化。

三是突出保险监管，优化监管导向。在保险业发展的过程中，的确也要发挥市场在资源配置中的作用，但是同时要重视发挥保险监管对保险经营的导向作用。

为了加强和改善意外险经营，建议监管部门做好以下环节的重点工作：第一，进一步推进保险合同的通俗化、标准化、严谨化建设，消除滋生保险纠纷的风险隐患。第二，加强对现行的91号文和备案的相关文件的整合力度，制定具有部门规章效力的"意外伤害保险监管规定"，以便增强违反经营标准行为的处罚力度，依法督促和引导保险公司依法合规经营。第三，引导保险行业协会加快保单登记的平台建设，实现保险业信息共享及产品研发，为规范市场奠定基础。

现代保险业是市场经济条件下预防和化解风险的一种商业手段，只有同时具备好产品、好销售、好风控，才能够实现社会效益和经济效益的有机统一，才能更好地防范风险。

（本文发表于2017年11月23日《中国保险报》）

# 确认“带病投保” 保险赔不赔

王小韦 陈 曙

通过剖析典型保险案例，笔者希望达到以下三个预期目的：一是修补保险流程漏洞，提高保险公司的经营能力。二是转变保险经营导向，发挥保险预防保险消费者身体健康风险和道德风险的积极作用。三是尝试将医疗改革由现在的治疗型向预防型转变，提高人民群众的身体健康状况。达到预期目的，使保险真正成为风险管理的手段和工具，使保险公司成为真正的风险管理者，而不是风险的异化者甚至风险的制造者。

本文研究的保险案例是一起带病投保遭遇保险公司拒赔而引发保险纠纷诉讼的案例。之所以研究这起案例，是基于以下四点考虑：一是带病投保。投保人和被保险人在投保人身保险时，已经明知自己患有严重疾病，而在填写投保资料的过程中，隐瞒了自己患有严重疾病的事实。二是身份特殊。被保险人为保险公司的个人代理人，购买的保险产品就是来自自己签约的保险公司，后来起诉的保险公司就是自己的“东家”，所以其兼具销售者和消费者双重角色，业内称为自保件。三是判决悬殊。此案件历经一审、二审，两次审理在确认事实一致、适用法律一致的前提下，作出相反的判决。四是反响强烈。此案件在保险业内外引起强烈反响，可谓是百花齐放、百家争鸣，从留言内容上可以推断出发言者的身份。笔者研究过的保险诉讼案件数以千计，撰文剖析的保险诉讼案例数以百计，但是分析此案件还是有一种如履薄冰、如临深渊的感觉。对此案作出令人信服的研究结论，其意义更大。

## 典型案例

综合原告陈述、被告答辩和法院审理查明事实等信息，本案事实如下：

A 女士 2014 年 1 月的一份体检报告显示身体无异常，同年 9 月的一份体检报告显示乳腺增生等症状。2015 年 5 月，A 女士在签约的保险公司购买了一份基本保额为 200 万元的分红型终身寿险产品。同年 9 月，A 女士化名在一家医院就医，体检报告单提示考虑为肿瘤并存在转移的可能等，次月在另一家医院进行化疗，于同年 11 月离世。2015 年 12 月 1 日，A 女士的配偶向保险公司递交了保险金给付申请。被申请的保险公司认为该保险合同违反了如实告知的义务，2016 年 1 月 20 日作出了拒赔的理赔结果通知书，同年 3 月底将通知书送达 A 女士的配偶，并未解除相应的保险合同。A 女士的配偶向法院提起保险纠纷民事诉讼。

经审理，一审法院在查明存在带病投保的事实后，依据《保险法》第五条、第十六条和《民事诉讼法》第一百四十二条的规定作出判决，核心内容有以下三个方面：一是驳回原告的诉讼请求，支持被告保险公司不予给付保险金。二是要求原告承担诉讼费 2. 28 万元。三是支持被告保险公司无须解除保险合同、可径行作出免赔的观点。A 女士的配偶不服一审判决，提起上诉。

经审理，二审法院同样查明存在带病投保的事实，依据《保险法》第十六条和《最高人民法院关于适用〈中华人民共和国保险法〉若干问题的解释(二)》第八条的规定，认为保险公司应当在知悉 A 女士违背如实告知义务后的一个月内解除保险合同，作出判决的核心内容有以下三个方面：一是撤销一审判决，要求保险公司支付保险金 200 万元。二是要求被告保险公司承担一审、二审诉讼费共计 4. 56 万元。三是纠正了一审判决书中关于被告保险公司无须解除保险合同、可径行作出免赔的观点。按照现行法律的相关规定，二审判决为生效判决。

经过对大量保险诉讼案件研究发现，一般情况下，在查明事实一致的基础上，二审会维持一审判决。本案中二审法院认为，保险公司在发现被保险人违反如实告知的义务后，应当在一个月内行使合同解除权，但是保险公司违反《保险法》规定，没有及时行使合同解除权，就应当承担不利的法律后果。

## 观点分歧

围绕本案的纠纷和诉讼，网友们踊跃发言，各抒己见。但是，观点迥异，归纳起来，无非有以下四种。

第一种观点认为，保险公司应当予以支付保险金。理由和依据类似于二审法院的审判理由。因为保险公司在经营及理赔的过程中，未严格遵守法律规定。《最高人民法院关于适用〈中华人民共和国保险法〉若干问题的解释（二）》第八条规定，保险人未行使合同解除权，直接以存在《保险法》第十六条第四款、第五款规定的情形为由拒绝赔偿的，人民法院不予支持。但当事人就拒绝赔偿事宜及保险合同存续另行达成一致的情况除外。本案中，保险公司在拒赔后将近 3 个月的时间才将拒赔通知书送达给被保险人的配偶，也未与其就拒绝赔偿事宜和合同存续另行达成一致，最为关键的是对自己依法享有的合同解除权处于一种漠视甚至遗忘的态度，不予行使。依据现有法律的规定，由此保险公司承担了极其不利的后果。由于其程序上的疏忽或者大意，实体权亦遭受了重大损失，实在令人扼腕痛惜！

第二种观点认为，保险公司不应当支付保险金。理由和依据类似于一审法院的审判理由，认为被保险人存在带病投保的情形，属于未履行如实告知义务。对于这种有明显证据支持的带病投保行为，仅仅因为保险公司未依法行使合同解除权和未将拒赔决定及时通知被保险人家属而承担全额赔付的后果，会助长带病投保的风气，不利于社会公序良俗。

第三种观点认为，保险公司应当通融支付保险金。因为在本案中，保险公司和被保险人各自都存在一定的过错，按照责任适当划分，由双方协商进行赔偿。保险公司因为自己的过错应当适当承担部分赔偿或者补偿责任，但不宜过多。

第四种观点认为，本案中当事人涉嫌保险欺诈，因为其在投保之前已经知晓自己患有严重疾病。

按照现行法律的规定，二审判决是生效判决。对于本案，笔者不做评议，但是更倾向于第二种观点，希望通过此案的审理引起保险公司和保险监管部门的重视。

## 意见和建议

在本案中，有保险个人代理人、合同解除权、送达理赔决定通知书、化名看病等几个关键词，围绕这几个关键词，笔者对改进保险营销体制、优化保险流程、转变保险经营导向、改革居民健康管理导向提出意见和建议。

一是改进保险营销体制，消除营销误导根源。在本案中，保险消费者A女士是保险公司的个人代理人，承担保险产品的销售工作，同时又是本案的被保险人，兼具保险销售者和消费者双重角色。

笔者认为，导致保险销售误导最主要的两大根源在于保险产品本身和产品营销机制。从保险产品来说，一个保险产品的功能既不同于一般的实物产品，是看得见、摸得着、可体验的，也不同于银行等的存贷款，以及中间业务产品是可以通过公认的公式计算出来的，其需要通过保险责任和除外责任结合起来使用大量的专业术语进行表述。从营销机制来说，保险产品的销售主体绝大多数属于中介类型，类似于本案中A女士与保险公司签订的保险代理合同，薪酬完全与实现的业绩挂钩，保险公司不承担底薪。可以想象得出，保险个人代理人在销售保险产品时出于自身的经济利益，进行销售误导的概率是很大的。有鉴于此，建议保险公司逐步实行全员劳动合同制，按照《民法通则》等法律法规，由保险公司对自己员工的行为负责。从保险销售的立场出发，由于自身薪酬具有一定的保障性，在销售产品的过程中，进行销售误导的动机就会缩小。在实操中，保险个人代理人的管理模式也比较尴尬，介于正式员工和代理人之间，表现为按照正式员工一样考勤，但是不承担底薪和社保。当然，针对目前出现的大量保险合同案件，笔者建议由保险监管部门启动制定具有部门规章以上效力的“保险合同法”等法律法规，为规范保险合同的制定、解释、培训等奠定坚实的基础，也便于出现保险合同纠纷以后的调解、仲裁和诉讼。

二是规范保险经营流程，提高保险风控能力。在本案中的核保环节，保险公司没有对A女士进行体检，只是完全采信其告知的身体健康状况。在理赔环节，虽然认定被保险人未履行如实告知义务，但是保险公司没有行使合同解除权，也没有及时送达理赔结果通知书。

结合本案来说，建议保险公司对其业务流程进行改造。例如，在核保环节应当对被保险人进行统一体检或者由指定机构进行体检；在承保后，应当加强对被保险人的身体健康状况进行主动管理，通过饮食调节、锻炼等综合手段，提高被保险人的身体健康水平，减少或延缓疾病的发生；对发现未如实告知的情形，按照《保险法》等法律的规定，及时行使保险合同解除权，及时制作并送达理赔结果通知书。

三是呼吁医疗改革导向，构建预防疾病机制。本案中，A 女士曾经化名治疗。通过对大量保险纠纷和保险欺诈案件研究发现，很多案件存在被保险人带病投保的情形，有些疾病被保险人的确并不知情。建议以此案为契机，推行居民健康管理由现在的事后型向预防型转变。例如，在居民出生以后，建立统一的健康管理档案，要求所有就医活动实行实名制，通过医疗资源的投放向预防疾病转变。

构建居民健康管理防线，由政府部门制定的社会保险制度和商业保险公司承办的商业保险共同构建。健康管理防线提高了居民健康水平，其主要意义在于培养更多的健康人群去开展科研、教育、国防等工作，次要意义在于医疗资源的节约和医疗费用的管控等。

当前，在学习贯彻党的十九大报告精神的指引下，落实第五次全国金融会议对金融业的三大要求，促进保险回归保障功能和保险监管重塑背景，需要保险业对产品结构、风险预防、销售渠道等保险经营的全过程进行调整转型和升级改造。

（本文发表于 2017 年 12 月 21 日《中国保险报》）

# 细节看保险：两段视频和社会治理体系建设

王小韦　黄明明

作为研究风险和保险的专业人员，出于工作需要，笔者几乎每天都阅读与事故有关的文章，浏览与事故有关的照片、视频。这些视频和照片中，在陕西延安、咸阳、安康等地发生的长途大巴车单次出险导致乘客遇难35人次以上的事故至少有10次；在北京八达岭野生动物园、浙江雅戈尔野生动物园等发生的老虎咬死咬伤游客的事故有5起；在江西丰都的在建工地出险导致73人死亡的群死群伤安全责任事故；等等，不胜枚举。笔者发现事故的根源在于违反国家的法律法规、技术规范和职业操守的情形。但是，最近浏览的两段视频和阅读相关的文章，深深地打动了笔者的心，引发笔者对建设社会治理体系的思考。笔者认为需要加快构建一个零死亡、轻微伤、低物损的低风险社会，实现人们的美好生活。

## 两段视频　刻骨铭心

这两段视频从表面上看都是貌似常态化的车祸的一个瞬间。前一个视频记录了2018年6月7日13时18分左右，发生在广西来宾市城市路段的一起车祸（以下简称来宾车祸），在十字路口，右拐的大卡车将载着3个人的电动自行车卷入车下，导致两个大人遇难，幸存的幼孩哭喊着“妈妈”；后一个视频记录了2018年6月11日17时30分左右，发生在河南信阳乡镇的一起车祸（以下简称信阳车祸），在十字路口（距离学校门口50米），一辆载着西瓜的三轮摩托车将护送学生的老师撞倒，该老师经抢救无效遇难。

综合以上两段视频和相关报道，笔者从以下几个视角进行研究：

一是车祸后果。来宾车祸导致两人遇难、一人受伤，信阳车祸导致一人遇难、多人受伤。从车祸后果来看，发生遇难、重伤的情形都是不可逆转的，是用金钱无法补偿回来的。

二是细节定格。来宾车祸的报道中称“司机不熟悉来宾城区路况，草率右拐”；信阳车祸的报道中有“突然、无牌照、急速行驶、闯红灯”字样。

三是人物年龄。来宾车祸卡车司机时年45岁，遇难夫妻时年分别为45岁、43岁，受伤的孩子2岁左右，家里还有分别上高一、上小学的两个孩子；信阳车祸遇难老师时年49岁。从影响性来说，家庭主要成员、承上启下的中年人的遇难，对于家庭造成了巨大破坏，对于社会治理造成了巨大破坏。

四是善后处置。来宾车祸后，检察机关介入，交警部门开展募捐，承诺供养受伤男孩至大学毕业；信阳车祸后，相关部门组织申报见义勇为善举等。按照现行法律的规定，公安、检察院、法院、教育、见义勇为管理机构等部门还将要继续开展一系列工作。

开展研究的过程中，笔者的着眼点在于如何预防类似于来宾车祸、信阳车祸等交通事故的发生，对于交通事故责任、善后处理等不进行评论。

### 两点建议　标本兼治

党的十九大报告中，对于建设社会治理体系和提高社会治理能力提出了明确的目标，规划了任务书、时间表和路线图。对于加强和改进道路交通管理能力，减少和预防交通事故具有指导意义；对于商业保险公司以车险为载体参与社会治理，同样具有指导意义。

依靠技术手段，促进安全驾驶。在来宾车祸中，肇事的大卡车是在右拐的过程中，将正在直行的电动车卷入车下，导致电动车驾驶员等受伤或遇难，电动车车损。从车祸发生的规律看，此类案件是一种常见的交通事故。对于此种类型的案件，有很多人分析认为驾驶大卡车的司机存在观察盲区，而直行车辆的驾驶员对于右拐车辆的距离判断不足。

当前，在包括行车记录仪、倒车雷达、电子狗、倒车影像、电子地图等电子产品技术成熟、价格低廉的背景下，只要大卡车等营运性车辆上安装了上述电子产品，就可以提高驾驶员熟悉路线、消除观察盲区的能力。具体到来宾车祸中，采取安装电子装置的手段，可以极大地降低发生事故的可能性。从另外一个角度看，在大卡车可以右拐、电动车可以直行的情况下，如果大卡车礼让行人和非机动车，此次车祸也不会发生。

完善问责机制，引导重视预防。在信阳车祸中，肇事车辆是一辆无证三轮摩托车。表面上看是一辆三轮摩托车闯红灯导致发生车祸，而三轮摩托车驾驶员闯红灯的底气在于三轮摩托车是无证车辆，即使被监控拍上，确认肇事人也不是一件容易的事情。另外，也反映了地方机动车管理存在短板和薄弱环节，反映了问责机制存在需要完善的地方。按照现行相关监管的规定，虽然对于各种安全事故发生会进行严格问责，但是，现行问责机制启动于发生安全事故之后。笔者建议，前移问责机制，首先对未按照监管制度落实预防措施进行问责，可以减少安全事故的发生。以来宾车祸为例，监管制度规定营运车辆要安装具有定位功能的行车记录仪，其经营机构和监管机构应当安装监控设备，以便对营运车辆进行实时监控，问责就问责督促大卡车没有安装相应行车记录仪的卡车司机、经营单位，问责就问责监管卡车的交通管理部门，应确保对于运营车辆能监控、可监控。

拥有与年龄相对应的健康状况、全方位的安全，是对每个人、每个家庭、每个社会的起码要求，也是对人们的美好生活的基本要求。希望来宾车祸、信阳车祸的发生，能有助于推动建设社会治理体系和提高社会治理能力，愿“高兴出门，平安回家”成为每个家庭的基本向往。

（本文发表于2018年6月21日《中国保险报》）

# 游客偷摘杨梅坠亡　保险赔不赔

王小韦

最近，多家媒体以《游客偷摘景区杨梅坠亡，景区被判赔四万五》的类似标题，报道了某法院对一起游客偷采杨梅坠亡赔偿纠纷的判决。2017 年 5 月，年近 60 岁的游客 A 某在一家 3A 景区旅游期间，私自攀爬景区的杨梅树采摘杨梅时，压断了杨梅树枝而坠亡。A 某家属将该景区起诉至法院，索赔 60 余万元。法院审理认为，A 某作为成年人应当承担主要责任（95%），景区因为未履行告知义务而承担一定的责任（5%），被判赔 4.5 万元。

法院的判决引起网民的强烈反响。概括起来，有两大类观点：一是不认同法院的判决。95% 以上的网民持此种观点。他们认为，游客攀爬景区的杨梅树本身就是一种错误、一种违规行为，其坠亡后果应当完全由其个人承担，与景区无关，甚为诟病法院的判决。个别网民建议，景区起诉游客 A 某家属赔偿被损害的杨梅树。二是认同法院的判决。低于 5% 的网民持此种观点。他们认为，景区应当保障游客的安全，此案件中景区在保障游客的安全方面存在瑕疵。《中国青年报》发表的一个观点认为，根据《侵权责任法》的规定，宾馆等组织未尽到安全保障义务，造成他人损害事故发生的，应当承担侵权责任。对于法院的判决，本文不进行评论。

笔者将此案件发在一个集合保险公司法务、律师、警察和法官参加的"朋友圈"中，在假定该游客 A 某投保了意外伤害保险（以下简称意外险）、该景区投保了公众责任保险的前提下，以保险公司是否应当赔偿为题展开讨论，讨论结果分歧严重。

## 分歧观点

第一种观点认为，保险公司不应当赔偿。在互联网上某百科全书解释：

意外险是以意外伤害导致身故或残疾为给付保险金条件的人身保险。该险种具有以下三层含义：一是必须有客观的意外事故发生而该意外事故的发生是偶然的、不可预见的。二是被保险人必须因为客观事故发生而造成人身死亡或者残疾的结果。三是意外事故的发生和被保险人遭受人身死亡的结果，两者之间有着内在的、必然的联系。上述案件中，年近 60 岁的 A 某应当预见攀爬杨梅树可能发生压断树枝坠落的危险，其坠亡不是偶然事故，所以，保险公司不应当赔偿。

第二种观点认为，保险公司应当赔偿。同样援引互联网上某百科全书对意外伤害保险的解释，结合上述案情，认为游客 A 某作为一名年近 60 岁的成年人，对攀爬杨梅树采摘杨梅的行为可能产生的风险后果能够预知。本案中，杨梅树枝折断导致坠落具有偶然性，坠亡是客观后果，所以，保险公司应当赔偿。

第三种观点认为，保险公司不应当赔偿。在互联网上某百科全书解释：公共责任保险是指被保险人或其雇员在从事所保业务活动的过程中，因意外事故对第三者造成的人身伤害和财产损害所引起的法律赔偿责任的保险。在医院、商店、动物园等场所，均存在公共责任事故风险。这些场所的所有者、经营管理者等均需要通过投保公众责任保险来转嫁其责任。公共责任保险中的保险责任和民事损害赔偿责任两者之间既有联系又有区别，不能完全等同。一方面，责任保险中的责任主要是被保险人的过失行为所导致的责任事故风险，被保险人的故意行为通常是除外责任，故前者的责任范围明显小于后者的责任范围；另一方面，经过保险人（保险公司）和被保险人协商同意，责任保险又可以承保超越民事损害赔偿责任范围的风险，故在约定的情况下，前者的责任可以大于后者的责任。上述案件中，鉴于景区已经设置了风险提示牌，已经尽责，景区不用承担赔偿责任，保险公司自然不用赔偿。

第四种观点认为，保险公司应当予以赔偿。同样援引互联网上某百科全书对公众责任保险的解释，基于法院已经判决景区具有一定的责任（5%），保险公司应当予以赔偿。

通过对同一起事故，援引同样的保险责任条款，相关专业的人士对于保险赔偿方案在理解上尚有分歧，更需要引起保险业的高度重视，从而促使保险业主动作为、妥善处理。

### 意见建议

一个貌似普通的民事案件，恰像一面多棱镜，从不同的角度可以看到不同的影像；对与之相关的保险纠纷进行探讨，从预防和控制的角度出发，笔者认为应当在宏观、中观、微观三个层面进行发力，构筑三道风险防范防线，确保人民群众的生命和财产安全。

一是加强规则教育，提高治理能力。党的十九大报告对提高社会治理能力现代化指明了方向、划分了阶段和规划了路径，强调增强八种本领，其中包括法治思维、辩证思维等内容。通过实施科学有效的社会治理，能够预防很多的风险事故发生，能够减少并处理很多风险诱发的分歧意见，能够统一建设社会主义核心价值观。相较于上述案件，有的网友联系到南京的彭宇案、郑州的医生电梯劝烟案件、于欢正当防卫等案件，这些案件在网友中引起强烈反响；还有的网友联系到北京某商业性动物园、浙江某动物园的老虎伤人事件，其中在后者事件中发生了游客被老虎咬死以及老虎被击毙的“两输残局”。

从宏观层面来说，社会治理能力来源于规范的法规体系、科学的执行和公民的常识教育。本文研究对象涉及的关键词有游客、死亡，反映出的一个共性问题是个别公民规则意识的缺失，导致其实施违反规则的行为，进而导致自身的死亡，也给社会治理平添了一系列事务。

二是归纳典型案例，提高行业能力。对于同样涉及商业保险的案件，不同法院的判决结果不一样甚至是相差悬殊的，不同地区的保险公司的做法也不一样甚至是相差悬殊的。提高保险业的经营能力，是提高社会治理能力的一种不可或缺的手段，更是维护自身健康持续发展的需要。在提高保险业经营能力的过程中，优化发展理念、优化保险合同条款均是行之有效的手段，需要保险监管部门和保险业积极作为，通过完善监管制度和保险经营制度，为提升保险业经营能力奠定基础。

从中观层面来说，本文的研究聚焦于意外伤害保险和公众责任保险，从业务发展推动力量源泉来看，前者主要依靠高手续费驱动，后者主要依靠制度推进；从对风险识别来看，虽然说意外伤害保险按照被保险人职业类型实行差异化的条款费率，但是，其对风险的识别能力不足；从风险管控来说，承保了意外伤害保险和公众责任保险后，承保的保险公司管控措施不多；从保险欺诈案件来看，意外伤害保险是构成保险欺诈指数最高的保险险种。与之相适应的对策，建议尽快建设覆盖全险种的保单登记平台，保险业自律组织以平台数据为母数据，归纳出风险的分布情况，为保险公司的经营创造良好的外部环境。同时，由保险业自律组织牵头，吸收法官、律师、精算师等专业人员，组建“保险专家智库”，筛选典型案件，开展案例式教学，提高行业从业人员的经营能力。

三是改变发展方式，提高防控能力。根据本文研究的案例涉及的保险险种，围绕提高意外伤害保险和公众责任保险经营能力，提出以下三点建议：一是转变发展理念。当前，开拓意外伤害保险在一定程度上是依靠高佣金驱动的，严重依靠渠道。据了解，一般佣金比例为30%，航空意外伤害保险佣金更是高达85%以上。保险公司逐步转变该险种依靠第三方渠道的做法，逐步加大直销的比重。从费用驱动型向风险管控驱动型转变。二是加强风险识别。透过一些恶性保险欺诈现象，其中存在残酷手段甚至剥夺他人生命的保险欺诈，其中依托的载体险种就是意外伤害保险。保险公司在承保前，需要进行认真的风险核查。三是主动防控风险。比如，承保开始以后，应当主动深入投保单位、被保险人经营场所进行风险评估，发现风险隐患应当立即下发整改通知书，协助、督促其进行整改，排除风险隐患，降低诱发风险事故的可能性。

前事不忘，后事之师。通过全方位分析风险根源，对风险事故全流程监测，发挥商业保险公司参与社会治理的作用，有利于减少人民群众不必要的风险和事故损失，以利于减少医院、交警、安监、法院等相关部门和机构不必要的事务。

（本文发表于2018年6月21日《中国保险报》）

# 商业车险篇

# 发挥保险基本功能　助力车险经营转型

王小韦　王雨飞

保险具有社会“稳定器”、经济“减震器”的功能，这是对保险功能通俗化、形象化的表述。这些功能定位，必将对保险业内部具体的每一块险种单元产生深远的影响。

当前，车险经营在财险全产业链经营中举足轻重，保险功能的表述对车险经营转型当然会产生深远的影响。所以，在这个理论背景下，适逢车险自身改革、互联网保险发展等复合条件，研究保险经营转型趋势，有利于提高车险行业的经营能力，形成科学合理的经营数据结构；有利于发挥车险行业在防范交通事故中的作用；有利于提升全社会治理水平，减少以交通事故为代表的各类风险事故的发生，构建安全生产、安居乐业的社会环境。

本文以公开资料为素材，通过分析近年来车险经营改革和保险中介改革相关政策的变化，剖析当前车险经营中遇到的困局和困惑，解构保险“稳定器”“减震器”的功能，对车险转型趋势进行预测，供保险业内人士进行交流。

## 车险环境的复合背景

2017 年 7 月，第五次全国金融工作会议在北京召开。会议对金融工作的过去、未来进行总结和部署，明确提出金融工作服务实体经济、防范金融风险和深化改革三大任务，也为保险业的改革发展指方向、定基调。

透过字面意思看本质，对于保险功能的表述，尽管其来源于物理学概念，但移植到社会治理和保险经营领域，更多地表现为一种识别风险、量化风险、预防风险、处置风险的机制。对于保险业来说，回归本源、回归初心，对于保险业的影响是全方位、穿透性的，涉及保险经营和保险监管的基本理论、理念和制度设计，具体到保险经营的险种结构、销售渠道、人员管理、风险预防等经营细节。保险功能的表述，对于车险转型的核心意义是要求车险经营围绕风险管控下功夫、做文章，既要提高赔付率、赔付金额，充分发挥保险的补偿作用，又要立足于防范交通事故的发生，减少交通事故对人民生命和财产造成的不必要的损失。

车险经营转型，还要考虑以下背景。一是智能汽车的发展。个别智能汽车制造厂商提出，发生全人工智能汽车为责任的交通事故造成的损失由汽车生产厂家承担，势必会对车险经营产生颠覆性的影响。二是新能源汽车的发展。按照国家的产业政策，大力推动绿色能源驱动汽车，研究内燃机为代表的汽车生产退市时间表。车险经营就需要研究新能源汽车的风险状况。三是交通行为智能监管的发展。伴随着“互联网＋”写进《政府工作报告》中，由交警及交通监管部门为主导的交通行为智能监管逐步提上议事日程，提高交通行为监管的效率和效能，减少交通事故的发生，或许会抑制车险的需求。四是网约车的出现。随着网约车主营业务的发生，收集驾驶人的一定时段的行驶区间、行驶里程、加油、踩踏刹车、转弯半径等数据，这些数据有助于车险定价机制从现行的随车原则向随人原则、随用原则升级，并奠定了数据基础。这些数据也恰恰是传统经营车险的保险公司所没有的并且渴求的数据。五是保险中介监管政策调整。按照现行的保险监管政策，车商、车队（运输公司）、驾校、小额贷款公司等机构是不予核准保险兼业代理资格的，这缩小了车险销售渠道，拉长了车险销售环节。这不排除未来会恢复核准上述机构的保险兼业代理资格，扩大车险销售渠道、缩短车险销售环节。六是汽车销售渠道多元化。国家对汽车流通体制进行改革，从实行多年的4S店专卖形式改革为大卖场、混合品牌形式，这意味着新车保险销售渠道的多元化，同时间接改变车险销售格局。

总之，正是在上述复合因素的共同作用下，车险经营转型势在必行，只是不同的因素在不同节点的作用大小不同而已。

## 车险经营亟待转型

车险经营转型，一方面有外部环境的影响，另一方面也有例如整体经营数据体系等自身经营状况的内在因素。

一是整体经营数据体系潜藏改善空间。公开资料显示，2013 年至 2016 年，车险综合成本率依次为 100.8%、100.25%、99.35%、99.07%。2016 年车险保费收入 6834.55 亿元（占财险保费收入的 78.34%），综合费用率为 41.18%，综合赔付率为 57.89%，综合成本率为 99.01%，承保盈利 85.68 亿元，仅有 16 家公司实现承保盈利（同期经营车险的保险公司有 64 家）。同时，局部地区商业车险佣金达到 35% 以上，综合赔付率更低。而全球发达的保险市场，车险佣金为 10% ~15%，综合费用率为 25%，综合赔付率为 75% ~80%。

相对而言，我国车险经营数据指标体系潜藏改善的空间，使保险公司的投资人、保险公司的经营者和从业人员、保险消费者之间形成一个合理的数据体系。比如，将车险销售佣金降至 10% 左右，综合赔付率升至 80%，综合成本率保持在 90% 左右，承保盈利率保持在 10% 左右。

二是车险反欺诈形势不容乐观。公开资料显示，车险欺诈在保险欺诈中的占比高达 90% 以上，车险欺诈形势不容乐观。这既反映了个别违法分子从事车险欺诈犯罪活动的猖狂程度，也反映了保险公司的经营管理能力亟待提高。数据显示，利用豪华二手车进行欺诈的案件占案件总比重畸高，究其根源在于车险销售环节高估了豪华二手车购买车损险的价格。从保险公司销售部门看，是增加了保费收入，但也给车险诈骗分子留下了可乘之机。如果说，在承保环节计算车损险保费时，对豪华二手车估值采取更加合理的价格，这对于反车险诈骗、车险经营无疑都是一个福音；对于公安、检察机关等司法机关来说，也可以减少不必要的工作，既减少了车险欺诈行为的发生，从宏观上说，也提高了车险经营能力。

三是车险经营定价机制本身存在优化的空间。在现行的车险定价机制中，主要考虑投保车辆价格因子，忽略了投保车辆的使用里程、行驶区间、驾驶员是否遵守交通规则等因子，导致车险价格不尽合理。比如，在同样品牌、同样车龄、同样投保险种项目、同样保险金额的情况下，车辆年度行驶100公里、1000公里、1万公里、10万公里的保费是一样的。再比如，当前车险价格浮动与出险索赔挂钩，浮动只是与次数挂钩，而没有与出险索赔金额挂钩，同样也存在优化的空间。

四是车险责任与遵守交通规则的价值取向彼此不呼应。车险作为商业保险公司经营的一个险种，是社会治理的一种商业手段，与交警等监管机构的行政手段共同构成了完善的社会治理体系，其价值取向不但有利于提高整个社会治理水平，还可以预防、减少交通事故的发生。但在实务中发现，车险责任中被保险人因为违反交通规则而导致交通事故发生的情形比比皆是。在车险经营的过程中，对此几乎没有采取任何防灾防损的手段。

## 车险应突出预防风险

保险业回归保险保障功能，是对一个行业的整体要求，车险经营也不例外。对于车险经营而言，实现保险的“稳定器”“减震器”功能，聚焦起来，就是要突出车险的风险防范功能，减少风险事故的发生。为此，笔者建议在以下三个方面开展工作。

一是深化车险改革，突出保费杠杆。规范交通行为、减少交通事故，既是每一位道路参与者的希望，也是交警、交通等行政管理部门的工作责任和工作价值。商业保险公司参与交通行为规范，体现了保险业辅助社会治理的功能。理论上，只要所有的道路参与者都遵守交通规则，就不会发生交通事故，就不会引发事故理赔。这意味着在社会治理手段中，如果行政手段发挥的作用越大、效果越好，商业保险存在的空间就越小、需求就越低，这是社会治理价值追求的终极目标和最高境界；反之，行政手段发挥的作用越小、效果越差，商业保险存在的空间就越大、需求就越高，这不是社会治理追求的终极目标。这虽然增加了保险需求，但是对社会成员造成的伤害最大。

深化商业车险定价机制改革，理论探讨容易，推行不易，这对车险经营能力提出更高的要求。深化车险定价机制改革，要在现有的车险经营规则中，进一步扩充费率因子。例如，传统的保险公司开始采集投保车辆年度行驶数据，或者与现有的网约车公司开展合作；再如，建议交警等监管部门、保险部门之间深化“警保合作”力度，在反车欺诈合作的基础上，让商业保险公司分享到投保车辆或者驾驶员遵守交通规则的信息，将其应用在车险定价机制中。在一种更加合理的定价机制中，对于年度行驶里程越多、行驶区间路况越复杂、遵守交通规则状况越差的投保人，在同样品牌、同样车龄、同样投保险种项目、同样保险金额的前提下保费越高，逐步实现车险“一人一车一价”，充分发挥保费杠杆的作用，引导投保人安全驾驶。

二是转变经营理念，突出风险预防。在当前的车险经营中，由于实行统一的车险条款、差异不大的车险价格折扣系数，对于同一标的车辆在相同保险需求的前提下，各家保险公司的报价基本一致，消费者的选择余地不大，车险佣金就成为保险公司开展竞争、保险中介机构选择保险公司的唯一手段和唯一指标。

与深化车险定价机制改革相配套，车险经营的重点要从佣金竞争调整到风险防范上，通过采取有效措施降低交通事故的发生。通过对风险事故进行细分发现，要加强对营运性车辆风险的管控。例如，现阶段依照相关规定，要求校车、大巴车、危险品运输车辆等车辆安装具有定位功能的 GPS 系统，车辆的使用单位、监督单位都可以监控该车辆的车速、驾驶人员的精神状态等信息。但是，上述车辆的使用人、管理人往往没有切实使用系统进行管理。商业保险公司承保后，可以派人与上述单位进行有效对接，共同参与到风险管控中，减少交通事故的发生。再如，目前很多家用小轿车在出厂前已经安装了倒车雷达、倒车影像等辅助安全驾驶的装置，但是也有一部分车辆并未安装辅助电子装置，保险公司可以以保费为杠杆督促投保人安装电子设备。

三是提升社会治理，放大保险功能。要发挥好保险业的“稳定器”“减震器”功能，既需要保险业自身作出努力，也需要纳入社会治理的整体规划，构建一种科学、合理的体系，营造一种良好的外部环境。

具体到车险经营来说，主要是要深化警保合作。公安部、保监会联合下发的关于打击保险欺诈的文件，建立健全机构和机制，有力地促进了反车险欺诈工作。但是在实际中，保险部门在查询交通事故责任认定书、道路监控录像等关键性问题上，仍然需要花费很多的精力进行沟通。

面对复杂多变的市场，开展科学有效的社会治理的确不是一件简单易行的事情，需要各方主体积极推进。具体到规范道路交通行为，教育部门在选编教材中添加或加大相关安全教育内容和比重，安全教育从娃娃抓起；质检等部门修订汽车标准，要求汽车生产厂家在汽车出厂前安装辅助安全驾驶的电子设备；在安全委员会的统一组织下，要求校车、大巴等营运性车辆的经营、监管部门切实安装并使用监控设备，实时掌握营运车辆的运行状况。通过上述措施的综合运用，再引入商业保险手段预防交通事故的发生，从源头上减少人民群众无谓的生命和财产损失。

（本文发表于 2017 年 11 月 1 日《中国保险报》）

# 新一轮商业车险改革研究视角和深化建议

王小韦　俞莹蕾

本文所指的新一轮商业车险改革是始于2015年6月至今在全国普遍实行的商业车险经营规则改革。研究此轮商业车险改革，兼具理论和实践的意义，有利于提高保险公司经营主体的经营能力，有利于切实发挥车险服务实体经济和民生的能力，有利于优化车险监管举措乃至完善车险监管制度。

本文以公开资料为素材，通过梳理和回顾相关的保险监管政策，分析车险市场“三率”（佣金率、综合费用率、综合成本率）的变化趋势、车险欺诈与反车险欺诈、车险诉讼案件、汽车产业发展趋势等因素贯穿于车险经营涉及的全环节产业链条，通过分析新一轮商业车险改革自身存在的问题和外部经营环境，对进一步完善商业车险经营规则提出意见和建议，供保险同业间参考。

## 新一轮商业车险改革自身的进步性和局限性

仁者见仁，智者见智。研究新一轮商业车险的文章多如牛毛，其作者来自保险业界、学界和监管部门，评价也褒贬不一，各有千秋。按照唯物辩证法的认识论和方法论，笔者认为新一轮商业车险改革的进步性和局限性并存，且进步性远远大于局限性，局限性需要且只能够在进一步深化商业车险经营规则中得到消除。

与既往的商业车险经营规则相比较，新一轮商业车险经营规则改革取得了长足的进步，主要有以下三个方面。

一是统一了保险条款。商业车险条款是商业车险经营规则的外化表现和基本载体。新一轮商业车险条款，统一使用中国保险行业协会拟定的《机动车综合商业保险示范条款（2014版）》《机动车单程提车保险示范条款》等统一的示范条款。使用统一的示范条款，有利于保险公司对员工开展培训，有利于保险销售人员对车险消费者作出规范的解释和推介，有利于保险纠纷的仲裁和裁判。

二是创新了费率因子。研究结果表明，不同车辆的零整比系数存在很大的差异，系数低者为3.0，高者达到12.5。在新一轮商业车险经营规则中，首次引入投保车辆零整比系数，意味着车辆在投保同样险种、同样保险金额的前提下，零整比系数越高的车辆需要支付的保费就越高，而零整比系数越低的车辆需要支付的保费就越低。

三是明确了代位求偿。在以往的车险经营规则中，有代位求偿权的约定；在以往的车险过程中，也有代位求偿权的判例。在新一轮商业车险经营规则中，进一步明确了代位求偿权的规定。在西部某省保险行业协会印刷的《商业车险条款费率改革知识问答》中，专门设计了四个问题对代位求偿权进行通俗化、案例化解释。车险代位求偿权制度的进一步明确和规范，是一把“双刃剑”，既维护了足额投保车险消费者的合法权益，同时也对于保险公司的经营能力和各家保险公司之间协作配合的能力提出更高的要求。

在对新一轮商业车险经营规则的进步性充分肯定的同时，不能回避还存在的局限性。

一是车险条款的严谨性有待提高。某保险专业律师在研究投保车辆通过暴雨积水区熄火后二次启动案例时发现，在车险责任规定暴雨属于保险责任的同时又规定此种情形为免责情形。对于同样的案例，不同的法院作出了不同的判决，有的法院判决保险公司不予赔偿，有的法院判决保险公司应当赔偿。在西部某省保险行业协会印刷的《商业车险条款改革知识问答》中指出，驾驶证失效或者审验未合格、发生保险事故时公安机关交通管理部门尚未核发合法有效的行驶证、号牌或者临时号牌等情形不作为免责情形。笔者在对大量车险纠纷案件的研究中发现，不同的法院有不同的理解。只有通过拟定严谨的车险合同，才能减少对保险合同理解的分歧，便于保险经营，便于社会纠纷处理和矛盾化解。

二是车险赔偿的公平性有待提高。在对很多车险诉讼案件发生根源研究时发现，有的车险理赔纠纷的焦点在于受害者或者受益人的农村户口和城市户口的分歧理解上。

按照现行的人身损害赔偿相关规定，在道路交通事故的赔偿上，对于农村户口和城市户口的确有不同的赔偿标准。但是，在计算车险保费时，却既不分农村户口和城市户口，也不分发达地区和欠发达地区。伴随着国家户籍改革推进力度的加大和速度的加快，取消城乡户口界限成为一种趋势，这样有利于化解车险纠纷。据公开资料显示，浙江金华等地在交通事故纠纷判决中，已经开始执行打破城乡界限的统一赔付标准。

三是风险防范的预警性有待提高。按照保险业“国十条”的规定，保险业的三大功能是经济补偿功能、资金融通功能和社会管理功能。从内在逻辑因果关系的角度分析，保险的经济补偿功能和社会管理功能天生存在一种逆向联动关系，即社会管理功能发挥得越充分，风险事故发生的概率越低，酿成的危害后果越小，就越能够实现保险业自身的价值。而在车险经营实务中，保险公司很少主动采取风险管控的预防措施。

四是车险定价机制有待完善。按照车险定价原理，车险定价可以分为从车原则、从用原则和从人原则。现行的车险定价主要着眼于从车原则，忽略了从用原则和从人原则。而汽车风险来源于从用原则，主要体现在汽车行驶里程和行驶区间；汽车风险来源于从人原则，主要体现在驾驶人遵守交通规则上。例如，按照现行的车险定价规则，对于在同样车龄、同样保险金额、上年度出险情形一样的前提下，年度行驶里程 1 千公里或 1 万公里或 10 万公里的车险消费者，车险价格是一样的，这也同样忽略了驾驶人遵守交通规则的因素。在过去没有 GPS 技术的时代，采集投保车辆的行驶状况的确是一件非常难的事情；在 GPS 技术高度普及的今天，采集投保车辆的行驶状况的确是一件非常容易的事情。

## 新一轮商业车险改革外围环境的复杂性

在研究新一轮商业车险的文章中，很多文章在研究的过程中完全着眼于商业车险本身，而忽略了研究新一轮商业车险改革落地实施过程中的外部环境。笔者认为，影响车险经营规则的外部环境可以从保险中介监管政策变迁、保险业自律模式变迁、交通行为监管变迁三个角度来分析。

一是保险中介监管政策变迁。业内人士周知，保险中介渠道中的三大支柱依次是保险个人代理机构（以下简称个代）、保险兼业代理人（以下简称兼代）和保险专业代理机构（以下简称专代）。从 2006 年至 2017 年这 11 年来，保险中介渠道实现的保费收入占 80% 左右，其中车商类兼代和个代（此处与保险营销员同义）是渠道中的重中之重。从保险中介监管政策变迁的时间纵轴看，新一轮商业车险改革的酝酿期间和试点启动前夕，正是保险中介监管政策变动起伏最大之际。紧密相关的主要有以下三个方面：第一，暂停。车商是代理销售汽车和代理车险的黄金渠道。2012 年 3 月，暂停了车商等非银行类机构审批保险兼业代理资格，鼓励其成立保险专业代理机构或者与现有的保险专业代理机构开展合作。第二，取消。以 2015 年 4 月通过的《保险法》（2015 版）修订案为标志，对保险代理人监管体制进行转折性改革，由沿用 20 余年的考试发证模式，改革为取消考试，由保险公司和保险中介机构主体自行决定招聘录用的模式。取消考试发证制度，提高了保险机构用人的自主权，同时也为降低人员要求打开了方便之门。数据显示，个代政策调整以后，全行业个代人数大幅飙升。第三，提高。在暂停车商等兼代准入的同时，大幅提高了专代法人机构的准入门槛，也大幅降低了分支机构的转入门槛，将原来的审批制改革为备案制，从而诱发了专代法人机构牌照高转让费和分支机构加盟制。研究同期保险中介监管政策变迁，目的在于研究新一轮商业车险在此番改革过程中销售渠道多少的问题，在一定意义上评判车险销售竞争的激烈性。

二是保险业自律模式变迁。新一轮商业车险改革酝酿开始的 2012 年，适逢国家发展和改革委等部门加大对行业垄断行为调查和处罚之际，全国范围内在自律公约中包含佣金限制的多地的保险行业协会受到查处。新一轮商业车险改革落地的 2015 年 6 月，各地保险行业协会相继修订了包含车险销售自律的条款，保险行业协会出面统一组织的行业自律机制作用受到抑制，意味着规范车险市场竞争，更需要依赖各家保险公司个体自身抑制竞争冲动的能力。

三是交通行为监管变迁。进入汽车社会以后，车险作为汽车消费的一个重要组成部分显得尤其重要。但是，通过对大量交通事故发生原因分析来看，几乎所有的交通事故背后隐藏着违反交通法规或者违反运输相应危险品等监管规定。按照现行的《校车安全管理规定》等的规定，校车、长途大巴车、危险品运输车等车辆，应当安装具有定位功能的行车记录仪。如果说投保车辆遵守交通规则，按照规定的速度、载重、载员等进行生产作业或者驾驶，很多的交通事故就能够避免。

通过对上述外部环境的分析，不难发现提高车险经营的存在价值、竞争能力和风险管控能力，要在研究车险经营规则的基础上，同样重视外部环境的变化。

## 深化商业车险改革的建议

商业车险是分散和化解交通事故风险手段体系中的一种商业手段，但不是唯一的手段，也不是最佳的手段。化解和防范交通事故风险的手段还包括技术手段和行政手段，商业手段只有与上述手段相配套才能够发挥和放大作用，才能赢得更大的生存空间。

一是优化车险定价机制，推动监管综合改革。车险定价机制是车险经营的首要环节和基础工作，决定了车险销售渠道、销售佣金、风险管控等方面。遏制当前车险市场上出现的高佣金现象，要坚持治标先行、标本兼治的原则。治标措施，就是通过加大管控的力度，引导保险主体理性竞争；治本措施，就是通过深化定价机制改革，以车险消费者遵守交通规则和行驶里程为基准，进一步拉开遵守交通规则、年度行驶里程少的车险消费者与经常违反交通规则、年度行驶里程多的车险消费者的车险保费价格差距，引导车险消费者遵守交通规则，逐步做到“一人一车一价”，从而推出能够反映车险消费者风险状况的车险产品。用最科学的车险价格，引导汽车驾驶员遵守交通规则，为自身安全和他人安全奠定良好的基础。与价格相对应，车险高佣金现象就能够逐步得到遏制，为规范车险市场奠定基础。与此同时，积极推动保险中介监管体制改革，努力做到车险销售渠道和车险产品供应相匹配。建议加快《关于深化保险中介市场改革的意见》（保监发〔2015〕91 号）落地实施，逐步恢复审批车商等机构保险兼业代理资格或者降低车商设立保险专业中介机构的注册资本金，方便车商等机构代理保险业务，疏通代理销售车险的渠道。

深化车险经营规则改革，包含产品改革和渠道改革两个重点，需要相关部门统筹规划，做到同部署、同安排和同检查。

二是构筑事前预防机制，遏制交通事故高发。伴随着互联网、人工智能技术的发展，以及互联网交通监管和无人驾驶技术的应用，汽车司机被取代成为一种不可逆转的趋势，同样动摇了车险经营的根基。例如，某致力于发展全自动无人驾驶技术的生产厂家表态，在现行交通规则不变的前提下，发生了责任在于无人驾驶汽车一方的交通事故，汽车生产厂家承担所造成的损失。在此种模式下，车险险种就有可能被另外一种责任保险取代。再如，如果校车、大巴车等营运性车辆的营运单位严格按规定安装具有定位功能的行车记录仪，交通监管部门可以实时掌握被监控车辆的行驶速度、载客、载员、驾驶员精神状态等指标，在遏制交通事故发生的同时，也将会大大降低驾驶员对车险的需求。

商业车险的经济手段、技术手段和交通监管部门的行政手段之间是一种相辅相成、相互补充的关系，开展商业车险经营的保险公司，通过与交通监管、校车管理等机构的密切合作，可以降低风险事故的发生，实现良好的经济效益和社会效益。

三是改进车险合同的拟定模式，减少车险合同纠纷。从形式上看，车险合同是一种典型的格式合同。尽管合同在通俗化、规范化和标准化的方面已经取得了长足的进步，但还依然存在大量的两种以上的理解。而根据现行的《保险法》《合同法》等的规定，法院会作出有利于投保人、被保险人或者受益人的解释。

为此建议改进车险合同的拟定模式，由中国保险行业协会牵头，中国保险信息技术公司提供系统和数据，以保险业法务专家、技术骨干为基础，并吸收优秀的法官、检察官、警察以及律师参加，事前共同对车险合同条款进行斟酌，确保保险经营和保险司法诉讼中对保险合同条款理解的一致性，预防和减少保险纠纷，切实发挥保险参与社会治理和经济补偿的作用。

车险是汽车行业和保险业发展的混合产物，商业车险经营也必将伴随着汽车业的发展变化和保险业的发展变化而变化，车险经营规则只有引领驾驶人遵守交通规则，减少交通事故的发生，为人民群众减少不必要的生命和财产损失，才有生存的价值和发展的基础。

（本文发表于 2017 年 12 月《汽车工程学报》）

# 网约车融合保险发展新思维

王小韦　陈　亮

网络预约出租汽车（以下简称网约车）和机动车辆保险（以下简称车险）都是汽车产业链条中不可忽略的子环节，两者相互之间的和谐度事关人们对出行安全、便捷的满意度。研究网约车和车险的融合问题，有利于降低出行时间、经济等综合成本，发挥车险在风险防范和经济补偿中的作用，保护保险消费者权益，提高社会治理能力和水平，预防和减少人民群众在交通出行过程中无谓的生命和财产损失。

## 背景：矛盾、治理、技术

车险经营在保险业中处于举足轻重的地位，其经营发展受到外部政策环境和自身经营规律的双重影响。车险经营需要进行自我革新、自我优化，以便更好地发挥天然功能。

适应矛盾变化的需要。首先要适应社会变化的需要，网约车、车险要各自练好自身的内功，规范经营更要相互融合，切实为消费者出行降低时间、经济、速度等成本，精准预防、减少发生交通事故的数量，降低事故的损失程度。

适应社会治理的需要。在建设国家治理体系的过程中，发展网约车具有改善出行、减少污染、增加就业等复合作用，发展网约车需要车险在预防、减少交通事故中发挥积极作用，两者融合发展有助于确保安全，实现人们快速、便捷的出行，减少交通事故发生后派生出的交通拥堵、医疗资源、诉讼资源、信访资源等一系列问题。

适应技术发展的需要。网约车的出现，不是凭空臆想的产物，而是互联网技术大发展和共享经济理论叠加下的产物。将互联网技术、大数据技术等应用到车险经营中，能够挖掘车险在风险管控的潜力，能够改变其经营模式。

网约车和车险深度融合，在新时代下既有需求，又有条件。

### 短板：制度、预防、排斥

当前，网约车自身的发展、车险经营自身的发展以及两者相互之间存在不容忽视的短板。

挖掘网约车发展潜力。网约车的出现，是在多重条件同时具备的情况下应运而生的。首先，为适应我国经济社会快速发展，汽车成为人们的家庭财产和生活必需品，汽车驾驶由专门的行业转变为居民生活的基本技能，而其中一部分车辆因为上下班空载等原因，有需要将闲置的运力转化为实际的运力。其次，互联网技术、智能手机技术快速发展以及相应资费的大幅降低，让移动通信迅速普及成为可能，便于加盟司机、约车消费者之间通过网约车平台沟通信息。最后，共享经济理论的成熟以及运用、“互联网 + 交通”及风险资本的青睐，为网约车发展提供了生根的土壤和起到了推波助澜的作用。正是在上述有利因素的相互作用并持续发酵下，网约车商业模式由“星星之火”演变为“燎原之势”。当然，由于多地出台的政策对于加盟网约车驾驶司机的户籍、加盟车辆的排量等提出更高的要求，在一定程度上抑制了网约车发展的速度。鉴于本文研究的重点，对于网约车相关政策变迁的问题，不再展开论述，单纯立足于现有网约车的发展情况，研究对于车险经营、监管的辩证关系。通过对公开资料进行梳理，我国网约车平台最早出现于 2010 年，截至 2017 年底，网约车平台注册的加盟司机超过 2000 万人，2017 年运送乘客超过 100 亿人次。

车险预防功能存在潜力。近年来，车险经营在发挥经济补偿方面发挥了积极的作用，促进了交通事故的善后处理工作。但是，通过对车险经营中手续费率、综合费用率、综合赔付率、诉讼案件等指标看，车险经营对预防交通事故发生的作用发挥不足。笔者对大量交通事故发生的原因、车险经营模式的研究发现，很多交通事故完全可以避免。借用现代互联网技术，运用大数据及人工智能，通过督促驾驶人员遵守交通法规、规范驾驶技术、驾驶道德等，完全可以预防、减少交通事故的发生，减轻交通事故的损失，进而避免派生其他的系列问题。

网约车和车险排斥性。从网约车的经营实务看，网约车中很大比例是私家车加盟，持有的行驶证显示车辆所有人是个人，其在投保时购买的是非营运性车辆的保险。加盟网约车的私家车车主一般也不会主动告知承保的保险公司，只有在发生交通事故以后，才在查勘环节或者交警认定事故责任中发现部分此类车辆存在加盟网约车的事实，其大多数会遭到保险公司拒赔。从诉讼实务看，有的法院支持保险公司拒赔，因为车险性质由私家车改变为营运性车辆而使风险显著增加；有的法院不支持保险公司拒赔，因为保险公司不能够提供证明已经告诉投保人（被保险人）的相关资料。尚有部分出险车辆从事网约车经营，但在出险后，未被保险公司及交通监管部门查实，导致保险公司赔付和经营风险增加。

## 路径：理念、规则、创新

促进网约车和车险融合发展的路径，需要提高认识、加强规范、提升能力。

一是提高认识站位，提升治理能力。消费者希望能够便捷、廉价地获取出行服务，希望得到保费低廉、保障充裕、索赔简便的车险服务。网约车平台在经营主营业务的过程中，已经采集了一定数量的出行数据，包括年度行驶里程、行驶速度、加油及刹车习惯等。通过上述数据，可以帮助保险公司进行更加精准的风险评估，报出更加“量身打造”的保险价格。

二是完善相关规则，促进相互融合。为了解决现实问题，促进网约车行业健康有序地发展，2016 年 7 月 14 日，我国交通运输部正式发布了《网络预约出租车经营服务管理暂行办法》（以下简称《办法》），为网约车的发展提供了顶层设计指导意见，成为我国网约车发展的纲领性文件。从此，网约车正式摘掉了“非法运营”的帽子。然而，《办法》的出台，引发了社会热议，一方观点认为，《办法》的出台，结束了网约车无法可依的尴尬局面，促进网约车的飞速发展；另一方观点认为，《办法》中对于网约车准入机制等一系列的措施趋于严格，限制了网约车发展。这就需要一方面进一步完善现行的管理办法，另一方面则加快商业车险经营规则改革，将科技赋能保险业，依靠互联网、大数据、人工智能等科技手段，结合网约车的运营特点，制定符合网约车车险的定价原则，发挥保险的保障作用。

三是改革创新，明确模糊边界。保险监管部门和保险行业协会在不同场合也多次提倡保险创新。保险科技的运用，有利于改善保险消费者体验，有利于提高保险普惠水平，有利于拓展保险的深度和广度。网约车融合保险是保险业新时代的改革创新，惠及2000多万名司机和4亿多名网约车用户。另外，由于目前我国网约车经营模式不同（主要分为C2C、B2C以及二者之间的混合模式），在驾驶员行为管理、风险管控等方面也有很大差异，相应的保险费率及保费应该明确区分，使其与承担的风险相适应。

安全、便捷、廉价、环保出行是人民群众向往美好生活的一个不可或缺的重要部分，无论是网约车发展还是车险发展，都需要以此为导向和进行自我革新，进行相互配合性改革。

（本文发表于2018年3月14日《中国保险报》）

# "大改"商业车险必须破解三大难题

王小韦

最近一篇题为《大公司也扛不住了？传人保、平安等带头，提议统一商业车险手续费率上限》（以下简称《自律篇》）的文章，在业内引起热议。在诸多留言中，观点集中在要不要行业自律、在反垄断背景下如何进行自律、车险市场乱象根源等问题上，其中"按照行驶里程收取保险费"的提议引起了笔者的浓厚兴趣。围绕此观点，笔者展开分析，分享于保险同业。

## 三种原则：随车、随用、随人

车险保费定价和条款是车险经营的基本工具，商业车险改革的核心问题就是商业车险定价机制。所以，研究商业车险改革主题就是对车险定价原则进行改革，离不开研究车险定价机制的基本原则。从理论上来说，车险定价的基本原则主要是随车、随用、随人三种原则。

随车原则。在车险定价中唯独考虑包括新车购置价、折旧价、车辆"零整比"系数在内的车的因素，不考虑投保车辆包括单位时间内行驶里程多少、行驶区间路况等特点，不考虑机动车驾驶人员遵守交通规则的情况、驾龄、性格、年龄以及婚姻状况等因素。此种定价原则属于随车原则，代表这个国家或者地区的车险经营处于初级阶段，为了便于表述，将其称为车险经营1.0时代。我国当前车险定价原则就是属于这个阶段。

随用原则。在车险定价中，突出强调投保车辆单位时间内行驶里程的多少、兼顾汽车价格变化，完全不考虑驾驶人员遵守交通规则的情况、驾龄、性格、年龄以及婚姻状况等因素。此种定价原则属于随用原则，代表这个国家或者地区的车险经营处于中级阶段，为了便于表述，将其称为车险经营

2.0 时代。建议推行按照行驶里程收取保险费就是具有此种定价原则的雏形。

随人原则。在车险定价中，首先突出强调驾驶人员遵守交通规则的情况、驾龄、性格、年龄以及婚姻状况等因素，其次考量投保车辆单位时间内行驶里程的多少、兼顾汽车价格变化，最后考虑新车购置价、折旧价、车辆"零整比"系数在内的车的因素。此种定价原则属于随人原则，代表这个国家或者地区的车险经营处于高级阶段，为了便于表述，将其称为车险经营 3.0 时代。

### 三大缺失：理念、数据、信息

影响交通行为安全性的因素包括驾驶员、车况、路况等因素，其中发挥决定性因素的是驾驶员，次决定性因素是行驶路程，车况是被动的属性因素。从理论上看，车险经营 1.0 时代是最基础的时代，车险价格与风险状况基本脱节；车险经营 2.0 时代是过渡时代，车险价格与风险状况弱度关联；车险经营 3.0 时代是最理想的时代，车险价格与风险状况高度关联。综合多方面的现实，笔者认为我国车险经营处于并将长期处于 1.0 时代是基于以下三个原因。

隐私观念。车险经营 1.0 时代，车险消费者投保使用的信息为交通管理部门出具的车辆行驶证，此信息为在相关部门登记的公开信息，而不涉及投保车辆年度行驶里程、驾驶人员的相关信息。

数据缺失。车险经营 2.0 时代，制定车险价格需要两个层面的大数据。在社会治理层面，需要收集全社会的交通总里程、单位里程发生交通事故的概率等大数据；在投保车辆层面，需要采集投保车辆单位时间内行驶的里程等数据。在目前的情况下，上述两方面的数据都缺失。

信息壁垒。车险 3.0 时代，制定车险价格要在车险 2.0 时代采集信息的基础上，需要增加采集驾驶人员遵守交通规则的情况、驾龄、性格、年龄以及婚姻状况等因素。在目前的情况下，上述数据均缺失。

在未来车险经营的改革中，对于改革方向和速度，除了保险业自身努力外，还需要完善整个社会治理能力和社会治理体系，使车险价格与风险状况高度关联、相互呼应。

## 三大对策：制度、技术、条款

基于上述分析，车险经营的最佳状态是车险经营3.0时代的特点，标的车辆保费与其风险状况完全匹配，从而发挥车险保费杠杆引导驾驶人员遵守交通规则、遵守驾驶技术规范和驾驶职业道德，减少甚至杜绝事故的发生，营造零死亡、轻微伤、小物损的低风险社会。

完善监管制度，整合监管资源。研发、推广、发展车险的终极目的是为了减少交通事故，确保道路参与者平安出行。按照党的十九大绘制的蓝图、指明的方向和确定的路径，提出了提高社会治理能力和完善社会治理体系目标，推行了党和国家机构改革，为监管交通行为和发展车险提供了新的契机。例如，完善相关法规，要求所有的营运性车辆、有违规行为的个人车辆安装具有定位功能的行车记录仪，并与相关监管平台实时联网，确保可以实施监控投保车辆；前移行政问责关口，将问责情形由现在的事后问责前移为未落实相关要求的事前问责，确保防范措施部署到位。与完善制度相衔接，整合了职能监管部门的监管资源。

依靠技术手段，全程掌控风险。通过对大量恶性交通事故的分析，很多事故存在超速、超载、超员、超道（指没有行驶在标线规范的车道上）、超时（指连续驾驶、疲劳驾驶）“五超”行为。通过技术手段，确保车险经营单位、监管单位和承保的保险公司实时掌握投保风险标的物的运行。

完善合同条款，引导预防风险。《自律篇》的核心内容是在维持现有定价原则的前提下，进行手续费比例自律。按照目前国家的反垄断的相关政策，自律愿望几乎没有有效载体。而目前的商业车险条款中，次年保费与往年的出险次数挂钩，的确在一定程度上能够惠及低风险客户、遏制高风险客户，但是幅度还有待提高。通过完善合同条款，在继续保持车险经营1.0时代的背景下，以保费为杠杆，引导驾驶人合规驾驶。

当然，未来车险经营还面临全自动智能汽车（无人驾驶）发展、保险市场对外开放力度等综合影响，在现行车险经营1.0时代，需要做好提高车险赔付率、降低手续费率、降低综合成本率、保持合适的承保利润的基础性工作，实现车险消费者、车险经营者、车险投资者、社会治理四方共赢。

（本文发表于 2018 年 8 月《保险文化》）

# 4月起欧盟销售新车都是时刻待命的网联车

时 欣

2018 年 4 月起，欧盟境内出售的所有新型乘用车以及轻型商用车都将被强制安装 eCall 系统，这意味着今后欧洲的新车都是时刻待命、一触即发的网联车。

## 一、欧洲 eCall 系统简介

2017 年 1 月 17 日“欧盟委员会授权规章”［European Commission Delegated Regulation（EU）2017/79］正式颁布。简单地说，欧盟就是要求 2018 年 4 月出厂的新车都必须配备 eCall 系统，在发生严重交通事故时，自动开启数据传送和语音通话两项功能，事故车辆的位置数据和传感器信息被传送至紧急救援中心，并接通事故车辆的乘客与救援中心之间的语音通话。

预计 eCall 系统的使用可以节约城市应急响应时间约 40%，农村地区约 50% 的时间。

除了自动激活，eCall 还允许手动激活，当驾驶员在开车时发现发生了严重的道路交通事故，可以手动按下 eCall 系统的按钮。系统自动向紧急救援中心发送精确位置，并且联通语音，驾驶员在车内就可以详细报告目击的事故情况。

## 二、eCall 系统标准堪比飞机黑匣子

为什么说 eCall 系统堪比飞机的黑匣子，甚至更有用呢？它主要有以下三个认证标准。

一是在车辆严重受损的时候，eCall 的语音系统必须要能够正常工作，在

发生前撞和侧撞之后都要能正常联通语音，因此出厂前要经过全面碰撞测试（full - scale crash tests），确保通话音量和音质不受影响。

二是 eCall 系统数据在通过移动通信网络系统时，有自己的标记，移动通信系统根据 eCall 系统的标记让 eCall 系统在移动通信系统中有最高的优先级。

三是任何时候 eCall 系统不能正常待命时，必须发出警告，让车主知道并及时采取措施修复。

从车辆传输给紧急救援中心的数据称为 MSD（Minimum Set of Data）。这些数据是救援等需要的极限数据。标准的 MSD 数据有 140 个字节，在 eCall 系统拨打后，系统会首先传输 MSD 数据后再接通语音通话。

欧洲标准的 eCall 系统的 MSD 包括以下数据：

消息标识符；

eCall 系统触发的原因：自动触发或者手动触发；

eCall 系统类型：eCall 系统或者是测试 eCall 系统；

车辆类型：轿车、公交车等；

车辆唯一标示号；

油箱类型；

时间戳；

汽车位置信息：汽车的经纬度信息；

位置信息的精度；

汽车的行驶方向；

汽车的最近历史位置（可选的）；

乘车人数（可选的）；

其他可选的信息。

## 三、eCall 系统预示汽车生态的大变革

保险科技公司 vDEXI 创始人 Peter Hagelin 认为，eCall 系统的实施对汽车生态，以及参与其中的保险公司是一个标志性事件，而业界尚未认识其重大

影响。

eCall 系统强制推进的语音和数据连接传送功能，标志着 2018 年 4 月以后欧洲销售的新车实质上都是网联车（connected cars），至少是待机的网联车。汽车厂商在新网联车生态中的主导地位更加明显，因为其掌握着数据。而今后，无论是维修售后还是道路救援，汽车保险都高度依赖数据。

欧盟在 eCall 系统的立法过程中经过多次听证，征求各利益相关方的意见，2012 年欧洲保险团体对 eCall 系统的立法提出几个关切的问题，从中我们也能一窥汽车生态的变革对保险业的冲击和影响。

欧洲保险团体的主要主张：

一是消费者要能够自由选择第三方救援平台。

二是其他服务商（包括保险公司）要能够进入汽车厂商的数据平台。

三是 2012 版草案允许 eCall 系统平台提供其他救援、盗车追踪服务，但是并没有设置标准，确保消费者有自由选择附加服务商的权利，这是一个很大的缺陷：一则因为如果允许 eCall 系统附加其他服务，车商就会直接选择他们青睐的第三方服务商（可能附加保险产品），这样消费者就没有选择权；二则会使已经购买类似服务的消费者重复购买；三则最坏的情景是消费者在选择附加服务的时候必须购买以及绑定急救的供应商。eCall 是一个生死攸关的门户系统，对于其他附加服务具有决定性的作用。

## 四、对数据的所有权及隐私的考量

最终的立法充分考虑了保险公司、救援公司、汽车俱乐部等相关利益方关切的问题，同时也高度重视个人数据的保护。

一是连接 eCall 系统的紧急救援平台可以是国家的 112 急救中心，或是政府委托私人机构运营的 112 急救平台，同时也可以选择第三方救援平台。但是 eCall 系统必须保证在同一时间只连接一个平台（要么是统一的 112 急救中心，要么是第三方平台），且在第三方平台失效的时候自动转接入统一的 112 急救中心。

二是为保护个人隐私，eCall 系统仅在触发的时候才传送数据，平时不能连续报告数据，并且车载内存要能及时地自动删除旧数据。

三是不管车商预装了任何第三方平台，必须要向消费者披露，并且车主（消费者）在任何时候都可以选择让 eCall 系统转换成连接统一的 112 急救中心。

尽管 eCall 系统立法严格限制了数据的使用及传输，欧洲的保险团体依然高度警惕汽车厂商对于汽车数据的垄断，同时也不断通过参股、合作等方式与车联网相关的数据公司合作，赋能新车险。eCall 系统的推行让网联车成为标配，在全新的数字生态中，车险业务重新定位，加快创新。其已经不是坐而论道，而是决定未来生死存亡的关键战略选择。

（本文发表于 2018 年 4 月 30 日《中国保险报》）

# 你知道吗？欧洲车险赚钱也不易

时 欣

无论是国内还是国外，车险都是最核心的财险业务。在世界范围内，消费者对车险的需求都是基于两个事实：第一，车一般是个除房子以外最值钱的“大件”。第二，机动车也是和平年代造成人员伤亡和财产损失的主要“麻烦制造者”。

从图1可知，车险占全世界财险保费收入的42%，是各国主流财险公司的必争之地。同时，世界各国基本都通过立法强制推行第三者责任保险。然而，车险的复杂也在于它部分脱离了保险产品“非渴求品”的属性，按理来说不那么难卖，但正因为它在社会生活中的重要性，也受到诸多立法和监管因素的影响。

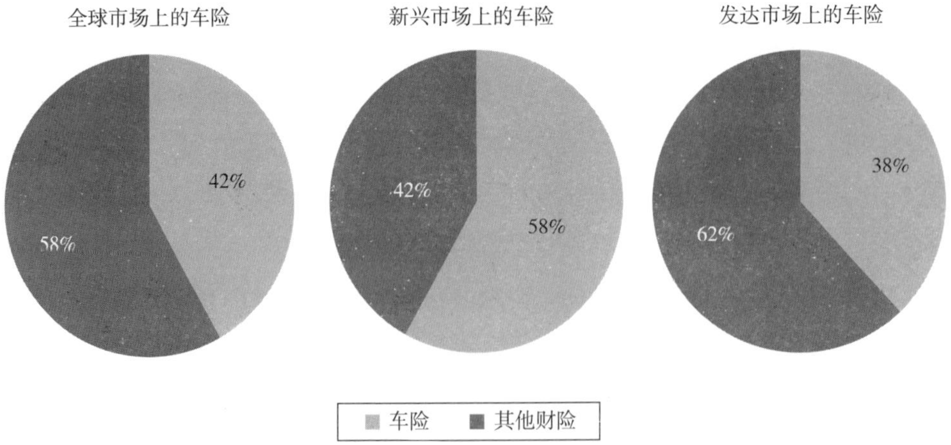


资料来源：Swiss Re Future of Motor Insurance 2015。

**图1 全球财险市场上车险业务、非车险业务占比**

## 英国：20 年未实现承保盈利

英国的车险是自然发育和市场竞争的产物，最初保费是对第三者责任收取统一的费用（flat charge）或者按照车辆价格的百分比收取保费。

然而，很快保险公司意识到，车辆的动力和性能也应该考虑在内。第一家英国专业汽车保险公司（Car and General Insurance Corporation Ltd.）在 1903 年签发保单的时候，首次将车辆的马力（horse - power）作为厘定保费的因素。

马力和车价作为私家车的主要定价系数一直延续到 20 世纪 30 年代，后来车辆用途与停放区域也被考虑在内。现代车险保费定价技术一直在发展，系数不断精细化。英国市场目前按照六大类从车、从人的系数，以及无数细分因子的组合，理论上可以达到 10 亿种组合，可谓实现了一车一价。

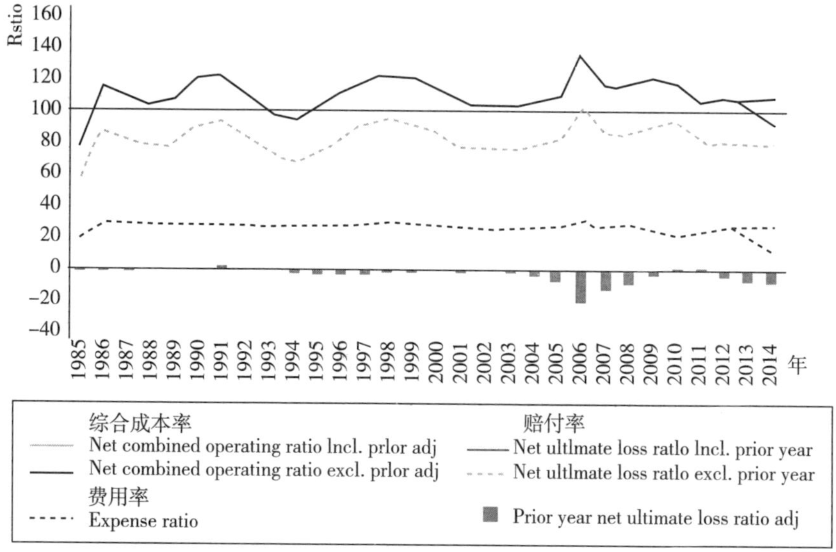


资料来源：MARSH Motor insurance industry report 2015。

**图 2　英国 1985 ~ 2014 年车险经营基本数据**

但是，纵观近 30 年来英国车险的经营数据，发现大多数年份，综合成本率都在 100% 以上，110% 以上也是常事；费用率一直较为稳定，约为 30%，但是近几年随着市场竞争加剧，其有上升的趋势（见图 2）。

2013年英国车险在计算准备金释放后，实现了近20年来第一次承保盈利，然而利润很快在2014年枯竭，分析师预计2017年行业整体仍无法实现承保盈利。

监管虽然不直接干预条款费率，但是英国的保险公司却整天抱怨，各种监管和立法改革一直不断。而且发布政策的主体也各不相同，有的是关于事故人伤亡的鉴定立法，有的是关于准备金释放标准，另外还有金融监管署（FCA）对于附加产品销售的限制、竞争与市场署（CMD）对无赔款优待信息披露的要求，以及税收政策的调整等。

## 欧洲：好车险是用来赔的

欧洲的整个车险市场约1200亿欧元，占非寿险总保费收入的27.3%，也是第一大险种。由于市场成熟度较高，2004～2014年整个车险市场几乎没有什么显著增长（见图3）。

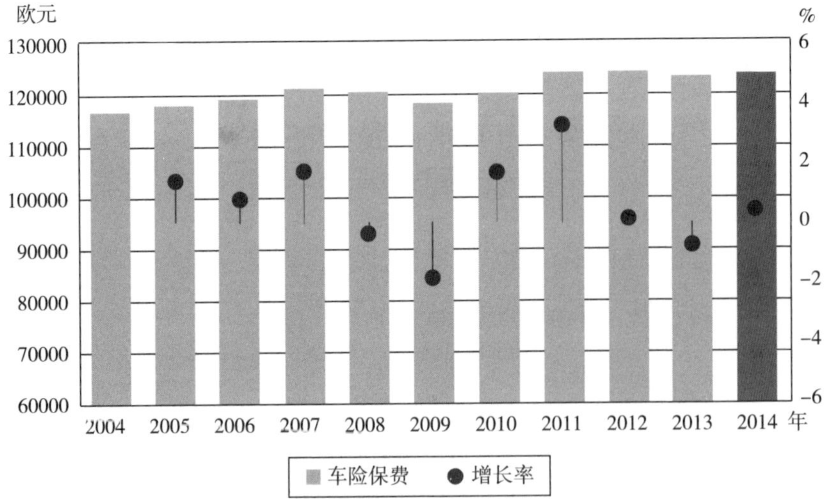


资料来源：Insure Europe European motor insurance markets 2015。

**图3 欧洲2004～2014年车险保费及增长率变化**

尽管在欧洲单一市场制度下，保险公司可以跨国经营而无须额外取得牌照，但欧盟全部经营车险的公司数量还是惊人的，2005年居然有1227家，后来逐年下降，到2013年仍有1026家。

相较于英国，欧盟整体车险市场近十年来，综合成本率控制得较好，鲜有超过100%的，呈现出明显的承保周期特征，一波盈利接一波亏损，然后再一波盈利（见图4）。

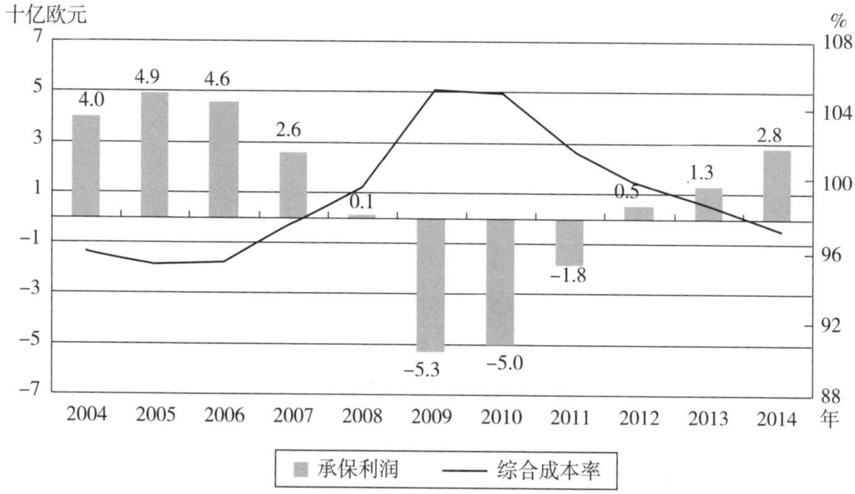


资料来源：Insure Europe European motor insurance markets 2015 。

**图4　欧洲车险承保周期**

2016年中国车险的综合赔付率为58%，综合费用率为41%。相较于欧洲市场，中国车险市场费用率较高，大多是中介机构获利。而欧洲近十年来车险的综合赔付率在80%以上，甚至一度飙升到将近95%，大部分支出都体现在赔款上（见图5）。

## 对标欧洲，中国的车险贵不贵

车险实现整体承保盈利，在全世界范围内都是件困难的事情，想通过竞争让车险变得便宜，那只是一厢情愿。如果通过价格战提高保费份额，只能造成更大的亏损。

在英国这样一个完全竞争的市场上，又有比价网不断地降低价格，消除信息的不对称性，而近几年车险价格也是一路走高。2017年第三季度的车均保费高达838英镑，对于普通英国人也是一笔不小的开支。据英国官方统计，2016年受雇员工的平均工资为27500英镑，那么车险保费就占年收入的

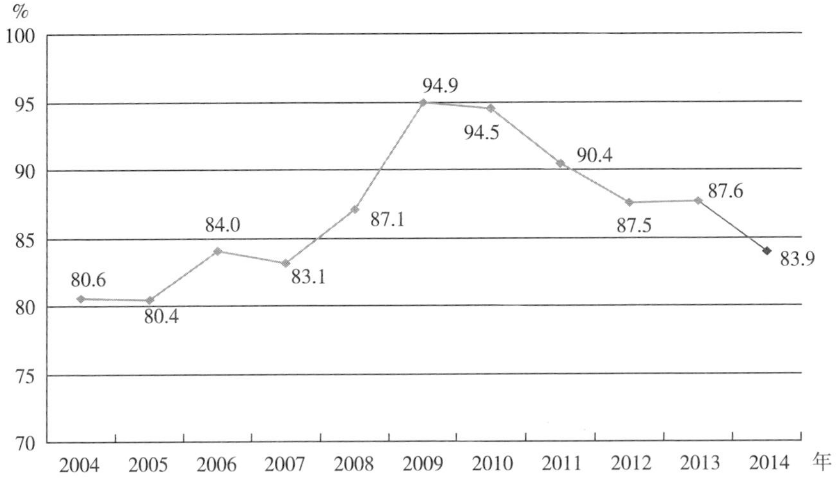


资料来源：Insure Europe European motor insurance markets 2015。

**图 5　欧洲 2004～2014 年车险综合费用率变化**

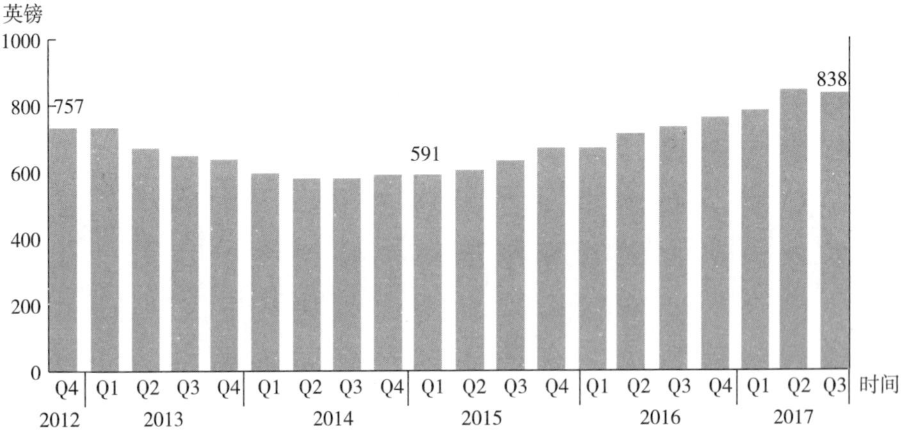


资料来源：英国比价网 Confused. com。

**图 6　英国 2012～2017 年车险车均保费变化**

3%（见图 6）。若按照国内有车族年均收入 70000 元人民币来算，国内的车均保费约为 2100 元人民币，以这个标准衡量，国内的车险保费可能还有下降的空间，但如果手续费刚性，下降的空间也并没有多大。

而且英国车险对不同年龄层的收费差异也十分明显，对于那些热爱飙车的年轻人，保费更是高得离谱，但这些年轻人收入往往较低，甚至没有收入。

17 岁左右的年轻司机车均保费高达 2272 英镑（见图 7），约为平均年收入的 8.3%。从这个角度看，中国年轻司机是占了便宜，因为国内一般直接给到地板价，虽然风险因子有所区分，但是并不明显。

数据来源：英国比价网 Confused. com。

**图 7 英国不同年龄的司机对应的车险保费**

对标欧洲成熟市场，中国车险的降价空间主要在于实现综合成本率在结构上的优化，压缩过高的手续费，实现差异化定价，利用大数据实现根据驾驶行为的定价模式，对不同风险的司机实现区别定价。

总的来说，车险在全球范围内都没有丰厚的承保利润，但从市场份额、品牌形象、客户获取等角度看，又是财险公司的必争之地。与欧洲市场相比，中国当前的车险市场是“有空间，无退路”。“有空间”是说还可以有一定的费用可以继续扩大市场，“无退路”是说如果不做车险又没有别的现成险种好做，对车险的路径依赖是很多财险公司面临的共同问题。以前还可以给中介高费用，通过压缩其他管理成本来勉强维持公司生存。百亿元以下体量的车险公司在成本摊薄品牌效应和定价能力方面相较于较大的公司存在差距，在两次费改后差距更加凸显，公司经营举步维艰。在车险市场上，除了大公司以外，走轻资产路线、结构偏平化、快速迭代、连接平台能力突出、强调服务场景化的互联网保险公司或许会迎来春天。

（本文发表于 2018 年 1 月 2 日《中国保险报》）

# 保险创新篇

# 保险业适应人工智能发展的对策

王小韦　马丽娟　郜　恺

近年来，人工智能技术发展日新月异。人工智能对人类的生产和生活产生了深刻的影响。多名权威人士撰文表示，人工智能不仅能替代电子产品生产流水线上的简单劳动，而且对于记者、股市分析师、律师等从事复杂工作的脑力劳动者也有被替代的趋势。保险业也不例外，也有很多研究人工智能对保险业影响的文章。正如现实生活中所看到的一样，人工智能的确已经对多项传统生产以及生活产生了深刻的影响。在人工智能快速发展的同时，也在迫使传统保险加速转型。

## 互联网保险的界定

伴随着“互联网+”写进《政府工作报告》中，互联网保险概念走进经济生活和保险业自然不难理解。类似互联网保险的，还有智能保险、数字保险、科技保险等，笔者一并融入互联网保险进行研究。

对于什么是真正的互联网保险，各种观点莫衷一是，的确没有一种现实的互联网保险形态可供保险学界进行研究。笔者认为，现阶段所谓的互联网保险虽有创新，其实质还是传统保险产品营销渠道的转移，只是从线下转移到线上而已。

产品研发。传统保险产品的研发是基于对积累的历史数据整体进行归纳、精算，忽略了被保险人或者投保标的物的个性化数据，产品定价对于具体个体的针对性更弱，表现为“千人一面”；真正意义上的互联网保险，虽然也是以积累的历史整体数据为基础，但是充分考虑了被保险人或者投保标的物个性化的风险数据，产品定价对于具体个体的针对性更强，表现为“量身打造”，对保险公司综合经营能力的要求不高。

营销渠道。传统保险产品的营销过程中，讨价还价的空间较大，所以高度依赖于保险中介渠道；真正意义上的互联网保险定价“量身打造”，销售过程全部或者主要通过互联网完成，所以主要或者只能由具体研发保险产品的保险公司进行销售，有“去中介化”的趋势。

竞争策略。对于传统的保险产品，保险中介机构选择销售哪家保险公司的产品，主要考虑的指标是价格打折系数和佣金比例，不会考虑承保的保险公司的风险管控能力；真正意义上的互联网保险，销售方式主要是保险公司直销，在经营中就需要综合考虑风险管控等环节。

风险管控。在传统保险经营中，普遍存在的问题是主动采取预防型的管控措施较少；真正意义上的互联网保险，在量身打造产品的过程中，已经进行了风险评估，所以基于自身的经济效益等多种因素考虑，势必会增加采取预防型的管控措施。

理赔处理。传统的保险产品依靠保险中介机构线下完成，被保险人提出索赔时，会要求提供一整套的材料；真正意义上的互联网保险，由于销售过程主要在线上完成，所以被保险人提出索赔时，会减少提供资料的数量。

防范欺诈。在传统保险经营中，营销等环节依靠保险中介来完成，对于风险识别、防范重视不够，容易诱发保险欺诈；真正意义上的互联网保险，对于风险识别、防范普遍重视，不易诱发保险欺诈。

期待中的互联网保险，作为一种风险管控手段，首先是通过提高风险管控能力，遏制保险欺诈案件的发生；其次是切实发挥保险风险的预防功能。如果发生风险事故，即使在充足投保的前提下，保险赔款完全覆盖所造成的各种直接损失和间接损失也显得捉襟见肘。

## 人工智能影响保险业的切入点

研发人工智能的初衷是为了降低人们的劳动强度，提高产品的质量和数量。从本质上看，人工智能是一种手段。从手段的角度和最原始的功能看，保险业也是一种风险管控的手段。综合起来看，人工智能和保险都是一种手段。人工智能按照对保险业影响的发力点分为直接、间接两个点位。

直接点位。直接点位是指保险业借助于人工智能技术，对保险经营的全部流程或者部分流程进行改造，提高保险业自身的经营能力和风险管控水平。在直接点位下，人工智能对保险业起到促进作用，提高了保险业经营能力和风险管控水平。

间接点位。间接点位是指提高保险标的物所在的行业管理部门或者权属部门的风险管控能力，其在一定程度上替代了保险业的风险管控功能。

现阶段，车险是非寿险领域的当家险种。行业占比超过80%以上，业务占比超过90%。所以，车险经营是当前及以后一段时期财险公司主抓的险种。作为汽车消费的一个重要组成部分，车险经营与未来汽车产业的发展方向息息相关。据公开资料显示，未来汽车的发展趋势是智能化和纯电动化。有家汽车制造商为表明其无人驾驶汽车产品质量和技术的可靠性，声称如果无人驾驶汽车发生交通事故，将对无人驾驶模式下所造成的损失负全责。此种举措将会改变车险承担责任的方式，如果这成为一种普遍的方式，会逐步蚕食传统车险经营，最终发展为一种完全替代车险的形式。

人工智能技术广泛应用于汽车相关的政府监管机构和车辆经营主体，必将大幅度提高汽车运营的安全性，从而削弱车险的需求。理论上说，汽车交通事故发生的根源无外乎不适格的车辆、不适格的驾驶员以及不适格的驾驶状态。对大量交通事故深入分析后，发现造成交通事故的主要原因在于肇事车辆的不适格的驾驶状态，表现为超速、超载、超时（此处与疲劳驾驶同义）三种情形。在人工智能技术的支撑下，校车的权属单位及校车安全的管理部门，能够借助技术手段对校车的运行状况实时监控，并能够将实施状况发送到家长等相关人员的手机上，就完全有可能降低甚至避免一些事故的发生。

在寿险领域，由于保险回归保障，必然下调理财型保险产品比例，健康险、长期寿险、意外伤害保险等传统保险产品销售比例上升。那么，在人工智能技术发展的推动下，通过应用基因检测等新兴技术，很有可能改变寿险产品的产品设计、风险管控等经营流程，进而影响传统寿险的经营。

## 应对人工智能的三大对策

保险业从传统经营向互联网保险发展，是保险业经营转型的一件大事；适应人工智能时代，是全社会、全行业需要面临的一件大事。结合当下复杂的背景，对于保险业适应人工智能的发展，笔者提出以下三个建议。

一是顺应变革，主动转型发展。对于保险业来说，保险姓保，本来就是一个无须赘述的话题，但是对于局部的险种，个别保险公司的确需要回归保险保障功能、防范风险和深化改革三大要求。对于互联网技术和人工智能技术的快速发展和融合发展，保险业要主动学习新技术，主动寻求与新兴技术发展的结合点，围绕保险消费者的风险管控需求，提升自身的经营能力，切实发挥风险管控的作用，彰显其天然职能。

二是拟定合同，消除理解分歧。保险合同在保险经营中具有非常重要的地位，贯穿于保险合同经营的全过程，甚至保险纠纷的诉讼。近年来，保险业的保险合同质量的通俗化和规范化已经有了大幅度的提高。但是，通过保险纠纷诉讼案件，不难发现保险合同的规范化和通俗化建设仍然任重道远。关于保险合同的拟定，建议由中国保险行业协会牵头，组织以保险业内的专家为主体，广泛吸收经验丰富的法官、检察官、交警以及律师参加。在合同条款拟定的基础上，由保险精算人员进行精算，从而为保险产品宣传、介绍、统一理解奠定坚实的基础。

三是突出风控，消除风险隐患。立足于萌芽状态的保险初始功能，按照金融工作会议精神，保险作为一种风险管控的手段，保险业作为一种专门从事风险管控的行业，要在提高自身风险能力的基础上，通过事前风险识别、预防切实提高承保标的物的风险管控能力。

迎接人工智能发展对人类生产生活的挑战，对于每个个体和每个行业的确都是一个全新的挑战。立足自身功能，恪守保障方向，提高自身技术，服务社会发展，是保险业唯一的，也是正确的选择。

（本文发表于2017年10月31日《中国保险报》）

# 互联网保险与传统保险合作大于竞争

田　丽　王小韦　苏　洁

春江水暖鸭先知。

凭借自身独具的互联互通的先天优势，凭借开展主营业务过程中积累的海量数据，攻城略地于传统产业或者行业，互联网企业战功累累。对于保险领域，互联网企业同样扮演着弄潮儿、先行者和拓荒者的角色。

笔者梳理近年来互联网企业在保险领域开疆拓土的发展脉络，试图归纳出发展互联网保险的节点和支点，以便更好地发展保险业，使古老的行业勃发生机，实现投资人、管理人和广大保险消费者多赢，实现社会效益和经济效益的有机统一。

## 版图和高地

互联网企业的迅猛崛起，是信息技术浪潮的必然产物。最新资料显示，当前我国的互联网企业主要是百度、阿里、腾讯、京东等公司，合称为“BATJ”。除此之外，笔者认为不妨将苏宁易购、国美在线、携程等行业领先的电商平台纳入一并研究，因为电商平台在开展主营业务的过程中，同样收集了大量的数据，客观上又提升了客户体验的需求。

近年来，保险业受到各路资本的青睐。不同的行业主体进入保险业并选择了最利于发挥自身优势的方式、险种和渠道。从进入保险业的推进方式和相关产业的角度看，互联网企业具有全新的思维模式，各家互联网企业百舸争流、争先恐后，大致模式有以下三种：一是设立保险公司。我国第一家冠名为互联网保险公司的股东，主要是阿里、腾讯等公司。资料显示，阿里还参股国泰等保险公司，百度、京东等公司联袂传统的保险公司设立互联网保险公司。二是设立保险中介机构。互联网行业介入保险中介领域的文章和资料甚多，本文不再赘述。苏宁易购、携程等电商平台也设立了自己的保险专业中介机构。一些保险专业中介机构取得开展互联网保险业务销售资质后，在互联网上销售保险产品，此种业态也纳入本文的研究范围。三是打通产业壁垒。资料显示，阿里携手上汽集团成立互联网汽车发展基金，联合生产互联网汽车；建设汽车整车销售的无人4S店，介入汽车流通领域；通过在互联网平台销售汽车零配件及用品，介入汽车零配件销售环节；与汽油等燃油流通企业合作，建设无人加油站，介入燃油经营环节；投资参与一些网约车平台，介入汽车出租行业。换一句话说，以汽车和汽车用户为中心，互联网企业已经在构建一个全新的产业链条，已经可以采集到汽车和汽车用户的海量数据，通过对相关数据的整合，可以对某一辆汽车具体的风险、汽车用户的风险进行量化分析。

综上所述，互联网企业进军互联网保险业，竞争利器就是海量数据的收集能力、分析能力和应用能力，是传统保险业和保险公司渴望具备的能力，却也是遥不可及的能力。从一定意义上说，在互联网保险版图上，互联网企业已经占领了高地，对传统保险业和保险公司转型发展提供了榜样，也拉开了差距。

### 竞争与合作

尽管说表象千差万别、各具特色，但是从原理上和本质功能上讲，无论是传统的保险还是互联网保险都是风险管控的手段，要衡量其发展前景，最主要的指标无疑是风险识别能力、风险定价能力、风险预防能力及风险处置能力。需要指出的是，本文此处聚焦的风险管控能力，排除了完全定位发展短期理财型保险产品的保险公司。

从股东的构成看，冠名中包含有“在线”字样的互联网保险公司，往往由传统保险公司发起成立并已经具备经营风险的基因。在保险市场的竞争中，互联网保险公司和传统保险公司之间的合作关系要大于竞争关系，其原因有以下两个方面。

一是功能定位。按照功能定位，保险业就是专门经营风险的行业，这是保险业立身的根本原则，偏离了这个主旋律，则不能持久发展。秉持和回归保险业保障功能，一方面靠保险公司经营主体的自觉性，另一方面来自于监管政策。2017 年 7 月召开的全国金融工作会议进一步重申了包括保险业在内的金融业服务实体经济、防范风险和深化改革的要求。

二是经营原理。为有效实现行业价值，在经营原理上，大数法则是永恒不变的法则，对数据的收集、处理和应用的能力是衡量新型互联网保险企业和传统保险公司非常重要的一个指标。相对而言，在数据处理的能力上，新兴互联网保险公司领先于传统保险公司，并已经拉开了距离；在风险识别、人才储备等方面，新兴互联网保险公司应当学习和借鉴传统保险公司的风险预防和处置的经验。

### 创新和守旧

互联网保险公司是一个完全新生的业态或者主体。从互联网保险运行的情况看，产品研发、销售渠道和风险管控还存在不容忽视的短板。

一是产品研发。有的互联网保险公司在互联网上所销售的产品，与其他传统保险公司销售的产品一模一样，别无二致。有的产品销售的保单件数非常大，但与行业需要发挥、能够发挥的功能还存在很大差异。

二是销售渠道。有的互联网保险公司称不走传统保险公司建设物理网点的老路，销售完全实行网络化。但是在实际上，其却与区域性代理机构的网销平台签订合作协议。

三是风险管控。有的保险公司分支机构建设限于注册地或者保险份额很少的省份，希望在更大区域开展产品营销，委托保险中介在网销平台上销售产品，但因疏于风险管控给自身造成巨大的损失。互联网保险公司应当比传统保险公司拥有更强大的产品研发能力和风险预防能力，切忌以创新为导向，走守旧的老路。

互联网企业主导下的互联网保险公司的创新，核心竞争力在于保险产品的研发和风险的预防，充分发挥其基于主营业务掌握的大数据。在寿险领域，深耕健康保险、长期寿险，逐步实现“一人一险种一价格”，开拓持久性业务；在财险领域，丰富车险产品的费率因子，逐步实现“一人一车一价格”。整合互联网企业在开展主营业务过程中掌握的数据，提高保险产品的研发能力，凸显互联网保险公司比传统保险公司的先进性，凸显发展互联网保险的终极价值。

互联网企业主导的互联网保险的确是一项全新的事业，但毕竟迈开了保险经营创新的第一步，需要保险消费者、保险业经营主体和保险中介机构共同努力，以便服务于实体经济的发展，服务于经济社会的发展。

（本文发表于2017年11月14日《中国保险报》）

# 新技术对未来风险的化解与重构

高笑寒　王小韦

第四届世界互联网大会（以下简称本次大会）围绕当下最热门的人工智能、数字经济、网络空间等进行了深入探讨，各互联网企业代表各抒己见，对未来社会发展作出了预测和展望，其中不乏对保险业未来发展的启示和借鉴。保险业的使命是控制和管理风险，而互联网技术的更迭和发展会直接导致未来社会各个领域风险的化解、重构。

保险业应主动顺应社会风险的变化，开阔风险管理战略视野，进一步提高全社会的风险控制和管理能力。

## 阶段更替：动力转换

在互联网发展的“上半场”阶段，其主要发展动力来自网民人数的成长、上网时间的增加、网上信息量的扩大三个方面。而随着移动终端以及互联网的普及，互联网人口红利时代宣告结束。第四届世界互联网大会上发布的《世界互联网发展报告2017》指出，全球移动互联网爆发式扩张已经接近尾声，互联网连接规模增长步入动力转换期，互联网发展进入从人人互联向万物互联转变的新阶段。

马云在本次大会上这样描述未来的经济发展：“未来30年数据将成为生产资料，计算会是生产力，互联网是一种生产关系。如果我们不数据化，不与互联网相连，那么会比过去30年不通电显得更为可怕。”

可以预见，在互联网发展的“下半场”，人工智能等新兴技术将成为各个行业增长的驱动力，网络安全和网络空间安全将成为全社会新的关注点，而智慧城市、智慧交通、智慧生产将成为人们的生产、生活的新的社会形态。

## 风险管理：化解、重构

随着互联网发展进入转换时代，未来的风险形态也将随新技术的发展而化解、重构。

一是旧有风险可以规避的可能性越来越高。新的技术手段让传统风险不断消解。李彦宏在本次大会上再一次提到百度的无人驾驶技术。他还表示防疲劳驾驶的系统将在2018年与汽车一起推出。这就意味着传统汽车驾驶过程中的酒驾风险、疲劳驾驶风险将随着新技术的革新实现风险规避。

除了无人驾驶技术外，新的治安防控技术、安全生产技术等也让传统风险得到了最大限度的化解。此外，新技术对金融风险的发生也能起到积极的防控作用。传统的银行贷款需走访企业，了解其相关的资产和经营状况，而现在银行可以借助新技术先构建企业画像，然后对企业贷款的相关材料进行智能分析，再通过模型和算法决定放贷多少，贷后进行实时监控，最大限度地减少人为因素的干预。

二是风险控制的有效性将不断提高。在万物互联的时代，更加快速、更加全面地连接将提高风险控制的有效性。华为消费者业务CEO余承东在本次大会上表示，未来信息链接会呈万倍增长，他认为打开连接全时代的三扇门是交互、IoT（物联网）和5G。交互在经历了键盘、鼠标和触屏时代后，会向语音、视觉等新的传感技术发展；IoT让社会都具有链接的功能；5G技术将增加AR、VR等功能的链接，使云端资源的获取更加快捷，数字世界和现实世界将实现更加快速、便捷的融合。

在此基础上，风险控制的有效性将不断得到提高。以车联网为例，过去我们对汽车驾驶风险的控制，主要局限在汽车内部，比如安装安全气囊、安全带等。而在下一个阶段，汽车驾驶风险的控制则由内部转移到外部。根据近日媒体报道，北斗车联网正在探索通过卫星定位，实现对道路和基础设施的全面感知，进而优化管理运输过程。根据此次大会披露的数据，北斗在中国建成了全球最大的车联网平台，480万辆装有北斗的运输车辆上线，重大事故率和人员伤亡率均下降近50%，出行耗时减少1/3。

三是新风险的不可知性越来越强。随着万物互联时代的到来，无论是国家安全、商业安全还是我们的日常生活，对数据和网络的依赖越来越强。全球信息安全技术“教父”——卡巴斯基系列产品研究开发团队的创始人尤金·卡巴斯基在本次大会上就谈道：“我们周围现在已经被智能化的设备所包裹在其中，不幸的是很多系统非常脆弱。”也正因为如此，网络安全变得尤为重要。

此前，安联财险曾发布的一份网络安全研究报告显示，每年中国因网络袭击造成的经济损失高达3996亿元，损失额位居亚洲第一。与我们已知的自然风险、疾病风险不同，网络安全的风险测算和损失估计目前还是空白的。特别是网络安全风险的新兴性、动态性和传导性，造成保险公司的风险理算困难，即使是在企业内部，对网络风险的损失也难以全面和准确估计。

### 行业契机：应时而变

旧地图上找不到新大陆，对未来风险的判断是保险业发展的起点和方向。

一是挖掘新型风险蕴藏的行业发展潜力。在万物互联时代，数据安全、网络安全变得越来越重要。由于网络空间的开放性和互动性，科技在给人们的生产和生活赋能的同时，其本身所隐藏以及外部叠加的风险更加变幻莫测，不可小觑。但也正因为如此，在网络安全风险控制和管理中蕴藏的商业蓝海也非常巨大。

目前国内仅有极少数保险公司尝试推出了网络安全保险，例如人保公司推出的网络虚拟财产交易安全保险以及阳光财险和众安在线推出的网络安全险。面对网络安全保险这片新兴蓝海，保险业受制于人才储备不足、硬件投入不足、基础数据短缺等多重因素，绝大多数保险公司没有充分准备，发展能力较为欠缺。

二是借助新兴技术转变行业发展的方式。万物互联时代最大的特征就是社会效率的提高。对于保险业来说，也要顺应社会发展的趋势，通过借助新兴技术手段，提高全行业的发展效率。

具体来说，一方面，借助新兴技术，实现风险细分。比如与其他行业合作，通过数据对接，细分社会风险，提高风险测算精度，实现保险费率厘定的科学性、准确性，为客户提供专属的个性化保险；另一方面，运用新兴技术，帮助客户规避风险。比如在寿险领域，与新技术企业合作，通过可穿戴设备、机器筛查医学影像、医学 AI 等帮助客户及早发现疾病、控制病情。

三是瞄准技术发展趋势革新经营战略。技术革命已经不仅一次地被历史证明，在生产力飞速提高的同时，社会形态也会随之改变。保险业也需要顺势而变，提高新技术的投入占比，找准新技术和行业发展的结合点。目前，国内外的保险公司已经开始尝试，或与科技企业合作，或成立自己的专属公司，为主业提供科技支持。

在国外，名噪一时的奥斯卡医疗就通过与智能穿戴医疗设备生产商 Misfit 的合作，用智能穿戴医疗设备实时检测被保险人的身体状况，引导使用者主动进行健康管理，从而减少理赔损失。在国内，平安保险公司已提出将以五大核心技术（生物识别、大数据、人工智能、区块链及云平台）为基础，深耕金融科技与医疗科技领域，服务主业发展。新华保险也在 2017 年 12 月初向媒体透露，拟成立“IT 技术 + 互联网”科技型的公司，为保险业务提供技术支持。

（本文发表于 2017 年 12 月 19 日《中国保险报》）

# 互联网寿险发展的三大机遇：政策、技术、方式

王小韦　苏　洁

按照我国现行的保险监管制度安排，人身保险业务包括人寿保险、健康保险和意外伤害保险。经保监会批准，经营财险业务的保险公司，可以经营短期健康保险和意外伤害保险业务。结合保险实务，本文研究的互联网人身保险只包括经营人身保险业务的保险公司（以下简称寿险公司）经营的人寿保险业务和健康保险业务。简而言之，是研究寿险公司如何开展互联网寿险业务。笔者通过梳理寿险公司的发展转型，归纳互联网寿险发展的新政策、新技术、新业态，供同业间交流。

## 互联网寿险的真正内涵：产品、营销、风控

对于当前的互联网保险发展阶段，有以下两种观点：第一种观点认为，伴随着互联网在保险业的应用，互联网保险已经应运而生，呈现出方兴未艾之势，会逐步提高其在保险业务中的占比；第二种观点认为，现阶段的互联网保险并不是真正意义上的互联网保险，只是传统保险产品销售渠道从线下平移到线上而已，由于没有触及保险产品本身的设计、风控，与真正意义上的互联网保险尚有差别。

鉴于目前对互联网寿险研究和实务探索的现状，综合多方面的信息，笔者认为互联网寿险具有以下三个特征。

一是产品设计做到量身打造。保险产品设计是传统寿险和互联网寿险相区别的基本特征。通过考察寿险行业发展的历史脉搏不难发现，传统寿险产品的设计规律是基于收集既往的数据进行生命周期表的测算和编制，归纳出

一个群体大概的生命周期，缺乏技术手段采集具体个人的生活规律特征。互联网寿险产品设计，通过应用基因检测技术和穿戴设备，能够预测某一个家族甚至某个人的生命周期，能够实时掌握具体的个人生活规律。通过利用新兴技术，寿险行业经营将揭开全新的一页。

二是产品营销做到产销一体。在传统的寿险经营中，对于保险产品高度同质化的各家寿险公司，由于保险产品只是简单复制，员工队伍建设只建立管理型的员工队伍，不建立承担销售职能的员工队伍，大量依靠保险个人代理人销售产品。与保险经营实务相呼应，有的保险学者和保险公司高管提出了保险业产销分离的思路，与现阶段的保险产品设计规律相吻合。而真正意义上的互联网寿险，由于保险产品是量身打造的，保险公司对于投保人或者被保险人的身体健康状况充分了解，能够与投保人或者被保险人进行直接沟通交流，保险公司承担管理职能的员工就可以进行销售和核保。

三是风险管控做到实时对接。在传统的寿险经营中，保险产品一经销售，在出险后的索赔或者支付保险金时保险公司才会与投保人或者被保险人进行主动联系，风险管控缺失。同时，也没有技术手段支持保险公司与投保人或者被保险人进行联系。而在互联网寿险经营中，保险公司与投保人或者被保险人之间通过微信等互联网即时通信软件和互联网技术，能够做到实时联系，对于风险能够早发现、早干预、早介入。

综上所述，真正意义上的互联网寿险相对于传统寿险来说，其产品设计、营销、风险管控等核心经营环节，都产生了一场全新的改造，呈现出全新的业态。

## 互联网寿险的全新环境：政策、业态、技术

互联网寿险脱胎于传统寿险，传承传统寿险的基因。传统寿险向互联网寿险发展，离不开政策、技术和展业方式等各项外部条件的变化，且各项外部条件之间也在相互作用和影响，共同搭建了互联网寿险发展的平台。

新政策。作为社会保障体系、金融体系的一分子，寿险发展势必会受到相关政策的深度影响。一是金融业政策。在2017年7月召开的第五次全国金

融工作会议上，对金融业和金融机构提出了服务实体经济、防范金融风险和深化改革三项任务。具体到保险业来说，就是要按照保险回归保障功能的基调，发挥保险服务实体经济的作用和保障功能。理财型寿险产品的占比下调，势必为寿险公司研发、销售保障型寿险产品和健康型保险产品腾挪了空间。二是保障体系政策。党的十九大报告指出，全面建成覆盖全民、城乡统筹、权责清晰、保障适度、可持续的多层次社会保障体系以及建立全国统一的社会保险公共服务平台。两项政策叠加，引导和迫使寿险公司积极开拓保障型寿险产品。

新方式。构建社会保障体系，无论是立足国情还是放眼世界，一般都是由社会保障和保险公司的商业保障组成。为了提高保障水平和保障能力，国家出台了一系列制度，支持商业保险机构参与到城乡居民大病医疗保险甚至城镇职工医保管理活动中，这对商业保险公司来说机遇和挑战并存。

新技术。对于未来风险的可预测性和实时连接是互联网寿险的关键手段。基因检测技术和互联网技术的有机结合，恰恰可以满足这两大需求。但是基因检测技术在保险业中的应用目前还存在争议，从疾病预防和风险管控的角度看，笔者认为利更大于弊。通过基因检测技术，可以实现对投保人或者被保险人疾病风险的预测，并采取针对性的风险管控手段，使保险消费者更健康、更持久地享受生命的快乐。而利用互联网技术，商业保险公司要开展对保险消费者的风险评估、识别、预防等工作，前提是能够与其建立实时、准确、低成本的链接。

综上所述，只有在各项外部条件全部具备的基础上，互联网寿险才有了发展的平台。

### 互联网寿险的落地：观念、队伍、合作

寿险行业只有赢得民心，才有存在的价值和意义，才有发展的空间和平台。互联网寿险是寿险发展的一个难得的选项。

一是更新观念，回归保障。无论是考察保险业的历史发展还是金融工作会议要求，保险业回归保障功能是必然的选择。在新时代、新形势下，发展

互联网寿险，必须要摒弃发展理财型保险产品的旧观念，要遵循保险业的发展规律，预防和化解各类风险，发挥“稳定器”“助推器”的作用。

二是带好队伍，优化流程。互联网寿险在产品设计、销售渠道和风险管控方面相较于传统经营发生了很大的变化，因此对员工队伍建设提出了更高的要求。在传统经营中，部分发展理财型保险产品的保险公司，在销售渠道方面失去了话语权。互联网寿险产品是更复杂的长期寿险和健康保险，因产品复杂程度的提高，对员工的素质要求会更高，对业务流程的科学性要求也更高。

三是有效作为，争取机会。对于商业保险机构来说，发展商业保险做得好了就是机遇，做得不好就是危机。商业保险机构不仅仅扮演“经办人”的角色，更应主动作为，谋求更多的合作机会。

发展互联网寿险，通过对疾病的深入研究，设计更加科学的保险产品，丰富保险产品的种类；通过提高直销比例，增加与保险消费者的黏度，提高预防疾病端的资金投放；通过积极作为，发挥增加居民健康指数的作用，对管理机构来说是提高医疗费利用效率。

毋庸讳言，发展互联网寿险，是寿险行业在国家政策、技术发展和业态转变等综合背景下，寿险行业发展的新趋势、新动向、新作为。

（本文发表于2017年12月26日《中国保险报》）

# 发挥互联网寿险在疾病“预减延”的积极作用

王小韦　苏　洁

在互联网时代，保险公司借助互联网的传播属性和科技赋能，正在重塑保险产业链条上的各个环节，提高运营效率，为客户提供优质的服务和便捷的体验。在保险回归保障的主旋律下，传统寿险正受到冲击，互联网寿险的革命号角已拉响。

本文首先以互联网寿险在疾病预防细节处落笔，研究互联网对疾病预防所能起到的积极作用。其次，以典型的互联网寿险公司为案例，剖析互联网寿险与传统寿险的互补之道。最后，上升到互联网时代，寿险公司应如何“突出重围”，从宏观到微观，更加专业地解析互联网寿险的发展脉络和趋势。

疾病是困扰人们的一个大问题。疾病的“预防、减少、延迟”，关乎每个人的切身利益，也是寿险公司风险管控的重要节点。当前，在宏观政策导向、保险业回归保障功能、互联网技术和基因检测技术的发展等复合背景下，研究互联网寿险的疾病“预防、减少、延迟”问题，有利于促进传统寿险真正回归保险保障功能，有利于发挥保险在预防疾病、减少疾病、推迟疾病方面的积极作用。本文通过剖析在互联网寿险发展的条件下，研究疾病的“预防、减少、延迟”问题的必要性、可能性、路径性，提出意见和建议，供同业间交流。

## 必要性：回归、生存和发展

追溯本源，梳理保险业发展历史，寿险公司原始的功能是提供保障，发展到一定阶段后才衍生了分红、投资的功能。寿险公司主要提供长期寿险产品、健康保险产品，基本上航行在保险业风险保障功能的正确航道上。当前，寿险公司从传统经营向互联网寿险转型，大力开展疾病预防，是为了满足寿险公司回归保障功能、实现转型生存的需要。

回归。短期、重收益、轻保障的寿险产品，通过银行渠道、依靠高佣金驱动进行销售，将吸收的保费投资或运用于房地产等非实体经济领域，不仅直接冲击了实体经济，而且损害了保险业的形象和声誉。根据2017年7月召开的全国金融工作会议精神，作为金融业一分子的保险业也要发挥服务实体经济、防范化解风险和深化改革三大任务。要践行服务实体经济，对于寿险公司来说就是调整产品结构，重新开发长期险、重保障和轻收益的保障性产品。伴随着保险产品结构的调整，寿险公司风险管控的节点也相应地发生了根本性的变化，从原来的关注资金运用风险，调整为关注被保险人的身体健康。

生存。对于回归保险保障功能的保险公司，在调整经营思路、产品结构的过程中，不但要陆续化解理财型保险业务结构不合理的现象，还要回归保障型保险业务，对于保险公司的投资人、高管团队和员工队伍都是一个极大的挑战。在实现转型、实施回归过程的同时，研究寿险领域，可以从疾病“预防、减少、延迟”的问题入手，在为社会作出贡献的同时，也能够为自身赢得更好的经济效益，从而使寿险公司行进在正确的航道上。

发展。对于寿险公司来说，追求自身经济利益最大化本身无可厚非。在回归和保障产品切换的过程中，未来互联网寿险公司要取得竞争优势，就必须掌握对疾病“预防、减少、延迟”的风险管控能力。

综上所述，寿险从传统经营向互联网寿险转型，既要受到国家相关产业政策的强力吸引和拉动，也受到互联网技术、基因检测技术等新兴技术的强力支撑和推动，两大因素各自发力，相互作用，相辅相成。

### 可能性：海量、精准、导向

寿险从传统经营向互联网寿险转型，在受到自身发展规律支配的基础上，外部经营环境也为其发展营造了良好的环境。

海量。互联网技术的本质就是连通。移动互联网技术迅速发展、人工智能高度普及以及相应资费大幅度的下调，为互联网技术发展创造了更加有利的条件。通过互联网技术以及深入应用，能够收集大量的数据，能够进行复杂运算，能够进行风险识别。保险业是一个典型的大数据行业，占据的数据量越大质量越高，对风险的评估越准确，作为保险业子行业的寿险，与互联网技术融合发展具有互补性的需求点。

精准。在基因检测技术诞生之前，人们对于疾病以及寿命都没有一种较为科学的预测。当然，是否可以将基因检测技术运用到保险业或者其他商业用途，不同国家的法律不一样，不同人群的认知也不一样。本文的研究是建立在假设允许将基因检测技术运用于保险业，借助基因检测技术，对于被保险人发生疾病的风险有了比较科学的认知，互联网寿险非常有可能对不同风险的人群进行不同的风险定价。不同的风险定价能力，成为衡量寿险公司经营能力的显著标志。对于不同的风险人群有了更加确切的保费价格，才能够引导被保险人主动进行健康管理。早期干预疾病，能够推动互联网寿险公司主动采取措施，引导公司对被保险人进行健康干预。

导向。保险业作为金融业的一个分支受到各种严格的监管。近年来，在国家相关政策的支持下，商业保险机构参与、经办城乡居民医疗保险，为实现商业保险和社会保险紧密衔接奠定了良好的基础。党的十九大报告中阐述了加强社会保障体系建设。其中，要完善统一的城乡居民基本医疗制度和大病保险制度，为商业保险机构更深层次地参与居民医疗保险创造了有利条件。

综上所述，真正意义上的互联网寿险与传统寿险经营的差异，不仅仅表现在经营的产品不一样，更重要的是产品风险识别技术的不一样，进而带动销售渠道、员工管理等一系列的变化。

### 路径性：全员、全程、全心

推动互联网寿险发挥对疾病“预防、减少、延迟”的作用，对于传统的寿险公司绝非是一件简单易行的小事，而是“脱胎换骨”的颠覆性的改造和改革。

全员。观念是行动的先导。推动互联网寿险公司积极作用于疾病“预防、减少、延迟”，需要保险公司全员转变观念。投资人要认识到经营寿险的风险标的物是被保险人的身体健康，而不再是简单的投资，需要树立长期投资的意识；保险公司的高管团队要认识到，鉴于经营风险转变管理理念，需要对业务流程和人员管控进行重大调整；对保险从业人员来说，产品营销要面对貌似陌生实际熟悉的客户进行产品销售，要放弃过去那种简单到银行等中介机构巡点的想法和做法。

全程。技术是成功的关键。借助互联技术和基因检测技术，对潜在的保险消费者的身体状况能够作出科学的判断和相对准确的预测。当保险消费者提出投保意愿时，保险人有可能不再要求其填写现在的《投保单》，取而代之的是要求其提供一份医院的基因检测报告，从而建立被保险人的完整的健康档案。在投保后，保险人和被保险人约定，通过移动互联网技术和智能手机，可以实时采集到被保险人的饮食、运动等相关数据，辅助保险人进行风险管控。

当然，针对已经出现症状的被保险人，保险人可能会推出更丰富的保险产品，以供亚健康状态的人群进行选择。对于承保的亚健康状态的人群，保险公司会及时要求被保险人加强体育锻炼、改变饮食结构、改善生活习惯等，达到提前预防疾病、减少疾病、延迟疾病的发生，在减少被保险人的痛苦和经济负担的同时，降低保险人的经营成本。

全心。真正意义上的互联网寿险，因保险产品是近乎于量身打造的，所以，在销售过程中，去中介化是一种趋势，迫使保险公司建立劳动合同制的员工队伍。通过建立稳定的保险业从业人员队伍，夯实提供保险服务的人力资源基础。稳定的员工队伍，才有可能认真地服务自己的客户，从而彰显保险公司的服务能力。由于保险公司早期介入被保险人的健康管理，通过让被保险人采取体育锻炼、改善饮食习惯等措施，肯定会减少或延迟疾病的发生，被保险人在享受健康管理的过程中减少了痛苦和经济负担，保险公司和被保险人之间的关系势必会更加和谐。

其实在现实的生活中，已经有一些寿险公司与穿戴设备供应商合作，通过采集公民锻炼的时间、运动量等指标进行保费折扣。这从一定意义上讲，已经是一种司空见惯的行为。有的保险消费者出于对个人隐私的保护，可能暂时会谢绝将自己的基因检测报告提供给保险公司。但是从长远发展来看，获悉自己基因检测结果的人群，还是希望得到更专业的医疗服务和保险服务的。

从互联网寿险公司的发展来说，提前介入被保险人的疾病“预防、减少、延迟”，对于被保险人、保险公司和社会都是一件功在当代利在千秋的好事。

（本文发表于 2018 年 1 月 9 日《中国保险报》）

# 互联网寿险驾驭基因检测技术的三大路径

王小韦　苏　洁

从目前来看，基因检测作为互联网寿险领域的热门项目，被众多保险公司和创业公司所青睐。对于保险公司来说，基因检测可作为寿险公司服务客户的一项附加服务；对于医疗机构来说，通过引进先进技术来实现业务流程的快速响应和提高，有利于提高效率；对于消费者来说，通过基因检测可以提前预防某些疾病，降低某些疾病的发病率。可以看出，这是三方共赢的事情。

研究基因检测技术对互联网寿险来说，不仅有理论意义，还有现实意义。笔者以公开资料为素材，通过剖析互联网寿险的本质特征，简略介绍基因检测技术，从积极性和消极性两个维度分析基因检测技术对互联网寿险的影响及作用，对发展真正意义上的互联网寿险提出意见，供同业思考。

## 寿险回归的三个“梗阻”：产品、渠道和技术

保险业尤其是经营寿险业务的保险公司实现转型，从融资功能转向保障功能是基于以下三个原因：一是落实金融工作会议要求。2017 年召开的第五次全国金融工作会议，进一步明确了金融业服务实体经济、防范化解风险、深化改革三大任务。二是回归本源的需要。以往保险市场上过于看重强理财、弱保障的万能险等保险产品，弱化了保险的保障功能，而且给行业埋下隐患。三是新型技术带给传统保险业的挑战不亚于机遇。随着以互联互通为专长的移动互联网技术快速发展以及相关企业快速成长，保险业已经成为其攻城略地的候选对象。研究和实施保险业回归成为唯一的必然的选择。

寿险业务转型回归，存在以下三大难点：

一是产品。寿险公司开展保障型业务要考虑死差、利差、费差“三差”

因素，而开展保障型业务主要考虑利差和费差两大因素。寿险公司回归保障功能，首当其冲的就是要开发、销售保障型产品。基于产品的复杂性，客观上需要寿险公司对被保险人的健康状况做到承保前充分了解、承保中有效干预和出险后快速理赔。

二是渠道。近几年，开展万能险等险种的寿险公司，在销售渠道上完全依赖银行代理销售产品，自己不建立销售队伍。归纳起来，大体可以分为以下三种类型：第一，银行控股型的寿险公司，完全或者主要依赖于股东银行进行代理销售产品。据不完全统计，目前多家大型银行都有自己控股的保险公司。第二，集团控股型的寿险公司，股东往往同时为银行和保险公司的股东，通过股东身份强令旗下银行代销保险产品。第三，一些有房地产股东背景的寿险公司，以高手续费为杠杆驱动银行代销其产品。由于保障型产品复杂，加上相关监管机构进一步规范银行代理业务监管，银行机构代销保障性产品的优势就会丧失。寿险要回归，建设一支高素质的员工队伍迫在眉睫。

三是技术。寿险行业承保的标的物是人的健康和寿命。在传统的经营中，精算依据的生命周期表是对过去一段时间人们的生命变化规律的总结和归纳，对于被保险人的健康状况主要依赖于投保人或者被保险人主动告知。有鉴于此，通常也认为寿险行业是一个典型的信息不对称的行业。基因检测技术是生物科技发展到一定阶段的产物，可以对潜在的或者现实的被保险人的健康甚至生命具有一定准确程度的预测，这是以往生命周期表所不具备的条件。

综上所述，寿险行业正本清源，脱离融资功能、回归保障功能，必须同时解决寿险产品结构调整、销售渠道重建和提高对被保险人的健康状况进行主动有效管理的技术。

### 基因检测技术的两面性：积极性和消极性

对于基因检测技术，通过查阅大量资料和专家分析，基因检测技术对人们的疾病和健康管理上的作用是预见性和精准性的。预见性主要是可以根据基因预见被检测人员患某种疾病的概率、大体年龄段；精准性主要是采取主动预防措施、药物以及服务渠道的针对性。从功能的角度看，基因检测技术是一种手段，是一种涵盖了技术和经济的手段，而传统的商业寿险仅仅是一种经济手段。对于基因检测技术能否在商业保险公司应用，不同的国家有不同的法律规定，同一个国家对不同的险种也有不同的规定。本文研究的是假设在法律允许将基因检测技术充分应用到包括商业保险在内的各行各业的基础上，在这种情形下，基因检测技术对互联网寿险具有促进保险经营的积极性，也具有抑制保险需求的消极性。

一是积极性。基因检测技术是建立在科学基础上的对人们的未来健康状况的预测。此预测结果与以往的生命周期表相结合，进一步推算出人们的健康和生命周期特征，有利于保险产品的设计。由于对疾病发生的规律有一定的事前掌握，商业保险公司可以对被保险人的健康提前进行主动干预，减少疾病发生的程度、延缓疾病发生的年龄。

二是消极性。公开资料显示，海南、湖南等省政府已经发文支持基因检测技术的研究和应用。理性的人们获知了自己的基因检测结果，就能够听从医生等专业人员对自己身体健康状况的指导并进行主动的健康管理；社保机构如果将基因检测技术应用到投保人员的健康管理中，将能够放大社会的保障效应，既掌握投保人员的健康状况，减少疾病的折磨，同时又能减少医疗费用的支出。在上述两种情形单独甚至叠加的作用下，都会抑制人们对于商业寿险的需求。

基因检测技术固然属于个人隐私，但由于疾病的复杂性，除了少数医生等专业人员以外，绝大多数人们还是需要由第三方针对自己的基因检测结果进行专业性的指导。

## 三大路径：建设队伍、优化流程、主动干预

透过现象看本质。现在所谓的互联网寿险，保险产品本身没有太大变化。而真正意义上的互联网寿险，应该是对产品设计有脱胎换骨的变化，熟悉、驾驭基因检测技术则是促进互联网寿险回归保障非常关键的技术。对于互联网寿险驾驭基因检测技术，综合各方面的因素，笔者提出以下建议。

一是加强员工队伍建设，夯实行业发展基础。公开数据显示，近十年来，

保险中介渠道实现的保费收入占比为80%左右，对于个别单纯经营万能险的寿险公司来说，银行等兼业代理机构实现的保费收入占比为90%以上。寿险公司回归保障功能，销售和经营的产品更加复杂，服务的内容要求更高，客观上需要逐步将现有的代理制员工队伍改为劳动合同制员工队伍，以队伍稳定为前提，提高对被保险人服务的稳定性、持续性和专业性。同时，要加强对员工的培训，增加员工对被保险人的健康管理和疾病预防、干预的技能，通过专业化、高素质的队伍建设体现保险业在人们的健康管理中的积极作用。

二是加强业务流程再造，转移风控关键点位。寿险行业在回归保障功能后的经营活动中，风险管控的内容在融资型业务的基础上增加了对被保险人健康管理的内容，要求主动进行疾病的及早预防、及早发现、及早治疗。当前，在各级政府及部门的支持下，商业保险公司参与到城乡居民大病保险的经营活动中，商业保险公司应当以此为契机，切实发挥在疾病预防、费用管控等方面的作用。例如，积极推动家庭医生签约工作、居民健康档案建设工作以及举办各种疾病的知识讲座。同时，在保险公司总公司层面积极主动与基因检测技术“头雁”公司进行沟通交流，为将基因检测技术引入互联网寿险经营做好准备。

三是加强发挥社会管理功能，提高健康治理水平。保险业具有经济补偿、资金融通和社会管理三大功能。具体到寿险行业来说，就是要通过经济手段参与到人民群众的健康治理活动中，实现人民群众健康状况大幅度提高和医疗费用大幅度降低的双重目标。当前，医疗领域出现的负面问题，在一定程度上暴露了医疗治理的弊病。当然，解决医疗领域的诸多问题，不是一个商业机构能够解决的。商业寿险公司通过发挥自身的社会管理功能，降低了医疗费用、降低了患者的痛苦和延缓了疾病的发生，与此同时，实现了自身的经济效益和社会效益双丰收。

基因检测技术、互联网技术和寿险保险经营业务会随着技术的进步而发生深刻的变化。立足于寿险行业的经营状况，按照行业的本源和金融监管回归的要求，保险业应当提早准备，主动作为，积极思变，跟上潮流。

（本文发表于2018年2月6日《中国保险报》）

# 陕西保监局出台规范车险经营系列制度

郜 恺 张艳玲 王小韦

日前，陕西保监局正式印发《机动车辆保险客户信息真实性管理办法》《机动车辆保险投保提示制度》《机动车辆保险保单销售信息明示制度》。规范车险市场三项制度聚焦于车险合同客户信息真实、权利义务真实和销售渠道真实的“三个真实”，相互之间既保持各自独立又相互配合，共同构筑了规范车险市场的制度体系，打造了规范车险市场经营秩序的配套抓手。

统筹规划，分头推进。规范车险市场，要牢固树立保险监管一盘棋思想，规范车险市场秩序既要规范车险条款、费率、客户信息真实等基本经营行为，又要规范保险中介渠道分销行为。在陕西保监局党委的统一安排和部署下，产险处、中介处等相关处室抽调人员组成制度建设攻关小组，坚持制度规划、市场调研、征求意见、下发文件、组织实施“五个统一”，有序推动建章立制并严格贯彻执行。在推进规范车险市场三项制度的过程中，产险处、中介处等相关处室立足部门自身职责，做好职责范围内的监管，相互配合形成合力，共同规范车险市场和保险中介市场秩序。

相辅相成，各有侧重。规范车险市场，制度建设是管根本、管源头、管长远的基础工作，务必高度重视。《机动车辆保险客户信息真实性管理办法》分别对客户信息获取、信息系统管控、客户信息维护和管理、工作考核、监管与行业自律等方面进行详细规定，要求辖内保险公司限期完成系统改造、修订与保险中介机构和保险代理人的代理合作协议，完善相关的内控制度和操作流程，明确车险客户信息收集、记录、管理和使用标准，将客户信息真实性管理工作纳入省级分公司对以下机构和人员的考核范畴，明确问责追责措施。《机动车辆保险投保提示制度》规定，由保险公司省级分公司统一印发车险投保提示书并在公司网站上公布，在自营网点和中介网点显著位置统一张贴。《机动车辆保险保单销售信息明示制度》规定，各保险公司通过系统改造，实现保单销售信息跟单打印，并确保手续费支付对象与保单上明示的销售信息保持一致。

三项制度共同构筑一个相对完整的车险制度体系，分项制度又有不同的着眼点。第一项制度着眼于提高车险客户信息的真实性，为维护车险客户利益奠定基础；第二项制度着眼于保障车险客户投保意愿选择权，为维护车险客户利益创造条件；第三项制度着眼于明确销售渠道信息真实，为规范中介市场秩序、维护车险客户利益提供抓手。每项制度各自独立，相互之间又从不同的维度进行切入，确保车险投保意愿真实、销售渠道信息真实以及客户信息真实。

精益求精，缜密论证。制度建设事关保险市场发展和规范基础性工作，要具有合法性、合理性和可操作性。为了确保车险市场三项制度的出台符合相关规定，先后组织“两个范围”“三类主体”的多轮论证。在监管局的统一部署下，先后在全局内相关处室和保险业内部征求意见；通过召开专题座谈会的形式，向保险公司、保险专业中介机构和车商兼业代理机构三类主体征求意见。对通过书面和面谈征求的意见进行修改后，再次在全局内相关处室征求意见，并经法制处审核后正式印发。通过上述措施和环节，缜密论证实现车险市场三项制度，确保制度建设程序合法。

按照整体安排，规范车险三项制度将分项推进，陆续实施，2018 年 4 月 1 日以后全面同步运行。

（本文发表于 2018 年 2 月 8 日《中国保险报》）

# 陕西保监局探索保险专业中介精细监管

郜　恺　王小韦

日前，陕西保监局启动保险专业中介机构监管员制度试点工作，主动探索保险专业中介精细监管。启动试点工作的初衷是落实中国特色社会主义进入新时代对保险中介提出的新要求，适应中介市场变化新形势，着力改进保险中介监管，提高保险中介监管的精准性、科学性和有效性。

党的十九大报告指出，中国特色社会主义进入了新时代，这是我国发展新的历史方位。新时代对保险中介提出了新要求，要求保险中介更好地服务于人民群众不断升级的需求，履行好新时代赋予的职责使命。近年来，伴随着商事制度改革、保险监管改革等措施的实施，保险中介市场改革发展成绩显著。但对照中国特色社会主义进入新时代的客观要求，还存在不少差距和问题，比如保险中介机构数量激增、业务模式多元化、风险隐患增多等。面对错综复杂的市场形势，陕西保监局敢于担当，主动出击，启动保险专业中介机构监管员制度试点工作。试点中的保险专业中介监管员制度是指在保持现行保险监管职责不变的基础上，整合监管资源，实行定机构、定区域、定职责的一种新型管理模式。

定机构。面对保险专业中介机构数量众多、类型不一、发展不平衡等情况，陕西保监局坚持“突出重点，统筹兼顾”的原则，通过实施前期调研、数据比对、汇总分析等措施，最终确定按照股东类型为标准，将纳入重点监管范围的 142 家保险专业中介机构进行划分，分为保险公司系、国有企业系、汽车相关企业系、投资咨询类企业系、互联网企业系、自然人系及其他系 7 个类型。以分类为基础，综合考虑机构业务规模、合规经营等因素，分成若干监管单元，明确每名保险中介监管干部专管一个监管单元的若干家机构，确保辖内机构和监管人员之间形成对应关系，做到监管对象全覆盖。

定区域。面对辖内地市市场与监管资源不匹配的情况，陕西保监局以保险市场业务规模、市场主体数量等为标准，将辖区内 10 个地市分成若干监管单元，明确每名保险中介监管干部专管若干个监管单元，确保辖内区域和监管人员之间形成对应关系，做到监管市场全覆盖。

定职责。按照试点制度，专管员应当深入一线掌握公司的实际经营情况，持续跟踪监测专管公司的业务模式、内部管理等，对存在的风险隐患提出措施建议，必要时提出开展现场检查的意见和建议。建立考核问责机制，对于专管公司的重大违法违规问题、突发事件和潜在风险隐患未及时发现和上报的，视具体情况开展问责，做到监管责任全覆盖。

保险专业中介机构监管员制度试点工作是陕西保监局落实党的十九大精神，防范化解风险，不断深化改革的一项创新举措。未来，伴随着实践探索，监管员制度逐步会应用到保险兼业中介机构以及保险代理人的监管员制度领域，最终实现保险中介监管专管员制度全覆盖。

（本文发表于 2018 年 2 月 14 日《中国保险报》）

# 保险业加强服务陕西自贸区能力建设

李　盼　郭　涛　王小韦

为促进《国务院关于印发中国（陕西）自由贸易试验区总体方案的通知》（国发〔2017〕21号）落地实施，日前，陕西保监局印发《关于加强保险业服务中国（陕西）自由贸易试验区建设有关事项的通知》（陕保监发〔2018〕21号）（以下简称《通知》），为提升保险业服务陕西自贸区建设的能力营造良好的环境。

思想重视，夯实服务基础。《通知》要求辖内各保险公司省级分公司、各保险专业中介机构、保险行业协会、保险学会等保险机构，以服务陕西自贸区建设为目标，认真贯彻党中央、国务院的方针政策，逐项落实省委、省政府和保监会的安排部署，密切结合陕西自贸区建设和公司发展实际，在分支机构设立、后援中心建设、新兴产品研发、资金运用投放等方面向陕西自贸区倾斜，夯实保险业发展基础，构建保险业服务陕西自贸区的长效机制。

创新发展，提升服务能力。《通知》引导辖内各保险机构围绕陕西自贸区建设的需求和优势，苦练内功、创新发展，经营理念从简单粗放增长型向复合集约内涵型转变，竞争手段从单一价格杠杆型向综合服务产品型转变，产品结构从低级的供给型产品向需求引领下的供给型产品转变，发挥创新在驱动保险业发展的新引擎作用，切实提高保险业服务实体经济和防范化解风险的能力，努力实现陕西自贸区和保险业持续健康发展的双赢局面。

深化改革，开辟绿色通道。《通知》指出，陕西保监局根据鼓励支持变革创新、推进要素有序流动、促进行业提质升级、全面提升行政效能的原则，开辟陕西自贸区保险行政许可绿色通道，优化营商环境。在机构设立审批上，优化程序，简化审批；在高管资格核准上，专门制定了《中国（陕西）自由贸易试验区保险支公司高级管理人员备案管理实施细则》，将特定职级高管人员的任职资格核准由任前审批制改为任后备案制。

（本文发表于 2018 年 2 月 27 日《中国保险报》）

# 从“新零售”兴起看保险业未来发展转型

高笑寒

近日，互联网巨头对保险销售特别“情有独钟”。2017 年 9 月蚂蚁金服获批杭州保进保险代理有限公司牌照，随后百度金融又拿下黑龙江联保龙江保险经纪有限责任公司。同年 10 月，微民保险代理有限公司正式获得保监会批准。2017 年 11 月 2 日，腾讯旗下保险平台——微保 WeSure 上线，成功刷屏朋友圈。互联网巨头集中入场，让不少业内机构倍感压力。

也许互联网平台销售对于保险来说似乎还是一个时髦的事情，但纵观整个零售产业，互联网渠道似乎已经走出了“壮年”阶段，各大互联网巨头都开始寻求新的出路和转型。从“新零售”模式的兴起可以窥见保险业转型的路径和方向。

## 为什么要做“新零售”

“因为线上红利没有了。”2016 年底至 2017 年初，互联网大佬们共同的烦恼是“过去躺着也能成长的线上市场红利结束了”。以“双 11”电商销售来说，根据媒体披露，如果整体考虑物流、管理等综合成本，对于卖家而言，目前多数电商平台的运营成本甚至比线下还要高 10 ~ 15 个百分点。

互联网渠道的最大优势在于线上交易成本较低，而实体店铺受制于房租、人力、库存等成本，零售价格自然而然要随行就市，水涨船高。传统的零售业在经历暴跌后，如今基本与线上商品价格持平。而互联网在经历井喷式增长后，销售平台的寡头垄断格局基本形成。对于普通卖家来说，进驻平台的成本日益加大，渠道费用甚至高于实体店的经营费用，线上销售的红利和优势逐渐在不断消失。

除了成本因素，新的消费阶层兴起也是新零售模式出现的又一大推动力。随着消费升级时代的到来，消费驱动的中坚力量已经从追求价格转变为对品质、服务的高要求。过去互联网带来的“比价”模式已经慢慢被替代，低价商品的量产销售时代已经终结。谁能够提供更好的商品、更优质的服务，谁能够与消费者气质和喜好的匹配度更高，谁就是“新零售”时代红利的收割者。

## 什么是“新零售”

对于“新零售”这个概念的解释，并没有统一的标准。但目前在“新零售”业做得最好的模式却有基本共识，比如日本的优衣库、瑞典的宜家、美国的 Costco，还有国内的零售黑马名创优品。

总结“新零售”的成功案例经验，“新零售”并非是简单的“线上 + 线下”，而是以产品为中心，利用互联网和人工智能等新技术，为客户提供高用户体验和高性价比的购物体验，并纵向整合从研发、设计、生产、物流到终端的价值链，创造更大价值，提升运营效率。

一是产品为先。只有精选、优质、低价的产品才是顾客是否购买的关键因素。此外，产品的供给并非越多越好，而是越少越好。做产品的“匠人”精神和代销产品的“严选”精神是“新零售”时代所必备的。此外，对于产品的形态，在开始设计时就要适应在线销售，线上、线下互为补充。

二是内容为王。“新零售”时代，除了售卖商品外，还强调品牌的人格化。根据此前媒体的一份收据，42% 的“90 后”群体对个性小众品牌更具关注度。小众品牌所见长的就是品牌人格化，这种人格化就需要依赖大数据等科技手段，即对目标消费群体和研发产品的精确匹配。用互联网时代的话来说就是商家所打造的 IP 与消费者的心智认知是否一致。产品的设计包括公司的装修以及跨界合作等都会表达出这种价值观和内容。对于顾客来说，不仅是买一件产品，更是一种价值，是一种生活方式。

三是减少代理。过去层层代理、层层加盟的时代已经过去了。互联网时代对销售的最大贡献就是通过减少层级降低产品价格。但随着互联网销售寡头垄断时代的到来，互联网渠道成本逐渐走高，与线下渠道一样，谁能降低代理成本、减少销售费用，谁就能成为渠道主导。宜家、优衣库、Costco、星巴克没有一个加盟店、没有一个代理商，全部是公司直接开店。即使有所谓的“加盟商”，也只是店铺的投资人而已，他们没有任何经营权。店长直接向总公司汇报工作。这样的模式带来渠道极度短、效率极度高、价格极度低的效果。

## 保险业切入点在哪

保险业的本质也是零售。即向消费者个人或社会集团出售商品，以供最终消费之用，与零售业本质相同。所以零售业的转型必然是保险业下一个转型的发展方向。

一是产品。“新零售”时代，产品第一，价格第二。而对产品“精耕细作”的精神恰恰是保险业发展最缺乏的。

目前保险业，无论是线下渠道还是线上渠道，产品同质化高、性价比低仍是最大的问题。当下互联网巨头发力保险业，但还陷在简单的通过拼渠道、拼费用抢占市场份额的传统竞争模式中。“百万医疗险”一经开发，无论是线上渠道还是线下渠道都蜂拥而至，甚至部分公司赔本也要赶上这趟潮流列车。

目前无论是寿险还是财险，产品个性化不足加之渠道费用过高，已经成为行业发展难以突破的“天花板”。目前现有的技术可以解决保险业部分基础数据欠缺的问题，加上不断突破的人工智能、数据链等新兴技术，下一步保险产品可以在数据端上着力，通过解决不同个体面临的风险差异问题来解决保险产品性价比低、吸引力不强的问题。

二是内容。“新零售”时代不仅售卖产品，同样售卖内容，即如何给消费者提供一个有温度的企业形象。对于保险业来说，内容包括产品定位、品牌形象、理赔服务等软实力的构建。

产品定位不清、品牌形象不佳、销售体验不高、理赔服务欠缺同样是保险业的软肋。长期以来保险业发展所依赖的是一种“兜售”模式，过于看重销售技巧和销售结果。遵循的产品销售逻辑简单、粗放，只要能够卖出去，什么人卖的、在哪里卖的、什么方式卖的、卖给了谁、消费者体验等这些指标都可以忽略不计，只要交易成功了即可。而恰恰是这些看似无足轻重的问题无形中降低了行业形象，侵蚀了行业发展的基石。

再以星巴克来说，在中国售卖咖啡的难度应该要高于保险，但正是因为对店面选址、装修、品牌文化、人员素质构建等方面孜孜追求的精神，让星巴克成为中产阶级的一种文化消费需求，而不是咖啡兜售商。对于保险业来说，如何契合中产阶级对品质追求的"匠人"精神，也许才是营销所需解决的真正功课。

三是销售层级。对于保险业来说，产品价格虚高的最大原因就是代理环节支付的费用过高。

这点一直备受消费者和业内外人士诟病。除此之外，代理模式虽然省去了为劳动制员工支付底薪、缴纳社保的费用成本，但同时也带来了公司管控困难、销售误导频发、人员素质不高、行业流动性大等问题。

无论是线上还是线下，减少代理层级和代理费用是未来"新零售"发展的模式选择。代理层级的减少能直接提高公司对销售队伍的管控力度，提高销售品质的合规约束。代理费用的减少能将佣金直接让利于消费者，提高产品性价比和吸引力。

（本文发表于 2017 年 11 月 28 日《中国保险报》）

# 科技保险赋能保险专业中介

高笑寒

技术是把“双刃剑”，互联网技术在给保险业带来冲击和福利的同时，对保险专业中介机构的影响也是两面性的，同样是风险与机遇共存。借助互联网科技，保险专业中介机构在大浪淘沙中能够更快地实现优胜劣汰和转型升级。

## 冲击：消亡还是赋能

在互联网科技日趋成熟和普及的背景下，从技术上来说，只要有一部移动终端和互联网络，人人都可以在线购买保险产品，传统的代理人渠道、专业代理、保险经纪、兼业代理等中介渠道优势正在被逐步替代。

“唱衰”保险专业中介机构的声音更是不在少数，保险业“去中介化”的呼声也越来越高。在互联网的氛围下成长起来的“80后”“90后”，他们的消费习惯、购买渠道、支付方式也更加依赖网络，点对点的直接交易成为新一代消费者最为认可和信赖的交易模式。

然而在保险专业中介机构普遍“看跌”的同时，互联网巨头们相继入场。2017年最引人注目的是以BAT（百度、阿里、腾讯）为首的互联网巨头以新设机构或收购牌照的形式参与到保险专业中介阵营中。

虽然这其中不乏中介牌照相较于保险公司牌照门槛较低、获批可能性较大等因素，但主要还在于投资者对保险中介发展前景的看好。对于整个行业来说，告别传统保险中介依靠人力“牵线搭桥”的展业模式，科技保险或许能成为保险专业中介机构“弯道超车”的一大助力。

如此来看，保险科技对保险专业中介行业既有冲击也有机遇，对于传统依靠人力进行展业销售的专业中介机构来说，互联网时代的来临意味着被替代的风险；而对于新兴的科技企业来说，“互联网＋保险中介”模式或许能为保险专业中介行业开辟一片新蓝海。

## 探索：升级转化

目前技术手段在保险业的应用还止步于销售前端，技术对整个保险产业链条的渗透、改造和整合还在摸索之中。但目前已经有一些保险专业中介机构通过技术赋能开始进行升级转化的探索。

领域更加细分。传统保险专业中介机构对于合作保险公司的选择一般更加看重手续费的高低，对于保险产品的选择也更多地倚重渠道费用。在互联网时代，保险专业中介机构的卖方市场已经不复存在，与保险专业中介机构竞争客户的不仅是同行，还有个人代理人、保险兼业代理、保险公司电销、网销等多个渠道。卖什么、卖给谁、怎么卖，这才是保险专业中介机构突破重围、异军突起的生存之道。

船小好调头。以成立于2015年的运动保来说，就瞄准了我国很多体育项目在国内没有能直接使用的保险险种这个市场空白，其借助互联网对体育与保险等资源的开发与整合，为体育产业从业者、运动爱好者提供可定制的互联网体育保险产品，其中包括滑翔伞、钓鱼、棋牌等相对冷门的运动项目。除此以外，运动保也提供赛事综合保险（观赛险、公众责任险、工作人员意外险等）、赛前体检、赛场救护救援、运动康复等服务。

服务更加专业。传统保险专业中介机构在保险产业链条中仅承担前端的销售职能，客户关系维护、后期理赔跟进以及各项延伸服务几乎均由保险公司承担。但在互联网时代，中介的前端销售功能不断被弱化甚至被取代，如何挖掘保险专业中介机构的新兴优势，给客户提供更多的增值服务，给市场带来新的增长契机才是至关重要的。

目前市场上已有多家专业中介机构开始着手进行保险服务资源的整合和布局。比如，互联网经纪公司的大特保，通过整合医院、保险公司、基因检测服务公司等多家机构，达到保险产品与医院信息的实时交互的目标，客户进而能够享受更加便捷专业的保险服务以及延伸服务。

产品更加精准。传统保险专业中介机构在产品销售时，仍是以卖家为中心，无论是寿险还是财险，产品设计的理念都是“大而整”的抽象模式，即风险保障要尽可能全面、涵盖时间要尽量延长、条款约定要绝对专业。过于抽象的产品与人们每天日常生活中真实遇到的风险状况严重脱节，难以激发消费者的保险需求。

互联网时代，无论是保险专业中介机构还是保险公司都开始研究消费者的保险需求。在美国，Trov 成为世界上第一家为单一物品提供按需保险的平台。客户把购物邮箱跟 Trov 关联起来，一旦邮箱收到电子小票，Trov 就会读取小票，识别购买的物品，甚至马上计算出保费，直接把这些信息放进你的物品别表。Trov 还有一个关键特征是可以实时计算、结算保费，投保时间可以精确到秒。启动保险后，用户还可以根据情况调整重要的保险参数，例如免赔额等，进而调整保费。

### 未来：不破不立

“优胜劣汰”的自然法则，在保险中介行业同样适用，尤其是在网络时代保险中介机构销售功能不断弱化的大趋势下，如何借助科技优势把自身的“长板”做大做强是未来保险中介机构打造核心竞争力的不二途径。

目前，各家科技保险机构均称以云计算、大数据、人工智能和区块链等新兴技术为主要发展支撑，但从实际的应用场景来看，各类技术应用程度参差不齐，保险业务的融合应用水平仍有较为明显的不足，面对保险业个性化需求的相关技术开放设计仍有待加强。

此外，保险专业中介机构的竞争对手除了同行以外，保险公司的实力也不容小觑。保险公司目前的销售渠道除了传统的代理人渠道、电销渠道外，也在同步布局网络渠道、专属销售渠道等。保险公司不仅在产品设计上有先天优势，在资金实力、市场占有、落地服务等方面，相较于专业中介机构来说都有明显优势。

从监管层面上来讲，保险专业中介机构不断提升的准入门槛以及《中国保监会关于做好保险专业中介业务许可工作的通知》（保监发〔2016〕82号）的落地生效，提质增效也是监管者的监管目标。但受制于科技金融可能引发的风险分散性、不可控性以及数据安全等问题，对保险科技的创新还应谨慎。保险专业中介机构普遍存在的人才储备不足、内控机制薄弱等问题，同样影响整个行业的提质增效。

不破不立，积极地看待科技赋能保险专业中介机构，可以大大改善保险销售行业长期的竞争“封闭”状态。科技元素的加入将为行业带来新的思维、新的可能，对于提升整个保险中介行业的品牌价值，推动行业升级和整合都会带来积极影响。

（本文发表于 2018 年 3 月 13 日《中国保险报》）

# 陕西保监局多措并举提升保险中介监管服务质量

郜　恺　马丽娟　王小韦

为进一步规范保险中介市场，提高保险中介服务、保险业发展和经济社会发展的能力，陕西保监局遵循国家商业制度改革总体部署，按照保险监管改革要求，结合辖内保险中介市场实际，推出一系列有效措施。

一是主动联合监管，前移服务关口。国家商事制度改革后，保险中介机构市场准入由前置程序改革为后置程序，俗称由“先证后照”改革为“先照后证”。在监管实务中发现，由于准入顺序调整和准入条件维持等因素，市场上出现了一些“有照无证”的保险中介机构，扰乱了保险中介的正常经营秩序。针对此类问题，陕西保监局主动会商陕西省工商行政管理局，联合发文并且窗口提醒注册登记人员、申请人重点规范注册资本金和经营范围，做好工商登记和保险监管行政审批衔接工作，在简政放权的同时从源头上预防和减少非法保险中介机构违规展业的现象，持续推进“放管服”工作。

二是突出责任监管，明确服务关系。探索建立保险中介监管员制度，在保持现行保险监管职责不变的基础上，整合监管资源，通过定机构、定区域等措施落实监管责任。明确每名保险中介监管人员专管若干家机构、地市，确保辖内机构、区域与监管人员之间形成对应关系，做到监管对象、市场全覆盖。在此基础上，建立中介机构专管员与公司、地市对口联系机制，由专管员负责及时传达解读最新监管政策法规，持续跟踪监测专管公司、地区的业务情况、风险状况等，对法律法规落实情况进行监督，对存在的风险隐患提出建议，提高监管服务质量。

三是引入技术监管，智化服务载体。充分利用各种现代化技术手段，实现监管部门与监管对象之间实时交流，使监管政策传达能够无缝对接。通过建立负责人微信群、QQ 群，将监管对象的主要负责人及联系人纳入群里，及时传达保险监管政策，要求各公司件件有回应，事事有落实，确保执行到位。根据现行的保险中介法律法规，制定办事指南，将政策要求、日常监管事项及材料清单等进行公开。同时，将现行保险中介法律法规、办事指南以及资料模板制作成二维码，张贴在行政许可服务墙上，方便申请人及保险中介机构了解相关政策，熟悉工作流程和要求，提高服务效率。

（本文发表于 2018 年 3 月 16 日《中国保险报》）

# 互联网寿险发展：且转、且险、且专

王小韦　苏　洁

为研究方便，笔者将互联网寿险分为渠道意义和本质意义两大类。前者，是将寿险营销行为从线下转到线上销售或者只在线上完成与潜在消费者沟通，销售的保险产品没有发生质的变化；后者，是以互联网采集的大数据为基础，将互联网技术应用于寿险经营的全过程，主要体现在产品设计、风险管控等经营环节。本文研究的重点是本质意义上的互联网寿险。本文以公开资料为素材，通过介绍互联技术在保险业以及相关医疗行业的广泛应用，走访了保险公司、医生、律师等相关人员，对互联网寿险发展提出建议。

## 客观环境利好互联网寿险发展

以消费者为导向是发展互联网寿险的基本“指挥棒”。研究互联网寿险，首先要立足于消费者关注的热点事件。本文研究互联网寿险发展，从最近深受关注的几则新闻说起。

一是癌症疫苗研究成功。该新闻报道，近期国外某大学研发了新型癌症疫苗。小白鼠注射该疫苗后，不仅消灭了该部位的肿瘤，连未被注入药物的肿瘤也被同时消灭。在此项研究中，90 只小白鼠中有 87 只体内癌细胞全部清除，成功率达 97%。仅有 3 只小白鼠癌症复发，但在注射第二针疫苗后，肿瘤消失。另外，该疫苗预防了癌症的复发，极大地延长了白鼠的寿命。二是国家加快推进相关医疗改革。据公开报道，国家相关部门取消了治疗癌症药物的关税，加快推进“互联网 + 医健康”改革。

上述两项改革，的确降低了群众就医的时间成本、费用成本。围绕互联网寿险发展主体，对上述信息需要整合起来而不是割裂来进行解读。综合研判不难看出，互联网寿险发展至少满足新型技术发展的需要、新的医疗体制和机制的需要、群众对健康管控原则的需要。

## 且转：基础和方向

顾名思义，互联网寿险是脱胎于寿险和互联网两大行业，所以必然携带着两个行业的胎印。从保险业发展趋势看，寿险公司必须按照全国金融工作会议要求的服务实体经济、防风险和深化改革的要求，调整发展理念和产品结构；从互联网行业发展看，由于互联网技术尤其是移动互联网技术发展和智能手机的高度普及，互联网技术在各行各业得到广泛应用，为保险业大数据收集、加工、应用提供了可能。所以，寿险公司从传统经营向互联网寿险发展，客观上具有非常有利的条件。

## 且险：竞争和替代

寿险行业从传统经营向互联网经营转型升级，现在已经取得行业共识，无须赘述。从外部经营环境看，互联网寿险发展也面临竞争和替代。

竞争。由政府主导的社会保险（以下简称社保）和由商业保险公司主导的商业保险（以下简称商保），在管控疾病、养老等风险方面具有高度的同质性，衍生了两者之间的竞争性。在医疗费用需求端一定的前提下，社保供给、商保发展是呈反向变动，即社保供应越足，商保发展空间越小；反之，社保供应越弱，商保发展空间越大。

近年来，政府持续推动医疗、医药、医保体制改革，提高了社保对公众医疗保障的供给。例如，整合城乡居民医保、取消药品加价、建立补偿取消药品加价后对医院的影响、扩展医保目录、推进医院检查结果互认、推动社会资本开展复杂体检业务、“医联体 + 全科医生”、家庭医生签约网格化管理、逐步化解公立医院合理长期债务负担、公立医院院长年薪制等，都是在降低群众就医的负担，降低行业成本和社会成本。形势迫使商业保险公司提供性价比更高的健康保险服务。

替代。新兴医疗技术的发展根本性改变了现行医疗、医药行业格局，间接影响到传统寿险经营，从深度影响甚至到取代。此处新兴医疗技术主要是基因检测技术和智能医疗技术，该技术通过对既往大量病例和基因的归纳，梳理出不同人群的患病种类、寿命等概率，对人类的未来生命可以预测。而传统寿险经营大数据仅仅是对过去数据的收集和加工，弱于对未来的预测。

## 且专：合作和队伍

从发展历史上看，保险业不是人类与生俱来的管控风险的工具，而是经济社会发展到一定阶段才萌生并壮大的行业。在互联网寿险发展的过程中，是与互联网技术、智能医疗技术、各类疾病疫苗技术等事物一起博弈、一起融合的。

合作。从互联网保险发展的历史看，虽然现在的商业形态不是真正意义上的互联网保险，但毕竟已经迈出了第一步。比如，在有的互联网公司的股东结构中，就有来自传统保险公司、互联网企业和同样有大数据资源的平台型公司。此种更加科学的股权结构，对未来互联网公司发展具有启发意义。

为了更好地开展业务，互联网寿险发展的寿险公司在股东结构中引入持有新兴技术的公司，也是一种趋势和一种契机。从工作原理上看，新兴医疗技术的发展能够提升保险风险管控能力，能够提高疾病治疗的针对性和有效性，群众在接受治疗的过程中能够享受到更好的体验。另外，互联网寿险在发展中，产品条款通俗化、简易化建设仍然任重道远。

队伍。一般来说，所有公司员工队伍建设与公司发展战略、产品结构、风险节点是息息相关的，保险业也不例外。对保险业中的寿险经营来说，从传统经营向互联网寿险转型发展，队伍建设显得尤为重要。笔者建议遵循以下几个原则：一是专业性。公开数据显示，近十年来，全行业保险中介渠道实现的保费占比保持在 80% 左右，最高达到 86% 。中介业务占比居高不下，有的解读认为是实现了产销分离。但是，从孤儿保单数量、退保率、投诉率、保险营销员留存率等指标看，对于提高寿险保险从业人员的综合素质提出了更高的要求。二是稳定性。公开数据显示，目前保险业从业人员签订正式劳动合同的人员与签订代理合同的人员比例尚有差距。建议完善工作机制，稳定保险从业人员队伍，使其安心从业，积极寻求提升服务能力。三是问责性。当前，销售误导是寿险经营的顽症。客观地讲，寿险产品不像汽车、电视机、饮料等实体产品可以体验、感受，保险责任和除外责任也不容易说清，但是在构成销售误导的案例中，不乏是因为销售人员责任心不强造成的。通过建立健全销售误导问责机制，督促保险销售人员和管理人员提高责任意识是非常有必要的。

互联网寿险发展，有利于提升保险消费者获得感和满意感，有利于挖掘保险业自身的风险管控能力，有利于保险业与社会治理系统手段相配套，更好地促进经济社会发展，加快建设富强民主文明和谐美丽的社会主义现代化强国。

（本文发表于 2018 年 5 月 1 日《中国保险报》）

# 依托互联网寿险推进社会治理现代化

王小韦　王　晶　苏　洁

党的十九大报告指出，我国社会主义现代化建设，从2020年到21世纪中叶可以分为两个阶段安排。第一个阶段，从2020年到2035年，各方面制度更加完善，国家治理体系和治理能力现代化基本实现；第二个阶段，从2035年到21世纪中叶，实现国家治理体系和治理能力现代化。

商业保险作为国家治理体系的组成部分和经济手段，必然要服务于国家治理体系大局，也要受到国家治理能力的影响。研究互联网寿险发展对于建设国家治理体系和提高国家治理能力，具有理论和实践的双重意义。

笔者以公开资料为素材，围绕保险业从传统经营向互联网保险转型为主题，通过剖析近年来社会生产、生活发生的典型案例，剖析社会治理和商业保险经营中存在的亟待加强的短板，进而立足于国家治理体系建设和提高国家治理能力，对于发展互联网寿险提出意见和建议。

## 基本逻辑：社会治理和商业保险

社会治理体系建设是个大课题，正确表述不易，辨析社会治理和商业保险基本的逻辑关系更是难上加难，而辨析两者基本的逻辑关系又是必须面对、不能绕开的基础问题。所以，笔者选择近年来包含保险理赔、保险欺诈等情节的事例，辨析社会治理和商业保险的逻辑关系。

社会治理体系是一个复杂的系统，其可以分为法律手段（包括行政手段）、经济手段和道德手段。保险具有经济补偿、资金融通和社会治理三大功能。进一步分析，除了资金融通之外，保险的经济补偿、社会管理功能和社会治理具有交叉关系，属于社会治理三大手段中的经济手段。

补位性是指在法律手段（包括行政手段）不完全到位的前提下，导致一些涉及商业保险承保的风险事故发生，引发商业保险进行补偿。通过对大量交通事故进行分析不难发现，几乎所有的交通事故都存在违反交通法律法规的情形。比如，在出险车辆超速、超载、超道（没有在规定的车道上行驶）、超距（没有保持科学的前后车距离）、超时（超过科学的连续驾驶时间）等五超的情形。一般来说，发生了交通事故，即使投保车辆存在违反交通法律法规的情形，商业保险还是予以理赔的。例如，2015 年 5 月 15 日发生在西部某地的大巴车坠崖事故，肇事车辆存在多种违反相关规定的情形。如果社会治理体系中加强法律手段（包括行政手段）的应用，加大对交通行为“五超”情形的管控，交通事故数量可以大幅度减少，事故造成的损失可以大幅度减轻。正是因为在社会治理中对交通行为管控的缺失，诱发了交通事故，由保险公司对事故损失进行经济补偿。

叠加性是指在道德手段缺位时，投保人恶意利用保险机制进行保险欺诈，存在多险种叠加赔偿的情形。一般来说，因交通事故造成驾驶员、乘车人员或者第三人伤亡的，都会涉及多险种进行保险理赔。有的保险欺诈案件就是精心策划的车险、意外险和交通事故。例如，安徽灵璧保险欺诈案件就是由具有保险中介从业经历的人员朱某吸纳医生、交警辅警、社会人员等组成了松散的诈骗团队，实施了伪造交通事故责任认定书、医疗诊断书、死亡证明等资料，进行保险欺诈。在此交通事故中，车辆所投保的保险公司会对第三者进行赔偿，其同时投保了意外伤害保险也会得到意外伤害保险的理赔，符合理赔条件的险种都会进行叠加赔付。

决定性是指在社会治理体系三大手段中，法律手段（包括行政手段）在体系中起决定性作用。理论上说，社会治理体系三大手段发挥作用，不是平衡发力，而是存在主次作用，存在决定性关系。其中，法律手段（包括行政手段）是决定性手段，经济手段是选择性手段，道德手段是补充性手段。以交通事故和车险为例，如果加大对交通行为“五超”情形的处罚力度，就会遏制交通事故的发生，也会减少保险理赔和对保险的需求。同时，道德手段发挥作用的话，也就不会产生保险，就有可能遵守相关法律法规。以绝大多数的“带病投保”保险欺诈为例，如果在社会治理中，能够落实居民健康档案建设、实名就诊制、就医档案联网等综合措施，阻隔“带病投保”就成为事前预防型举措，当然会避免诱发一系列问题，能够减少相关的不必要的事务。

通过上述推演，初步得出在社会治理体系中，商业保险处于辅助地位，可以解决道德手段不足的问题。在法律手段（包括行政手段）基本到位的前提下，充其量是对于小型的风险事故覆盖补偿，但是，从根本上遏制和防范大型风险事故的发生还是要综合运用各种社会治理手段。

## 转型发展：理念、产品、预防

追溯保险业最初萌芽和发展的历程，保险最初的功能就是防范化解风险。在保险发展的过程中，逐渐增加了融资功能，最终演变为一种兼具风险集散、资金融通两种功能的金融产品。而我国在 1980 年恢复保险业以来，商业保险在较短的时间内完成了世界保险业数百年的发展历程，在保险产品经营上实现了全险种经营，在理论上出现了“双轮驱动论”“负债驱动资产”“资产驱动负债”等。

在险种结构上，有的公司大肆发展低保障、高理财的保险险种，偏离了保险业正常的经营轨道。按照 2017 年召开的第五次全国金融工作会议和“保险业姓保”的定位，保险业回归保障功能成为基本基调。与此同时，互联网保险雏形显现。伴随着互联网技术在各个行业的广泛应用以及国家机构综合改革和事务管理改革，保险业经营从传统经营向互联网保险转型升级具备了充分的条件。

理念。按照党的十九大确定的目标和路径，包含商业保险的社会治理体系建设，必然要求商业保险在发展过程中，有必要沿着“保险业姓保”的基调，突出发挥保险业的保障功能。保险业从传统经营向互联网保险转型发展，应当按照借助互联网技术对传统经营进行“脱胎换骨”式改造。一般来说，各类风险事故一旦发生，对于人民群众的生命安全和财产损失在物理上或者实体上是不可逆转的，保险补偿主要是财务补偿。例如，在重大灾难发生后的保险赔偿，对于给这些遇难者家庭造成的长远的损失，赔偿金是无法弥补的。从社会治理的视角看，首先要考虑防范事故不要发生。

产品。保险产品是保险业发展理念的外化载体。保险业从传统经营向互联网保险转型，最外化的载体是产品种类和产品结构。适应建设现代化社会治理体系建设，互联网保险的重点保障型保险产品，是为人民群众提供的性价比最优、杠杆性最大的保险产品，辅助社保发挥更大的作用。

预防。在社会治理体系中，商业保险是处于从属地位、发挥辅助作用的，市场上最常见的大宗健康保险是依托于城镇职工、城乡居民等社保制度的。所以，其是否能够发挥预防作用，同样依托于各类社保制度。按照2018年国家机构改革方案，为推动实施健康中国战略，树立大卫生、大健康理念，把以治病为中心转变为以人民健康为中心，预防控制重大疾病，组建了国家卫生健康委员会和国家医疗保障局，对原来分散在多个部门的相关职能进行整合，缩短了沟通环节和减少了沟通成本，在预防和控制疾病方面必将能够更好地发挥作用。对于全民健康管理，国家进行机构重组、理念更新，对于商业保险尤其是未来的互联网寿险来说，是机遇和挑战并存。

依托大数据、人工智能等手段为传统保险助力的同时，对于未来互联网寿险自身发展以及互联网寿险在社会治理中的作用和价值，具有深远影响。

（本文发表于2018年5月22日《中国保险报》）

# 互联网寿险：与智能医疗和基因检测相生相克

王小韦　苏　洁

中国保险行业协会发布的《2017 年度互联网人身保险市场运行情况分析报告》显示，2017 年，互联网人寿保险实现规模保费收入 799.6 亿元，在互联网人身保险年度累计规模保费收入中占比为 57.7%，依旧为互联网人身保险业务的主力险种。由此来看，互联网寿险发展前景广阔，潜力无限。

人身保险标的是人的寿命和身体。所以，互联网寿险标的也必然是人的寿命和身体，与智能医疗、基因检测标的一致。以互联网寿险发展为视角和焦点，并联研究智能医疗、基因检测，有利于推进三者之间协调发展。笔者通过剖析互联网寿险发展阶段性特征以及简略介绍智能医疗和基因检测技术，辩证论述互联网寿险、智能医疗和基因检测技术三者之间的关系，以供保险业思考、借鉴。

## 辩证关系：相关性、侧重性、相克性

严格意义上讲，互联网保险不是一种单独的保险，而是保险业从传统经营发展到互联网阶段的一种业态。当前，对于互联网保险、互联网寿险的发展有两种相左的观点。第一种观点，可以概括为“渠道说”，认为是保险业的销售渠道从线下迁移到线上，或者说保险营销线上与线下相结合进行保险营销，已经是开启了互联网保险时代；第二种观点，可以概括为“改造说”，认为保险业从传统经营向互联网经营转型、升级是包含保险产品设计、定价、风险预防等全过程行为，而不是简单的渠道迁移就实现了转型。而智能医疗、基因检测又是非常前沿的医疗技术，经过对大量文献资料研读和与行业人士切磋，笔者认为互联网寿险、智能医疗和基因检测技术之间的辩证关系可以归纳为以下三个方面。

一是相关性。互联网寿险的标的是人的寿命和身体，主要是一种财务安排，但是在保险产品设计的过程中，会充分考虑疾病的种类、标准和治疗费用总额。智能医疗是针对已经发生的疾病，在治疗手段上能够实现更好的手术效果，例如伤口更小、切除病灶更彻底等，进而会对医疗费高低产生影响。基因检测技术是能够识别疾病发生的概率，指导人们更加精准地预防疾病，提高用药的针对性。所以，三者密切相关。

二是侧重性。基于三者之间存在的相关性，三者各有侧重。互联网寿险更加侧重于医疗费的财务安排，也兼顾技术安排。技术安排会决定财务安排，会深度影响到保费、保险费率和保险金额三个指标；智能医疗、基因检测技术侧重于技术安排，也兼顾财务安排，财务安排会决定技术安排推进和落实的速度、普及程度。比如，在有的保险公司的经营中，会宣传新兴技术能够治愈某种疾病，而未投保险的病人限于财务安排，会在具有医疗手段的前提下放弃治疗。

三是相克性。基因检测技术是具有颠覆性的医疗技术，因为可以对未来的生命和身体状况进行更加精准地预测，这是传统医疗所不具备的技术。在基因检测技术得到深度应用后，有些人可能会严格按照基因检测指导的方式进行生活，以降低或者推迟疾病的发生，进而会减少医疗费的支出。同时，如果承保的商业保险公司加大运用包括智能医疗在内的医疗技术和疾病预防，就有可能大幅度降低疾病发生的概率，既有利于被保险人降低总体医疗费用，缓解医疗资源紧张的状况，甚至可以有效地节约司法资源，也有利于降低保险公司的经营成本，为实现保险业经济效益和社会效益“双丰收”奠定基础。

### 外围环境：机遇和痛点

互联网寿险、智能医疗和基因检测技术的共同特征都是保障人民健康的技术手段，其发展要同时满足于外部政策环境和监管规定的要求。

机遇。党的十九大描绘了决胜全面建设小康社会、夺取新时代中国特色社会主义伟大胜利的宏伟蓝图，指明了党和国家事业的前进方向，也为互联网寿险、智能医疗和基因检测技术的发展创造了良好的政策环境和根本理念。人民健康是民族昌盛和国家富强的重要标志。完善统一的城乡居民基本医疗保险制度和大病保险制度，建立全国统一的社会保险公共服务平台，尤其是预防重大疾病的理念，为发挥基因检测技术和智能医疗创造了良好的条件，势必也会改变互联网保险发展的政策环境。

保障人民健康是基础工作。从介入人民健康的节点来看，预防无疑是成本最低、效果最佳、伤痛最小的手段，与我国中医的治疗“未病”的理念一致，可以保持人民健康的肌体；从提高疗效的时间看，智能医疗的效果更好，比如现在的微创手术、机器人在医生控制下开展的一些手术。只有在互联网寿险、智能医疗和基因检测技术相互配套的前提下和基础上，才能保障广大人民群众的健康，才能在一定程度上防范因为疾病致贫的现象。

痛点。2017 年保监会印发了《健康保险管理办法（征求意见稿）》（以下简称《征求意见》），其中第三十六条规定：保险公司销售健康保险产品，不得非法搜集、获取被保险人除家族病史之外的遗传信息、基因检测资料，也不得要求投保人提供这些资料；不得以被保险人家族病史以外的遗传信息、基因检测资料作为核保条件。

对于此项规定，也有两种相左的观点：第一种是支持说，认为通过禁止、限制保险公司获取基因检测技术信息，有利于保护被保险人的合法权益；第二种是促进说，认为保险公司应当深入掌握基因检测技术，根据基因检测规律制定保险产品条款、厘定费率，与投保人、被保险人共同致力于风险防范，最大限度地保持被保险人的健康状况。面对《征求意见》的政策导向，或许会在互联网保险、智能医疗和基因检测之间竖起一道无形的玻璃“壁垒”。

综观市场，在互联网上销售保障性寿险产品日渐盛行，且不说市场认可度如何，至少推动了行业向前发展。尤其是一些传统保险不可保的群体，通过互联网定制也实现了可保。最近大热的老年防癌险就是一个有效的佐证。

中国保险行业协会发布的《人身险产品联盟老年防癌疾病保险分析报告》对老年防癌疾病保险的发展趋势表示乐观，市场面上的老年防癌疾病保险投保年龄上至70岁或75岁，下及45岁或50岁。保障期限短至1年长至终身，消费者可以按照需求灵活选择。比如，爱心人寿为老年人定制的防癌险产品，受众人群是50岁至75岁的中老年人群，全线上投保，免体检；悟空保联手安心保险定制的防癌险产品，让70岁的“三高”老年人也能享受百万元保障。类似产品不但弥补了50岁以上人群难以参保重疾险的问题，也解决了中老年人群一旦确诊罹患癌症后，看病费用不足的问题，同时还可以与目前市场上以重疾险、医疗险为主的健康险形成有效补充。

在保险业按照“保险姓保，监管姓监”的要求回归主旋律的背景下，开展以保障型主导的保险产品无疑会成为互联网寿险的主打产品，开展预防型风险管控措施是主要的展业内容，智能医疗和基因检测技术无疑是有效的抓手。

（本文发表于2018年3月30日《中国保险报》）

# 规则意识：植根于灵魂深处

王小韦　黄明明

2018 年 5 月 29 日，广东某区法院通报了对一起游客攀爬景区的杨梅树而坠亡事件（以下简称案例一）的判决。通报称，游客 A 某在攀爬景区的杨梅树采摘杨梅时，压断树枝导致坠亡。其家属向法院提起诉讼，要求景区所属村委会赔偿 60 余万元。经审理，法院认定游客 A 某作为成年人（出险时接近 60 岁）承担主要责任（95%），景区所属村委会未履行危险告知义务承担一定责任（5%），判决景区所属村委会向 A 某家属赔偿 45096. 17 元。该判决在网民中引起了强烈反响，也引发笔者对规则意识的深入思考。

## 相似：人物、规则、诉讼

本文中，笔者对三个案例进行关联式研究。案例二是指被列入《2017 年度十大控烟法律事件》的“5·2 郑州电梯劝烟猝死案”，案例三是指在某野生动物园猛兽区发生的老虎伤人事件（以下简称案例三）。经过深入研究，发现三个案件具有惊人的相似性。

案例中的人物皆为成年人。案例一中的主人公 A 某时年接近 60 岁；案例二的主人公 B 某时年 69 岁，案例三中率先在野生动物园下车的年轻女士 C 某（时年 32 岁）被一只猛虎咬伤，下车施救的母亲 D 某（时年 57 岁）被另一只猛虎致伤遇难。

三个案例中均存在违反规则的情形。案例一的主人公在游览景区时，攀爬景区的杨梅树采摘杨梅；案例二的主人公在电梯间抽烟，被某医生劝阻诱发心脏病；案例三的主人公在野生动物园猛兽区下车。从规则的视角看，以上三个案例中的主人公都存在违反规则或者生活常识的情形。

均通过诉讼途径结局。案例一，一审法院判决景区所属村委会应当承担5%的责任，死者家属和景区所属村委会均不服一审判决而提起上诉，二审法院判决驳回了死者家属和景区所属村委会的上诉，维持原判；案例二，一审法院判决劝阻医生应当向B某的妻子补偿1.5万元，B某的妻子不服提起上诉，二审法院判决撤销一审判决、驳回B某妻子的诉讼要求、要求其承担一审、二审的上诉费用1.4万元。

对于上述三个事件引发的悲惨故事，从人道主义和人性的视角看，笔者也为其本人和家庭的不幸深表同情。但是，从对遵守规则、规则意识培养的视角看，事件似乎更应该是一种不适当的反面教材，因为涉事的景区、动物园已经付出了一定的代价，相关部门也投入了大量的资源处理三个事件。

## 对策：教育、法治

党的十九大报告指出，当前我国社会的主要矛盾是人民日益增长的美好生活需要和不平衡不充分发展之间的矛盾。美好生活需要的内涵是广泛的、多元化的，上述三个案例中涉及的旅游、自由都是人民向往的美好生活的一部分，三位主人公均因为违反规则或者说违反基本的生活常识而殒命，的确是一件憾事。

教育。案例一、案例二的判决在网友中引起了强烈的反响，出现舆论对判决内容不认可的一边倒态势。案例二的一审判决劝烟医生向死者家属补偿1.5万元，网友留言深深诟病于法官，二审撤销一审判决，参与讨论的网友大幅度减少。

加强对公民规则意识、法律意识的教育需要进一步丰富内容、进一步改进载体，切实通过提高公民的规则意识、法律意识，减少对社会和他人的损害。

法治。案例一中所谓的景区就是村委会下属的一片山村，景区也不收取门票；案例二中，医生劝阻在电梯内不要吸烟，也是从被劝阻者自身健康角度考虑；案例三中，游客不要在猛兽区下车应该是一个基本的生活常识。法院审理案例一、案例二均使用了《侵权责任法》第三十七条的规定，建议最高人民法院、国家旅游管理部门及时出台相关的司法解释或者部门规章，进一步明确旅游部门的安全标准，设定合理的安全标准。

管中窥豹。上述案例仅是因为违反规则而导致自身受伤甚至遇难事件中的“冰山一角”，但愿通过加强法治建设、加强教育，呼唤更多的公民强化规则意识、掌握基本的生活常识，不要给自己带来无谓的伤害，不要给消费、旅游等相关机构带来无谓的伤害，不要给社会带来无谓的伤害。

（本文发表于2018年6月15日《中国保险报》）

# 保险科技：发展与风险并存

高笑寒

保险科技已经深入影响保险服务范式、风险定价机制和风险管控模式，国内外也已经有越来越多的公司开始利用保险科技进行业务革新和市场开拓。对于保险监管来说，分析发展形势，在提高市场供给效率的同时，更好地维护市场公平和保护消费者利益。

## 国内外保险科技发展类型、阶段、特点

保险科技是指利用大数据、人工智能、区块链、物联网等新兴技术对传统保险业的更新和再造。近十余年来，保险科技的飞速发展已颠覆性地推动了国内外保险业的销售渠道变革、消费场景创造，实现了保险业务的科技重构。

根据《中国保险科技行业投融资报告》的统计数据，自 2012 年至 2017 年底，国内保险科技的创业公司成立 200 余家，其中包括互联网巨头百度、阿里、腾讯和京东等，保险科技行业发生的私募股权交易总金额超过 113 亿元。根据国外媒体披露数据，2017 年除去中国内地，全球其他国家和地区共有 217 家互联网保险或保险科技创业公司获得了投资，创业公司涉及的类型包括新型保险公司、第三方销售平台、to B 的解决方案、创新险种和新技术应用等。

从市场主体类型来看，目前保险科技大致可分为以下几类：一是互联网保险公司，比如国内的众安保险、安心保险，美国的 Bright Health、印度的 Digit Insurance 等；二是场景定制类公司，比如国内的保准牛、量子保，美国的按需购买保险产品的公司 Trov、美国专门为摄影师、私人教练提供保险的

Next Insurance；三是针对消费者的综合销售平台、比价平台，比如国内的慧择网、车车车险，印度的保险超市 Policybazaar；四是为保险公司提供数据服务的公司，比如国内的提供车联网技术服务的公司 OK 车险、四叶草、提供理赔管理服务的公司和金在线，印度提供医保数据整合机构 Practo、以色列提供汽车数据云服务机构 Otonomo；还有一些专门的代理人展业工具、网络互助平台、保单管理、智能投保等机构。

从发展阶段来看，保险科技可分为“改造”“创新”“重构”三个阶段：第一个阶段，内部系统改造阶段。主要利用 IT 等信息技术手段对传统业务系统进行改造和升级，提高保险机构的经营效率。第二个阶段，保险产品创新阶段。主要是指运用人工智能、大数据、物联网、云存储计算等兴起的技术对现有保险产品进行技术创新，提高产品的可塑性。第三个阶段，重构保险产业链条。利用保险科技带来的可能性，拓宽保险经营思路和保险覆盖领域，重构保险产业链条。

从发展特点来看，保险科技发展有以下特征：一是数据采集是最重要的生产力。在科技保险时代，无论是简单的车险还是复杂的寿险都将进入一个精准定制化时代。而对于这种“精准定制”来说，无论是将其推送到有需求的消费者面前这个销售环节，还是通过一系列个性化的数据定制个性化保险产品这个制造环节，都需要“数据采集”这个前提条件。二是数据分析和处理能力是核心竞争力。技术一方面让保险公司的精算、风控和定价能力得到前所未有的优化和提升，另一方面让保险产品在支付流程、操作流程、承保流程、理赔流程上提升对行业的生产力的贡献。三是更多行业外资源得到整合和优化。数据采集和数据分析、处理能力解决的是保险前端销售的问题。服务能力考验的是产品销售后的保险消费者服务体验提高的能力。在这一点上，未来保险业的服务将不再是简单地体现在单一的理赔环节中。保险经营者会更多地将目光投向与保险产业链相关的上游、下游，打通产业闭环，不仅可以提高产业的协同效应，而且能够提升对消费者的服务体验。

### 保险科技发展与风险共存共生

一是产品创新不确定。保险科技最直接的体现就是保险产品的创新，比如车联网带来的车险定价个性化、基因检测技术使得寿险产品定制化等。原有的风险计算方式和产品定价原则在不断地消解和分化。以寿险产品来说，传统寿险产品的费率厘定基础是生命周期表，但在保险科技时代，整体性的生命周期已经被个体化的生命特征所取代，风险精算需要更加细分和精准。这对保险市场主体的产品定价技术要求较高，监管也要相应地提高监管能力，以应对产品创新带来的不确定风险。

二是偿付能力待考验。保险科技在给保险产品带来创新性变革的同时，给后端的保险公司的偿付能力也带来不小的挑战。随着风险单位的不断细分，更多的短时型、小众型保险产品将不断问世。比如，国外如日中天的短时型保险公司 Trov，客户可以投保自己购买的任何物品，投保时间、投保参数可以自主选择，甚至精确到秒。这种短时型保险消费，使保险公司在较长时间段的风险平摊能力下降。除此之外，保险公司长期以来的期缴产品所带来的现金流更加不能期待，保险公司的偿付能力面临更大的挑战。对于监管来说，如何科学、全面地计量保险公司面临的风险，使资本要求与风险更相关成为重要课题。

三是数据安全难保证。保险科技时代，数据在推动行业的变革和创新的同时也成为行业最难监管的资产之一。对于监管者来说，一方面，数据存在泄露、滥用、篡改的风险，比如寿险行业在费率理算时需要采集到大量个体样本的身体数据信息，但这些数据信息有可能也包含个人身份、联系方式等信息，这些信息可能会被保险公司用来营销，也有可能被贩卖到其他行业进行业务拓展等，在面对强大的大数据采集与分析能力时，个人信息安全变得非常脆弱；另一方面，数据垄断机构存在可能造成新的行业垄断问题。保险安身立命的法则就是“大数法则”，越来越多的诸如电信、汽车制造商等数据上游机构进入保险业，行业布局有可能重新洗牌，甚至新的垄断有可能正在酝酿。

四是消费者权益难维护。随着保险科技的深入发展，互联网渠道成为保险购买的主流方式。互联网渠道存在固有的碎片化、短时化的特征，一旦保险产品条款较为复杂，对于消费者来说就存在理解难度大、销售告知不充分、产品条款有歧义等问题，由此造成后期保险公司拒赔、消费投诉增加等后果。

## 保险科技监管需突破传统、革新理念

保险科技已经深入影响保险服务范式、风险定价机制和风险管控模式。未来，一方面加大对科技保险的研究投入力度，关注保险科技的前沿发展动向、创新型保险产品模型算法以及监管方式方法等；另一方面，厘定科技保险的监管制度，借鉴英国金融行为监管局提出的“监管沙盒”的概念以及国外对保险科技的监管方式、方法，做好科技保险监管的顶层设计工作。

一是拓宽保险科技相关领域的监管范围。根据保险科技发展方向和趋势，可以考虑将与保险相关的科技公司、数据提供公司纳入监管范畴；如有必要，可考虑将与保险产业链条相关的汽修厂、4S 店、医院、健康机构等都纳入监管范畴，确保保险消费者能够得到约定的保险延伸服务。

二是完善消费者权益保护机制。借鉴国际监管经验，要求保险公司或互联网销售渠道加强信息披露，确保条款显著位置可视性和理解的一致性；对互联网销售的保险产品进行前期测试，对可能引起歧义或误解的条款充分告知；制定针对保险业发展的数据安全法律，确保相关数据能够合理应用。

三是强化保险监管技术支撑。在国外，随着金融科技的发展，除了传统的信息系统建设外，监管科技也成为新兴的研究和应用领域，包括利用机器学习、人工智能、分布式账本、生物识别技术、数字加密以及云计算等提升监管效能。

（本文发表于 2018 年 7 月 31 日《中国保险报》）

# 互联网平台经济：保险业的反思和改进

高笑寒

近日，随着滴滴顺风车乘客遇害事件的发生，大众对于滴滴的安全问题讨论不断发酵，多地监管部门对滴滴等网约车企业平台进行约谈。互联网平台类企业的潜在风险和隐患突然被唤醒和重视起来。

对于保险业来说，互联网平台同样存在诸多问题和不足，在互联网保险近几年一路高歌猛进的几何倍数增长的背景下，此次的滴滴顺风车事件正好给了我们一个重新反思和审视的机会，为下一步行业的改进、升级做好准备。

## 互联网平台：效率与安全的拉锯战

从滴滴到拼多多，要效率还是要安全，似乎是目前所有新兴网络平台都需要直面解决的问题。平台经济从出生的那天起，就带有天生的缺陷：固定成本比较高，边际成本低。

这种天生的特征，一方面决定了平台经济的费用分摊主要在网络设施的搭建上，而要想更快地盈利，就必须尽可能地降低人力成本、管理费用的投入，“技术能解决一切问题”的极客思维在互联网平台企业中最为常见。

另一方面，边际成本低或没有边际成本的特性，决定了互联网平台类企业“得流量者得天下”的发展理念。不顾一切地引进投资，大量贴补市场来换取消费者的消费习惯。有媒体报道称，“滴滴的股东列表一张 A4 纸都打不完”，除了 BAT 三大巨头外，各路国企资本和国际资本也不断加入其中。如此的发展模式必然会带来成本的上升，入不敷出成为常态，巨大的债务压力也难以让管理层对企业本身的服务、产品质量等投入过多的关注。

此外，从目前的互联网平台运营模式来说，无论是2B还是2C，同样存在效率和安全的取舍问题。降低商品或服务的进入门槛，必然会产生更大的聚集效应，提供服务的人或售卖的商品越多，竞争越充分，价格越低，所吸引的消费者也会越多，如此就会进入良性循环，消费者越多，商家或者提供服务的主体也会随之增加。但降低进入门槛的代价必然也会带来滥竽充数和良莠不齐的问题，如此次发生命案的滴滴顺风车业务就是无限制降低准入门槛所直接引发的。

## 保险平台：难以独善其身

对于保险业来说，互联网平台的发展已经进入相对成熟阶段，该类平台主要包括两种类型：一是互联网保险公司的自建平台，比如众安保险、泰康在线、安心保险等。二是第三方网络销售平台，比如慧择网、大特保、小雨伞保险、新一站等，上述机构目前都已经形成一定规模和认可度。

但与其他行业的互联网销售平台一样，客服、管理、费用同样是互联网保险销售平台难以独善其身的软肋。

客服。在利润至上的各路平台上，客服也许是最得不到关注和重视的一个环节。大量的客服人员被外包出去以节省人力成本。反应迟钝、处置不力、没有回馈是大部分消费者对与互联网平台发生纠纷最担心的问题。有媒体报道称，互联网企业的一线客服团队对于投诉上报达到了一定数量，客服人员是要被罚款的，因此大部分投诉在一线就被“处理”掉了。对于互联网保险平台来说更是如此，大部分保险产品涉及专业术语和专业解释，需要企业投入大量的时间和财力对客服人员进行培训和训练，但与需求相反，大多数互联网保险平台则是对客服成本的强势压缩。

管理。据银保监会最新公布的2018年上半年保险消费投诉情况来看，互联网保险投诉仍然“亮眼”。其中，亿元保费投诉量居前的公司，安心财险、泰康在线分别以109.77件/亿元、57.05件/亿元居第一位、第二位；众安在线也以13.70件/亿元的投诉量排第五位。宣传不真实、收益不确定、投保提示不明确、拒赔理由不合理等问题一直是互联网保险投诉的焦点所在。

平台对销售业绩的盲目追求、保险公司对互联网产品的风险管控、令人费解的产品条款等，都是互联网保险平台需要着手改进的地方。

费用。居高不下的各项费用开支，同样是保险业互联网平台难以回避的一个问题。市场原本设想的是依托于互联网平台和技术、模式创新，互联网保险公司可能会减少手续费及佣金的数额，但事实并不完全如此，大部分互联网保险公司综合成本率甚至高于传统保险公司。比如，第一家互联网公司众安保险，2017 年亏损近 10 亿元。保险网购平台“新一站”，其 2018 年上半年报显示营业总收入 5542 万元，营业总成本 6305 万元，归属于挂牌公司股东的净利润 -812 万元。有收入，没利润，是保险互联网平台普遍存在的尴尬局面。

## 改进：内外合力　提质增效

此次滴滴乘客安全事件，被认为滴滴正面临自成立以来最大的危机。在滴滴准备上市的关键时刻，让其身陷囹圄，四面楚歌的危机并不是来自 Uber、美团等竞争对手，而是自己。对于互联网保险平台来说，也是一样的。除了个人代理人、银保渠道、电销渠道等其他竞争渠道以及互联网保险平台上的多家机构的竞争外，还有一个最大敌人就是自己。

环顾目前的互联网保险市场，BAT 巨头垄断了绝对的流量，对于大部分公司来说，比拼流量的时代已经不在了。与其用鸡蛋碰石头，一味地“烧钱”做大流量，不如在信用建立上下功夫。对于互联网交易来说，能否成功顺利进行，其中最关键的环节就是解决信用问题，而对于互联网保险交易来说，由于消费者购买的是对未来可能发生风险的保障，信用问题就显得更加重要了。阿里能够做到今天互联网行业的地位，也是因为通过支付宝解决了交易的信用问题。谁能够真正解决好互联网平台的痛点，谁就能绕开比拼费用的低层次竞争，而这一切都建立在互联网团队是否对企业管理、客户服务、产品质量的足够重视和把控上。

从外部监管来说。目前部分互联网保险销售平台是拥有合法牌照的保险公司、保险经纪或保险代理资质的业内机构，但也存在大量的无合法经营资质的非法机构。对于业内机构来说，监管层应抓紧制定新的监管办法。对于互联网保险业务的监管，目前使用的仍是2015年制定的暂行办法。建议进一步强化第三方网络平台的市场退出管理，充分发挥优胜劣汰的市场调节机制。对于大量非法机构来说，监管部门应联合外部监管部门加快进行取缔和治理。此外，应加强对互联网保险产品的关注和研究力度，细化互联网保险产品要求，让监管的外力倒逼该类企业合规发展。

（本文发表于2018年9月11日《中国保险报》）

# 2017年全球保险并购升温 中国资本海淘遇冷

时 欣

2017 年国际市场虽然存在各种利空因素，但保险业并购大潮依然势不可当。韦莱韬悦数据显示，2017 年保险业并购总额为 570 亿美元，较 2016 年的 490 亿美元增长 16%。

## 全球保险并购升温 中资海淘遇冷

2016 年 10 月，前海金控和深投控高调宣布收购新加坡亚洲资本再保险集团，这宗约 10 亿美元的并购案，经历一年多的重重闯关，终究还是于 2017 年 11 月并购双方一拍两散。

几乎是同一个时点，2016 年 10 月泛海集团宣布斥资 27 亿美元现金收购纽约证券交易所上市的美国保险公司 Genworth 金融集团已发行的全部股份，当时预计该项交易将于 2017 年中期完成。

然而 Genworth 2017 年上半年报显示，与泛海的并购协议的最后期限延长至 2017 年 11 月 30 日，前不久这个期限又被推迟至 2018 年 4 月 1 日。2017 年 10 月 2 日，泛海和 Genworth 撤回第二次联合申请，修改后第三次提交了收购申请。这次申请附加了将使用第三方保护用户数据。6 月 8 日，第三次收购申请，终于得到美国海外投资委员会 CFIUS 以及美国国家安全局审批通过，历时 20 个月的并购审批总算跨过一个里程碑。

毕马威在 2017 年初发布的全球保险业并购趋势调研报告称，在业务和经营模式转型需要的推动下，全球保险业 2017 年的并购交易数量预计呈上升趋势，尤其是在中国和美国市场。显然，毕马威没有预料到 2017 年中国保险业的一番火热一番凉。

## 大额并购交易不断　年底持续增加

虽然中国资本并购多歧路，但综观全球保险市场，2017 年保险业大额并购交易不断，其中 Onex 公司以 43 亿美元出售 USI Insurance Services，单笔交易即占全年总交易额的 7.5%。

虽然 2017 年下半年全球保险业并购的利空因素较多，无论是巨灾损失的影响，还是人们对美国税制改革的担忧，都使得业内认为 2017 年的并购将会适度减缓，然而并购总额的增加，却与之前业内对市场的预期并不相同。

整个保险业并购浪潮一直持续到年底，并增长迅速。甚至于韦莱韬悦的欧洲业务主管 Brian Sheajia 将同比的高速增长归因于 12 月的一系列并购交易。

比如，丹麦最大的保险公司 Tryg 以 13.1 亿美元收购未上市的竞争对手 Alka Forsikring，The Hartford 以 20.5 亿美元出售 Talcott Resolution 及 Run – off 人寿保险和年金业务。

## 保险科技成并购交易新宠

2017 年被誉为保险科技元年，各种创新科技在保险领域的应用也是层出不穷，更多的保险科技公司应运而生。在 2017 年保险业并购的大潮中，保险科技公司成为新宠，不仅获得很多资本的青睐，也引得各大保险公司争相收购。

2017 年，最大的保险科技并购为 Travelers 以 490 万美元的价格收购了英国 Simply Business 公司（英国最大的在线商业保险经纪人）。而其他资本或公司对保险科技公司小额的投资及收购更是不胜枚举。

## 亚太市场创并购交易新高

韦莱韬悦的数据显示，2017 年，北美的并购交易额为 230 亿美元，而亚洲的交易额为170亿美元，已超过欧洲的140亿美元交易额，成为全球第二大保险并购交易区域。

这与年初毕马威发布的全球保险业并购趋势调研报告预测相吻合，在毕马威的调研中约1/4的受访者将美国列为进行并购的首选国家。以区域划分，约47%的受访者表示，亚太地区将是其并购交易的关注重点，这个比率较北美地区高出一倍以上。

虽然亚洲的并购交易金额还未超过北美，但亚洲地区巨大的市场容量及较高的成长性也已经逐渐成为全球并购交易关注的重点。

## 财险大额并购交易屈指可数

2017年寿险行业的交易远远超过了非寿险行业，财险公司与保险经纪公司的单笔金额超过10亿美元的并购交易减少到只有屈指可数的几笔。

除了Talcott和USI外，这有Mitsui以16亿美元收购Fairfax's First Capital，以及Intact以17亿美元收购White Mountains' OneBeacon的并购交易。

## 再保险公司价值或将增加

2017年的频繁巨灾对保险业产生了一定的影响，虽然还没有保险公司因为巨灾而产生的巨额风险被迫出售公司业务，但巨灾对再保险的影响不言而喻，而再保险费率的变化也会对保险业的并购产生一定的影响。

Shore Capital公司的Eamonn Flanagan指出，巨灾损失会使保险公司的潜在买家不清楚并购的目标是什么，这可能导致2018年上半年的保险并购活动陷入危机。

再保险公司的价值或将增加，在2017年10月Axis公司以644.8万美元收购Lloyd's insurer Novae后，Eamonn Flanagan表示伦敦劳合社的再保险公司的稀缺价值依然存在。

（本文发表于2018年3月5日《中国保险报》）

# 反保险欺诈篇

# 陕西规范保险欺诈案件移办流程

胡　刚　黄　鹏　王小韦

日前，陕西保监局与陕西省公安厅联合下发《陕西保险业保险欺诈案件线索报送规则》（以下简称《规则》），以完善制度、健全机制为有效抓手，力促打击保险欺诈工作走上制度化、规范化和标准化轨道。

一是健全机构，明确责任。《规则》规定，由陕西省公安厅经侦总队负责全省反保险欺诈工作的组织指挥、协调、督办和考核工作，会同陕西保监局、陕西省保险行业协会组建陕西省保险业反保险欺诈中心，指导全省保险业反保险欺诈工作，为有效整合各方力量奠定基础；同时，各地市成立反保险欺诈工作站，承担相应的职责。

二是归口管理，明确流程。《规则》规定，陕西省反保险欺诈中心接收并审核各保险公司省级分公司报送的案件线索，对符合立案标准的案件线索，统一向省公安厅经侦总队移送；地市设立的反保险欺诈工作站接收并审核市级保险公司报送的案件线索，对符合立案标准的案件线索，统一向当地公安局经侦支队移送。细致规范案件线索的提取、筛查、研判、分类、移送与统计、考核程序，明确“灰名单”的提取与处理程序，细化地市反保险欺诈工作站的构成、职责和工作程序，坐实地市公安机关、行业协会责任，着力解决警保合作“上热下冷、上紧下松”等问题。

三是量化指标，明确标准。《规则》规定，对于车险涉案金额超过3万元或者多次出现等八种情形，对于重大疾病索赔单件20万元等三种情形，作为案件线索移送标准。同时，详细列明了不同种类案件移送材料应当具备的信息要素。案件指标量化和报告资料要素具体化，明确了标准，大大增强了可操作性，着力提升立案率、破案率。

四是强化沟通，明确导向。《规则》规定，由陕西省公安厅、陕西保监局、陕西省保险行业协会通报情况，着力强化内外信息共享与协作，并为警保联合运用大数据手段进行案件线索筛查奠定基础。同时加强教育培训，并实时对反保险欺诈工作中涌现的先进集体和先进个人进行表彰。

（本文发表于2017年11月16日《中国保险报》）

# “一体化”机制助力反车险欺诈

王小韦　俞莹蕾

据央视报道，2017 年 11 月 28 日，最高人民法院、公安部、司法部、保监会 4 个部门联合启动在局部地区试点道路交通事故损害赔偿纠纷“网上数据一体化处理”改革试点工作（以下简称一体化机制），目的是实现道路交通事故损害赔偿纠纷的公正、高效处理，维护人民群众的人身权和财产权，促进平安中国和法治中国建设。启动一体化机制试点，必将对现行的道路交通纠纷预防和化解机制产生深远影响，会影响到保险经营的方方面面。

本文以公开资料为素材，通过对一体化机制的解读和浅析反车险欺诈工作中事故责任环节出现的弱项，就加强交通事故预防和事故责任认定管理提出意见和建议，供保险同业间交流。

## 车险欺诈的两大点位：定责、定损

尽管说车险案件形形色色，表现各异，情况悬殊，但为了提高反车险欺诈能力，有必要通过纷繁的现象提炼背后蕴藏的本质。实施车险欺诈的诈骗分子的立场是希望保险公司承担的保险责任越多越好、事故损失越大越好，所以，其一定会在事故责任确定和事故损失厘定环节做文章。

定责。一般来说，事故责任确定的载体就是交警部门出具的事故责任认定书，在极少数的交通事故赔偿纠纷中会涉及当事人邀请具有司法鉴定资格的机构出具新的责任认定书来推翻交警部门出具的责任认定书。从一些典型的车险欺诈案件中，能够发现诈骗分子伪造或者编造交通事故责任认定书的情形。在绝大多数情形下，保险公司对存有疑点的责任认定书的核实，都能够得到公安交警部门的顺利配合。但是，通过一些典型车险欺诈案件分析，会发现其中不乏难以沟通的情况。

定损。一般来说，事故定损往往是由保险公司的工作人员查勘定损，极少数事故定损是由具有司法鉴定资格或者物价部门下属的事业单位出具定损报告。从一些典型的车险欺诈案件中，能够发现诈骗分子存在夸大事故损失的情形。其中，有的定损结论之所以产生悬殊，也反映出车险定损工作标准化建设存在短板现象。

综上所述，交通事故原因定责和后果定损工作对于保险公司的正常经营非常重要，而规范的操作，保险公司能够顺利分享相关信息，对于反车险欺诈具有更重要的意义。

## 一体化机制的亮点：透明、公开

一体化机制是在特定的技术条件和一定的治理理念背景下产生的。技术条件就是在互联网技术高度发展、智能手机高度普及以及相应资费大幅度降低的背景下，才有可能以互联网为纽带，将涉及交通事故处理主体的保险公司、交警、法院以及第三方鉴定机构等贯穿起来；治理理念就是指国家积极推行预防和化解涉及人身权和财产权纠纷的快速处理。一体化机制中，要求对于交通事故责任认定、理赔计算、在线调解、在线鉴定、在线诉讼、一键理赔等行为在线上完成。按照一体化机制，交警部门出具的责任认定书能够公开在线上，几乎完全剔除了车险诈骗分子伪造、变造交通事故责任认定书的可能性，最大限度减少车险诈骗案件的发生。

透明。从保险公司的视角看，以一体化机制为手段，对于交通事故的定责和定损可以直接知晓，减少和降低了伪造变造责任认定书的风险，减少了一些不必要的沟通成本。借助统一平台，保险公司可以直接获取理赔所需要的责任认定、损失评定、司法判决等资料。在责任认定事项上，如果交警部门认定的结论和司法鉴定机构的结论不一致甚至悬殊，保险公司借助统一平台，也可以查询、对比出现差异性的项目；在损失认定事项上，如果保险公司与司法鉴定机构的定损相差悬殊，保险公司借助统一平台，也可以查询、对比出现差异的项目。

公开。从社会治理的角度看，由于交警、法院、司法鉴定机构等相关主体借助同一平台，可以查询到一起交通事故全过程的处理情况，这也有利于保险经营主体和监管部门以外的更多监管和管理主体了解保险经营。只有更多的主体了解了保险经营的实际运行规则，才有利于广大群众和保险消费者理解保险化解风险机制的运作。

当然，笔者也深知，由最高人民法院牵头组建的道路交通事故处理一体化机制，其初衷是为了提高道路交通事故处理的效率、效能，及时化解矛盾，尽管这是着眼于对一类纠纷的处理，但是对于涉及的所有机构，都将产生深刻的影响。具体到保险业来说，对于车险经营规则、车险产品定价机制、销售渠道、出险理赔等经营全过程都会产生深远的影响。在推行的过程中，只有更加规范的定责、定损，才能为反车险欺诈营造更好的环境。

（本文发表于 2017 年 12 月 4 日《中国保险报》）

# 反保险欺诈要抓住三大关键

王小韦　黄明明

唯物辩证法认为，凡事都具有关联性、规律性、系统性、矛盾性。将此种思维方式应用于保险经营和反保险欺诈上，同样具有非常大的指导意义。

本文以数以千计的保险经营案例和数以百计的保险欺诈案件为标本，按照唯物辩证法的认识论和方法论手段对其进行解析和重构。笔者认为做好反保险欺诈工作，要以反保险欺诈为镜子，折射保险经营过程中存在的短板和瑕疵，从而强化保险经营实务中对关键人员、关键险种、关键环节的管理，就能够最大限度地预防和减少保险欺诈案件的发生。

## 基本逻辑：风险分类、保险经营和保险欺诈

分类是研究问题的一种常见的有效的基本方法，被广泛应用于所有研究领域。将分类研究方法应用到经营风险的保险业，首先体现为对风险状况的分类上。分类结果取决于分类所采用的标准和研究问题的视角。

按风险发生的概率，将所有风险分为绝对不可能发生的风险、绝对发生的风险和可能发生的风险，其中仅限于可能发生的风险，才纳入经营对象的风险。所以，纳入保险欺诈和反保险欺诈案件的风险，也仅限于可能发生的风险。

保险欺诈击中的是保险经营活动链条上的薄弱环节，一种情况是保险流程设计本身存在漏洞，当然给保险欺诈行为留下可乘之机；另一种情况是保险流程设计本身没有瑕疵或者没有漏洞，是因为相关人员违规操作，给保险欺诈行为留下可乘之机。通过对大量保险欺诈案件进行解构分析，绝大多数的保险欺诈行为属于第二种情形。基于上述分析，按照唯物辩证法的思维，

做好反保险欺诈就是要梳理保险欺诈中的主要矛盾和矛盾的主要方面。

### 排查关键：人员、险种、环节

通过对诸多保险欺诈案件的结构分析发现，保险欺诈活动也具有一定的规律性。笔者试图从实施诈骗活动的主体、选择的险种和瞄准的保险经营活动三个点位进行分析。

关键人员。实施保险欺诈活动，其中非常重要的一个环节就是向承保的保险公司提交索赔资料，能够一次性提供完整资料不是一件容易的事情。通过对大量保险欺诈案件的分析，发现该案件涉及汽车修理厂的人员、从事过保险销售的人员以及医生、辅警等。以典型的安徽省某保险诈骗团伙为例，案件主犯有代理保险的从业人员、伪造病历的医生、变造交通事故责任认定书的辅警等。媒体公开报道中反映有的保险公司的正式员工丧失职业操守，内外勾结，参与到保险欺诈活动中。通过对实施保险欺诈人员结构的分析，为预防保险欺诈和打击保险欺诈指明了人员方向。

关键险种。实施保险欺诈活动，对于险种也是精挑细选的。通过对大量保险欺诈案件的分析，商业车险、重疾险、意外险等受到保险欺诈分子的青睐。其中，商业车险中“受青睐”的险种是车损险，惯用的道具是豪华二手车，而不是豪华一手车，也不是普通的二手车；人身保险中选择的是重疾险，而不是短期的健康险或者单纯的理财型险种；意外险中几乎没有短期的航空意外险、公路乘客意外伤害险、学生意外险，全是用于个体的意外险种。通过对实施保险欺诈险种结构的分析，为预防保险欺诈和打击保险欺诈指明了险种方向。

关键环节。实施保险欺诈活动，从表面上看似乎是发生在理赔环节，其实在销售阶段已经为诈骗行为的发生埋下隐患。大家知道，车险欺诈在保险欺诈案件中占据非常重要的地位，其中又以豪华二手车为首选道具。诈骗分子之所以选择豪华二手车为道具，是因为在销售环节计算车险的车损价格依据时高估了二手车的价格，而不是真实的二手车价格。重疾险诈骗最常见的就是带病投保，也同样首先发生在销售环节。

按照唯物辩证法抓主要矛盾和矛盾的主要方面的逻辑，做好反保险欺诈工作就要抓住关键人员、关键险种和关键环节，从而有效地预防保险欺诈、有效地识破保险欺诈、有效地打击保险欺诈。

## 标本兼治　防患于未然

保险欺诈行为是众多欺诈犯罪行为中的一种，其对于保险业本身、对社会都会产生负面的影响，而且在侦查、审理、审判及执行过程中会平白消耗社会资源。所以有效地识别、预防和打击保险欺诈，需要从保险业经营、保险欺诈惩治和社会治理等层面进行改进和加强。

一是夯实经营基础，提高经营能力。保险业是经营风险的行业，其中有的风险就来源于道德风险。提高保险业的经营能力，优化业务流程，就会降低经营风险和道德风险，或许还会根除利用豪华二手车进行车险诈骗的根源。比如，在车险经营中，对于投保的车险价格按照公允市场价格进行计算，诈骗分子在丧失套利空间的前提下，就不会萌生通过制造交通事故导致车辆全损的念头；在事后问责机制建设上，对于被界定为利用豪华二手车进行诈骗的案件，事后要问责销售人员、核保人员、高管人员的经济责任、行政责任甚至刑事责任，使其增强责任心。

做好反保险欺诈工作，第一责任主体是作为保险市场主体的保险公司，第一道防范环节同样是保险公司，加强人员管控和业务流程改造是重中之重。

二是加大惩治力度，发挥威慑作用。保险欺诈案件是社会上众多欺诈犯罪行为的一种，但是与社会上的其他欺诈案件又有显著区别，其主要表现：其一是法律关系。保险欺诈分子都是保险公司的客户，双方之间具有业务关系，认定起来可能会被贴上保险纠纷的印象，其他的欺诈行为很多是赤裸裸的诈骗。其二是社会认知。在保险欺诈中，被欺诈案件的对象是保险公司，社会认知低于对其他欺诈的憎恨程度。其三是惩治力度。通过对大量保险欺诈案件的判决来看，在相同诈骗金额的基础上，量刑低于其他欺诈案件。其中，对于很多保险欺诈案件不予追缴诈骗保险金额，罚金又远远低于犯罪违法所得；在剥夺人身自由方面，大量适用缓刑。

为了威慑保险欺诈行为，建议对于被认定为保险欺诈的案件，让诈骗分子经济上不能占便宜。

三是着眼于形成合力，完善社会治理。保险诈骗表面上是反映保险业，其实质在一定程度上反映了社会治理存在的短板。比如，在车险经营中存在伪造、变造交通事故责任认定书的情形，反映出交通事故责任认定书管理存在短板；在寿险经营中存在伪造病历、伪造体检报告等情形，反映出病历管理存在短板。所以，加强保险以外领域的管理和各个领域之间信息共享和交换，既提升了保险领域和各个领域的管理水平和能力，也提高了全社会治理水平和能力。

提高全社会治理水平和能力，全社会各个行业正常的经营和管理都会受益，保险业自然也不例外。全社会治理水平提高了，诈骗分子的生存空间就会全面受到压缩，自然也就走上了依法合规、勤劳致富的道路。

保险经营和保险欺诈是一对孪生兄弟，形影不离。但是通过改善和加强保险经营，完善和加强社会治理，对于保险欺诈也一定能做到早阻隔、准预防、狠打击，为保险业发展和社会治理升级营造良好的环境。

（本文发表于 2017 年 12 月 11 日《中国保险报》）

# “赤峰骗保案”对开展反车险欺诈工作的启示

王小韦　黄明明

中央电视台《今日说法》栏目，在2017年3月26日讲述了一起发生在内蒙古赤峰市的故意制造机动车交通事故骗取保险赔偿金的案件（以下简称赤峰骗保案）。研究赤峰骗保案具有多重意义，有利于剖析该骗保案件自身的显性特点，有利于查找车险经营过程中潜藏的瑕疵甚至漏洞，有利于提高车险经营能力，有利于提高保险参与社会治理的能力。

## 特点：常规、异地、团伙

经过缜密侦查，公安机关查明赤峰人郭某伙同汽车修理厂负责人、朋友等多人以故意制造交通事故为手段向保险公司恶意索赔的事实，认定该行为涉嫌构成保险诈骗罪，佐证了保险公司对该索赔的合法性、合理性的质疑。经梳理，该案件具有以下三个特点。

一是常规性。在本案中，郭某实施诈骗所用的车辆是豪华旧车，交通事故均为全责的双方事故或者单方全责事故。郭某本人讲，自己的车不错但是驾驶了多年。由此推断，郭某在投保时，保险公司是按照高于公允价格来计算车辆损失保险的，这已经预留了理赔款与车辆的实际价值之间的巨大空间。从诈骗手段看，没有创新，只是上演着曾经的“剧本”。

二是异地性。在本案中，郭某发生车祸的地点和维修地点都是在异地。车险投保地是内蒙古赤峰市，三次出险都发生在相距甚远的北京、天津等地，三次维修也选择在出险地点附近的异地维修厂。

三是团伙性。在本案中，郭某驾驶投保车辆发生单方事故或者以支付报酬为由邀请朋友驾驶自己的车辆制造事故，随后到熟悉的汽修厂维修车辆，聘请第三方机构进行车险损失评估，就此形成了初具雏形的车险诈骗团伙。在团伙中，车辆提供者、肇事者、报案者、维修者以及鉴定者有相对严密的分工，利益分配也有基本的标尺。

### 短板：责任、服务、防范

透过现象看本质。赤峰骗保案是一面镜子，从中可以看到保险公司在经营过程中存在不容忽视的短板，足以引起保险公司尤其是总公司和省级分公司的高度重视。

一是责任心不足。赤峰骗保案的祸根在于投保车辆价值不够公允，严重高于实际价值。在销售环节，如果保险公司或者保险中介机构的工作人员能够严格遵守公司的业务流程、制度和职业道德，在计算车险的车损价格时要依据车辆的公允价格；在核保环节，如果核保岗位的工作人员能够遵守相关规定，也可以发现计算的车损价格不够合理；类似案件侦破后，如果能够对相关高管人员进行问责、对相关人员追回保险佣金，或许能够加强相关人员的责任心。

二是服务力不强。赤峰骗保案中，保险公司的相关人员没有及时到达出险现场，没有及时进行定损。郭某在天津出险的案件中，保险公司估损金额在7万元左右，第三方机构的估损金额在20万元左右。保险公司人员到达现场后，如果对于定损一时无法确定，可以通过本系统的兄弟公司在天津寻找4S店进行维修定损。

三是防范力不足。赤峰骗保案中，在郭某第一次诈骗得逞后，没有引起保险公司的警觉，仅仅是认为该案件存在嫌疑。建议续保时要求保险公司或者保险中介机构员工加强对相关车辆的关注，要求严格执行公司的业务制度、业务流程。

### 改进：制度、技术、改革

从个案看，赤峰骗保案的教训是深刻的，极大地浪费了保险经营、公安、医疗等社会资源；从群体看，赤峰骗保案只是“冰山一角”，只不过是重复着以往的案件，并没有诈骗手段的创新。只有加强保险公司管理，改进保险经营，就完全有可能预防、减少甚至杜绝发生车险诈骗案件。

一是完善制度，提高责任。在现行的车险经营定价机制下，建议保险公司在车险经营的过程中，要求车险销售机构和人员要完全按照车辆的公允价格核算车损险价格，要求核保人员切实负起责任，对不适格投保事项拒保或者提高保费。在公司问责制度建设中，增加相应问责事项的条件，对于类似赤峰骗保案应追回相关销售机构的佣金；对于相关保险公司的负责人进行职务问责、佣金问责；对于核保人员进行薪酬问责。通过完善追责、问责制度，增强保险公司相关高管、保险销售机构人员的责任心。同时，要求保险机构对从业人员加强法律法规、业务知识和职业道德等综合教育，提高工作素质，消除诈骗隐患，不给保险公司自身、保险业、社会管理平添不必要的事务。

二是依靠技术，加强管控。在现行的车险经营定价机制下，车险诈骗主要表现为使用不适格的车辆，即采取虚高的价格计算车损险价格。在当前车险信息已经使用保险业大平台管理的基础上，要求对第一次填写的投保资料进行严格审核，确保第一次投保车险的车辆购置价格真实，通过系统管理自行对投保车辆进行折旧，禁止通过人工手段对投保的车辆价格进行调整 。如果通过系统管理，能够做到对投保的车辆按照公允价格核算保费，赤峰骗保案发生的可能性就会大幅度降低，就能够预防类似案件的发生。

三是深化改革，提升管理。按照现行的车险经营规则，在同样保险金额的前提下，次年保费与上年度出险次数挂钩进行上下浮动。如果脱离上年度的出险赔款金额，脱离投保年度内投保车辆的行驶里程，脱离驾驶人遵守交通规则的意识和表现，车险经营机制就不能迫使汽车驾驶人遵守交通规则、遵守驾驶技术规范和驾驶职业道德。

伴随着互联网技术尤其是移动互联网技术的发展、智能手机的普及和相关资费的大幅度降低，以及保险公司的经营自主权的进一步扩大、保险公司退出机制的完善和实施，保险公司的风险意识必然会增强，其必然会进一步重视风险控制。比如，以车险保费为杠杆，吸引投保人加装行车记录仪、倒车雷达，对车辆进行远程辅助驾驶，提高行车安全。

前事不忘，后事之师。通过研究赤峰骗保案的发案规律，提高保险公司、保险销售机构和销售人员的素质和责任，提高保险公司的经营能力，更好地发挥保险业自身防御风险的能力，更好地发挥保险业服务经济社会发展的能力。

（本文发表于2018年4月9日《中国保险报》）

# 细节看保险：无锡骗保案对保险经营的启示

王小韦　黄明明　胡　刚

中央电视台新闻频道（CCTV－13）在2017年4月9日以《涉嫌骗保夫妻二人被调查》为标题，讲述了2016年5月至9月发生在江苏省无锡市的一件涉嫌健康保险诈骗案件（以下简称无锡骗保案）。江苏等地多家媒体进行过相关报道。报道称此案件为“全国少有，无锡首例”，足以看出该案件在当地保险业引起的反响。

综合中央电视台等媒体公开报道的资料，通过对无锡骗保案进行剖析，对健康保险经营、打击健康保险犯罪行为和促进全民健康提出意见和建议，为改善保险经营，提高以保险为手段的社会治理水平和能力，供同业间参考。

## 核心环节：确认带病投保，未如实告知

根据中央电视台报道，无锡骗保案主角是夫妻关系的丈夫A某和妻子B某，A某是一名医生，B某是C保险公司的业务员。在工作中，A某发现自己患上了一种肿瘤疾病，遂与妻子商定购买商业保险。从2016年5月至9月，A某在妻子供职的C保险公司以外的13家保险公司购买了保险金额累计790万元的健康保险。

2017年2月，做完甲状腺乳头癌切除手术后，A某向其中一家保险公司提交了索赔160万元的申请资料。鉴于提起索赔时点为刚过观察期，时间间隔太紧凑，接受资料的保险公司拒赔并将情况向所在地的保险行业协会反映。经过综合信息和初步研判，保险行业协会将A某、B某涉嫌骗保的线索向公安部门移交。

经侦查，公安机关成功调取了A某使用化名所做的体检，坐实了A某带

病投保的证据，夯实了夫妻二人骗保事实的基础，按照法定程序移送检察机关。到此，无锡骗保案件基本告破。

## 潜在风险：不清楚、走过场、无措施

从微观上讲，无锡骗保案是掣肘保险业持续健康发展的毒瘤。保险业是经营风险的行业，通过无锡骗保案不难发现在保险经营的过程中，对于风险了解、评估、管控等环节存在亟待加强的短板。

一是风险了解不清楚。无锡骗保案中，作为保险公司业务人员的妻子 B 某在明知丈夫患上重疾的前提下，选择了自己供职以外的保险公司为丈夫进行投保。其中，固然有 B 某的精明，同时也反映了其他保险公司业务人员对 A 某身体风险状况不了解。该案件的承保公司的业务人员在了解该保险业务的过程中，如果可以知晓被保险人的妻子 B 某为保险业从业人员，自然可能了解到不在其保险公司购买保险肯定存在蹊跷。因为，在保险业新人开展自保件业务是一件比较寻常的事情。

二是风险评估走过场。无锡骗保案中，承保的保险公司在核保环节并未要求 A 某提供体检资料或者要求其进行体检，完全依赖于 A 某的告知。在该项投保中，如果要求提供被保险人近期的体检报告，或者对被保险人进行体检，此骗保案件被扼杀在萌芽状态就成为大概率事件。

三是风险管控无措施。无锡骗保案中，承保的保险公司对于承保消费者身体出现异常状况没有采取跟进的管理措施。媒体报道，第一家拒赔的保险公司将疑点反映给所在地的保险行业协会，在该协会组织下，才发现该投保事项存在多头投保、带病投保的问题。站在保险业角度来说，由于缺乏保单登记平台，所以不利于承保公司获取承保情况。

## 组合对策：队伍、流程、平台

保险业是经营风险的行业，其看家本领就在于对风险的识别、定价、预防及处置。经营不当的话，保险业非但不能担当起参与社会治理的功能，给承保的保险公司和保险业造成经济损失，还会派生出一系列问题和浪费社会管理资源。无锡骗保案是诸多带病投保案件中的一例，对于加强和改善保险业经营，不妨采取以下三个措施。

一是加强队伍建设，提高综合素质。无锡骗保案的险种载体是健康保险，相对于万能险等理财型险种而言，是技术含量高的险种，需要一支遵守法律、熟悉业务和具有职业操守的保险从业队伍。按照现行《保险法》（2015 版）的规定，删除了保险销售等从业人员取得保险监管部门核发从业资格的规定，是近年来保险营销员（此处与保险代理人同义）人数迅速飙升的一个显性原因。从一定意义上讲，也给保险业务品质埋下隐患。建议保险公司通过逐步建立签订劳动合同的员工制队伍，稳定人员；通过加强培训，提高员工的综合素质。首先确保从业人员不参与骗保，不参与骗保是从业人员的底线和基本操守。

二是加强流程改造，提高核保质量。对于保险业务流程的改造，作为商业保险机构，要站在更高的立意上思考问题。目前，相关政府部门正在推动一整套的医疗改革方案，比如建立全民健康档案、实名就诊、扩大医保目录及“医联体 + 全科医生”建设，对于商业保险开展健康保险业务既是机遇更是挑战。商业保险只有通过更好地经营，提供性价比更高的服务，才能吸引客户，才能受到相关部门的青睐。吸取无锡骗保案的教训，由保险行业协会牵头，完善保险公司的核保流程，对于主险为健康保险以及附加险中涉及健康保险的，要求全部进行体检。

三是加强基础建设，提高经营能力。在金融市场上，坊间经常诟病保险业不如别的行业经营规范。其中，原因是多方面的，但是信息化建设存在的短板也是不容忽视的。无锡骗保案的教训之一就是保险业缺乏全险种保单登记平台。保险业是专门经营风险的行业，风险的不确定性，客观上需要具有竞争关系的保险业之间合作，最直接的表现就是全险种登记平台。

相对而言，无锡骗保案的手段是隐瞒真相带病投保，其社会危害性远远小于意外伤害保险诈骗案件中故意剥夺他人生命的危害性。但是，从另一方面也督促保险业、保险公司改善经营、加强管理，真正发挥保险风险归集和分散的作用。

（本文发表于 2018 年 4 月 26 日《中国保险报》）

# 打击保险欺诈：建一网、把两关、管三人

王小韦　黄明明　胡　刚

保险是一种归集、分散风险的财务手段和管控机制，是人类社会发展到一定阶段的历史性产物。商业保险公司的经营目标是试图实现社会效益和经济效益双丰收。而保险诈骗分子“伪装”成正常的保险消费者，利用保险经营自身的漏洞，利用与保险经营相关的管理部门在管理中的瑕疵，制造貌似真实、符合保险理赔条件的保险事故现场进行保险诈骗。

本文以公开的保险欺诈案件为素材，以提升保险业自身经营能力为主线，通过自身建设消除保险欺诈隐患。在此基础上，积极推动或者适应政府相关部门的改革，共同营造保险经营的良好环境。

## 加快系统建设，构筑一张信息完整的网络

保险业是归集和分散风险的行业，对大量数据进行收集、分散、加工、定价、处置等构成了经营链条的完整系统。为了满足经营需要，保险业本身需要对潜在保险消费者的风险状况有所了解，对所有的现实保险消费者的风险状况了如指掌。通过对保险欺诈案件的分析，目前保险业系统建设存在以下亟待加强的内容。

一是完善车险信息平台。在平台现有功能的基础上，要跟踪到销售机构以及销售人员。公开数据显示，近十年来，保险中介渠道实现的保费收入占比在80%左右。有的车险欺诈对应的保险业务是通过保险代理实现的，但是代理机构和代理人并未对投保车辆进行验车，诱发了“出险在先、倒签单”现象。

二是填补覆盖全险种保单登记平台。综观意外伤害保险欺诈案件，保险

公司之间信息不对称是主要原因。只有建立了保险业共享的保单查询系统，才能便于保险公司对保险消费者进行风险评估，遏制甚至杜绝利用意外伤害保险诈骗案件的发生。

保险业在上述系统的基础上，按照国家治理现代化建设，推动全民医疗档案建设、交通事故责任认定书公开等工作，实现保险公司系统与相关系统衔接，从而服务社会治理、服务保险经营、服务打击保险欺诈。比如，伪造车牌、伪造交通事故责任认定书、伪造病历、伪造死亡证明等情形就会消除，一些保险欺诈行为自然就不会进行下去。

## 加强流程管理，把好核保、核赔两道关

从另一个角度看，保险欺诈案件也是剖析保险经营过程中的管控瑕疵、短板、弊端的一面镜子。通过对大量保险欺诈案件的分析，不妨在保险经营流程中对以下两个环节进行管控。

一是核保关。当前，保险销售的渠道主要是通过保险中介渠道实现的。相对于保险公司正式员工的直销而言，保险公司对风险状况了解不多，而中介为了获取代理佣金，希望快速通过核保，这就需要严把核保关。保险公司在核保的过程中，审核好投保车辆的实际价值，以便准确、公允地计算车损险保费；对投保车辆进行验车，杜绝“倒签单”现象发生。

二是核赔关。保险公司是经营风险的行业，经营网点建设既是一家保险公司实力的体现，也是服务能力的体现。毋庸讳言，当前一些保险公司网点建设相对滞后，突出表现在出险交通事故后查勘能力不足。为了弥补短板，有的保险公司可能委托第三方公估机构进行查勘定损，而第三方公估机构又可能通过网络平台邀请非专业人员进行查勘定损。在保险欺诈案件中，也发现有保险公司的查勘人员在其中扮演了非常不光彩的角色。

保险欺诈案件的发生，受损对象涵盖了保险消费者以及保险业正常经营和社会治理体系，从中查找保险业自身的经营瑕疵，有利于督促保险公司改进经营和管理，真正发挥好保险业自身的作用。

## 加强人员管理，紧盯关键岗位

在保险公司经营的过程中，有三个非常关键的节点，分别为风险定价、承保前风险评估、出险后风险评估，与此相对应的岗位就是保险公司的精算人、核保人、查勘人。

一是管好精算人，科学厘定风险价格。通过对大量保险欺诈案件进行分析，意外伤害保险是保险诈骗分子最经常使用的险种。综合销售前端的保险市场上的非正常现象，意外伤害保险是受到诟病、质疑最多的险种之一，缘由是销售过程中的高佣金、带强制性。在车险欺诈案件中，车险销售佣金比例持续攀升，也是车险价格精算需要“挤水”的一个反应。

二是管好核保人，准确识别风险程度。通过对大量保险欺诈案件进行分析，意外伤害保险之所以成为保险诈骗分子最经常使用的险种，与核保不严谨有关系。

在车险欺诈案件中，豪华二手车作为作案道具，主要原因是在车险销售的过程中，计算车损险保费时车辆价值是按照新车价格计算的，人为制造了理赔金额与实际金额之间的巨大差额。

三是管好查勘人，精准评估出险损失。通过对大量保险欺诈案件进行分析，保险公司的查勘人员没有尽到查勘职责是不容忽视的一个方面。坊间私议保险公司的查勘人员的工资是由汽车修理厂发的，而不是由保险公司发放工资，此言绝非空穴来风。为此，建议在加强车险评估定损标准化、智能化的同时，通过薪酬调节、轮岗等综合手段，切实加强对查勘人员的管理，尽量减少保险经营过程中的“跑冒滴漏”现象。

打击保险欺诈，立足于保险业。首先，应当改善自身的经营管理，尽可能消除因为自身经营缺陷给诈骗分子留下的可乘之机。其次，积极协调涉及的相关部门和机构，联手共筑提升保险经营网络，真正发挥集散风险的作用。

（本文发表于 2018 年 4 月 24 日《中国保险报》）

# 细节看保险：社会治理视角下反保险欺诈的预防型思维

黄明明　王小韦　胡　刚

日前，笔者与一位喜欢文学、经常代理保险案件的律师朋友聊天。其间，除诟病保险销售误导、理赔难等话题外，律师认为一些保险欺诈案件的发生与保险经营水平低下相关，甚至成为诱因，有的保险欺诈案件中存在故意剥夺他人生命的情节。笔者通过反思“旁观者”的看法，结合工作实践和理论研究，对规范保险经营、预防保险欺诈进行深入思考。

本文以权威媒体报道的典型保险欺诈案件（具体案情以相关报道为准）为素材，以党的十九大报告中关于社会治理和增强本领的相关论述为指导，紧扣提高保险经营能力主线，剖析典型保险欺诈案件的特征，对改善保险经营、保险业融合社会治理提出意见和建议，充分发挥保险业的积极作用，防范保险欺诈案件的发生，减少利用保险机制进行人为制造的非正常事件。

## 掩盖真相：隐匿、伪造

经过提炼，保险欺诈的基本规律是险种集中于健康保险、意外伤害保险和机动车辆保险；基本逻辑是加大保险公司对出险标的信息的不对称性，两种手段为隐匿或者伪造，伪造居多。

健康保险。一般来说，保险欺诈者明知被保险人已经患上严重的疾病，才产生购买健康保险的意愿。在购买时，保险欺诈者采取的手段就是不如实告知和隐匿就医信息，或伪造相关资料。例如，无锡保险欺诈案。

意外伤害保险。一般来说，此类欺诈案件从表面上看是一起交通事故，但是有的是以疾病死亡人为道具。例如，安徽灵璧保险欺诈案的欺诈手段是伪造交通事故现场和事故责任认定书、伪造病历和死亡证明；有的实施了杀人行为，伪装成交通事故。例如，2013 年发生在江苏的杀妻骗保案，涉及两条人命和一人的终身自由，至少给 4 个家庭造成无法弥补的损失。

机动车辆保险。此类案件是发案的“重灾区”，是打击的“主战场”。按照实施者的身份细分为两大类：一是汽车维修厂人员。其动机在于通过伪造事故，增加维修的商业机会，一般都是业余性、高频次、低额度的小案件。二是犯罪团伙。其动机就在于直接诈骗，利用豪华二手车为道具，故意制造交通事故，一般不涉及造成人员死亡的交通事故，多存在伪造车牌、伪造交通事故责任认定书等情形。与之相适应，存在利用高估事故车辆损失程度的情形，个别保险公估公司在其中扮演了不光彩的角色。

## 社会治理：方向和方法

党的十九大报告是巨大的精神宝库，也为保险经营（包括反保险欺诈）指方向、教方法。

找准行业站位。党的十九大报告指出，我国社会主义现代化建设，从 2020 年到 21 世纪中叶分为两个阶段。第一个阶段，从 2020 年到 2035 年，各方面制度更加完善，国家治理体系和治理能力现代化基本实现。第二个阶段，从 2035 年到 21 世纪中叶，实现国家治理体系和治理能力现代化。在社会治理体系中，保险业具有不可或缺的作用，要发挥经济补偿、社会治理等功能，要找准行业定位，要认真研究参与社会治理的作用，从而调整产品结构、优化经营理念、突出风险预防。

目前，保险业参与社会治理，与相关部门合作的衔接点位亟待细化。例如，通过实施“警保”合作，有效打击了保险欺诈。如果将此处的经侦部门的“警”，扩展为包括交警、户籍警，那么伪造车牌、伪造交通事故责任认定书等行为的发生就会成为小概率事件；再如，进一步推进商业保险公司承办居民（包含城镇职工、城乡居民）健康保险，有利于打通居民健康信息壁垒。

提高经营能力。党的十九大报告指出，要增强执政本领，增强改革创新本领，保持锐意进取的精神风貌，善于结合实际创造性地推动工作，善于运用互联网技术和信息化手段开展工作。

目前，保险业内部信息不共享性表现在以下三个方面：一是主体之间。因为全行业保单登记平台建设滞后，给一些保险欺诈分子留下可乘之机。二是部门之间。例如，销售部门和核保（理赔）部门之间缺乏有效交流，销售部门在销售环节按照较高的车价计算车损险保费，给一些保险欺诈分子留下可乘之机。三是链条之间。例如，有的保险公估机构违规出具定损报告，虚抬损失，迎合保险欺诈。

## 标本兼治：自我改善　互联互通

打击保险欺诈，能够直接造福于保险业，间接维护了各类正常秩序，减少人民群众无谓的生命和财产损失。

自我完善。按照党的十九大报告精神，运用互联网技术改善保险经营，建议开展以下工作：一是完善平台。加快建设保险业共享的覆盖全险种的保单登记平台，按照投保人、被保险人、受益人等简单要素，实现保险公司之间信息共享，提前进行风险预防。二是内部制衡。完善保险公司内设部门的相互制约以及密切协作机制建设，树立“上游部门给下游部门负责”的理念，发挥合力作用。三是产业融合。推进保险公司和保险中介机构之间共享机制建设，降低保险产业链条内部的“内耗”，提高保险业的整体经营能力。

互联互通。按照党的十九大精神，站在社会治理的维度开展保险经营，不妨做好以下工作：一是建档案。以人为本，以全民健康档案为载体，建设预防型医疗体制，既能预防疾病，又能减少甚至杜绝“带病投保”行为。医疗保障局、卫健委等机构如期运行，拉开全民健康管理新帷幕，铸造防范“带病投保”新机制。二是管行为。利用互联网信息手段，推广电子车牌以及对营运性车辆的运行全程实时监控等措施，减少交通事故的发生。锁定行车状态，自然减少保险欺诈。

作为保险机制、社会治理体系的子系统，商业保险的规范运行离不开保险机制、社会治理体系的健全和完善。减少可控风险数量和可控风险损失，是发展商业保险、发挥保险机制和完善社会治理的终极目的。

（文发表于 2018 年 5 月 30 日《中国保险报》）

# 细节看保险：创设保险欺诈指数的基本问题

王小韦　胡　刚　黄明明

保险欺诈指数是指衡量保险欺诈程度的数据体系，目的是直观、准确地衡量保险欺诈程度，做到定性判断、定量数据的相互反映、相互支撑、相互呼应，促进保险经营和社会治理。

使用保险欺诈指数，具有多重意义。从微观看，有利于识别保险欺诈行为者的相关信息，以保费升高为手段，规范保险消费者的保险活动；从中观看，有利于识别保险公司经营过程中的流程设计、制度设计的瑕疵和漏洞；从宏观看，有利于完善保险业在社会治理中的有效作用，预防人为制造的对人民群众生命、财产和社会财富造成的损失。总之，保险欺诈指数为根本改善社会治理具有促进作用。

本文以央视等媒体的报道和省级以上保险行业协会发布的保险欺诈案例为素材，以采访保险公司省级分公司以上高管人员关于保险欺诈为话题的报道为参考，以党的十九大关于社会治理的表述和国家党政机构改革制度安排，结合保险欺诈案件发生和处置的现状，尝试提出创设保险欺诈指数的概念，试图对保险欺诈状况进行数理分析，促进完善社会治理和保险经营，更好地发挥保险对风险预防的积极主动作用。

## 原则：有价值和可操作

尝试提出保险欺诈指数概念，不是凭空臆想，而是满足对保险欺诈案件研究的需要。研究保险欺诈的目的是归纳保险欺诈的发案规律，规范保险经营活动，减少保险经营制度设计、流程设计的瑕疵和漏洞，为社会财富和保险业减损。基于研究的需要，对于保险欺诈程度评估就是其中非常重要的内容，而对保险欺诈程度的评价不能停留于定性评价，客观上还需要进行定量评价。当前，研究我国保险欺诈程度的问题，研究人员通常是引用国外的数据。例如，有的资料显示，域外某保险市场上涉嫌骗保的占到理赔金额的10%～20%。尝试推出保险欺诈指数概念，要同时满足以下两个方面的条件。

有价值。分类是研究问题的基本方法，研究保险欺诈危害性程度重要的方法就是对保险欺诈案件进行分类。按照保险欺诈指数的高低，把保险欺诈案件分成三个档次：一是高度指数，是指在保险欺诈中包含有故意剥夺他人生命、危害公共安全的情形。二是中度指数，是指保险欺诈中故意自残、故意制造系列交通事故的情形。三是轻度指数，是指保险欺诈中，将已经发生的风险“变造”为貌似保险事故。通过一个数据体系指数，迅速判断保险欺诈程度。

可操作。数据是量化的基础。创设保险欺诈指数概念和工具，意味着要搜集、加工、披露一整套的数据，尤其是在指数发布后，要经得起质疑。保险欺诈指数包括以下三个方面的内容：一是评价原理。二是计算公式。三是数据来源。从而使衡量保险欺诈程度工作成为一种简便易行、多方认可的实务。

### 功能：行业性和社会性

按照唯物辩证法的世界观和方法论，凡事皆具有两面性。保险欺诈指数是归纳保险欺诈规律的产物，其超越了概念范畴，演化为成熟的工具，必然衍生了行业性、社会性两大功能。

行业性。因为使用保险欺诈指数可以衡量保险公司经营制度和流程，改善保险经营工作，直接造福于保险业。例如，本文将2013年在江苏常州发生的杀妻骗保案件（以下简称案例一）列为保险欺诈指数最高的案件，因为案件暴露出保险公司在销售环节以及变更保险合同的过程中的风险评估存在问题，暴露出保险业在风险经营过程中的信息化建设存在短板。再如，江苏无锡骗保案件（以下简称案例二）、安徽灵璧骗保案件（以下简称案例三），都是对已经发生的事件“伪装”成符合保险责任的案件。

社会性。因为使用保险欺诈指数可以衡量保险欺诈案件的社会危害性，进一步明晰商业保险融入国家社会治理体系的路径和载体。在案例一中存在故意剥夺他人生命的情形，平添了司法部门的事务，在一定程度上浪费了国家的司法资源。案例二、案例三是发生在医疗管理旧架构下的产物，利用了医疗信息不对称的短板。

## 落地：理论准备和积极尝试

党的十九大报告为提出、论证、尝试保险欺诈指数创造了条件。具体表现为：一是理念更科学。明确了社会治理体系和治理能力现代化，保险欺诈指数可以促进保险经营，自然也可以促进社会治理体系和治理能力现代化建设。二是机制更顺畅。对党和国家机构进行科学整合。例如，融合组建的国家医疗保障局，整合了原来分散在多个部门管理的医疗管理权，完善了国家整合医疗信息的机制。推行全国统一的就诊卡，打通医疗之间的“壁垒”，案例二、案例三的保险欺诈案件就成为小概率事件。三是手段更完善。例如，要求党员干部提高综合本领，其中提到利用互联技术。包括案例二在内的很多保险欺诈案件中，存在伪造交通事故责任认定书的情形。通过信息化手段，在交通事故责任认定书上印上二维码或者直接推送至相关的保险公司，就可以斩断伪造交通事故责任认定书的行为。鉴于保险欺诈指数研究所处的阶段，推进此项工作，需要做好理论准备和积极尝试。

理论准备。保险欺诈指数是提高保险经营和社会治理水平的有效工具之一。鉴于研究所处的阶段，在理论准备上至少需要对必要性、可行性以及数据采集来源、数据权重、计算公式、结果发布和修正等内容进行研究，从而夯实保险欺诈指数的理论基础。

积极尝试。保险欺诈指数的最终完成到运用于保险经营中，需要在取得初步理论研究的基础上，进行积极尝试。例如，驾驶员“顶包”保险欺诈发生概率的大小，取决于国家相关部门对酒驾查处力度的大小；又如，保险业加强全险种保单登记平台的建设，就可以构建预防意外伤害保险欺诈的第一道防线；再如，升级商业车险平台，规范对二手车价格的确定就可以大幅减少利用豪华二手车诈骗的案件。

实践无止境，理论研究无止境。尝试对保险欺诈指数的研究，对于改善保险公司经营，对于完善社会治理，对于保障人民群众不必要的生命财产损失都具有积极的意义。

（本文发表于 2018 年 6 月 4 日《中国保险报》）

# 细节看保险：遏制保险欺诈危害外溢的行业思维

王小韦　胡　刚　黄明明

本文所称的保险欺诈危害“外溢性”是指保险欺诈行为除对保险业内部的承保公司及与之相关的保险消费者造成经济损失外，还对其他人以及社会治理造成损失。研究此问题，目的在于切实提高保险公司和保险业的风险经营能力，减少基于谋取非正当保险利益而故意制造的风险事故，致力于和谐社会建设。

本文以公开资料为素材，通过解读相关保险监管规定和剖析近年来非常典型的保险欺诈案件，试图揭开保险欺诈危害“外溢性”的特征，对改善保险经营提出意见和建议。

## 基本分类：临时起意和蓄谋已久

按照不同的标准，林林总总的保险欺诈案件可以有不同的分类。按照实施保险欺诈行为的主观心理活动，保险欺诈案件可以分为临时起意和蓄谋已久两大类。

临时起意。此类保险欺诈案件，往往是出险在先，欺诈念头的产生和实施在后，其中不存在恶意制造风险事故的情形。有以下典型案件：一是在健康保险中的带病投保案件，诈骗者发现已经患上某种重大疾病才开始投保相应的险种，例如江苏无锡带病投保骗保案件（以下简称案例一）。二是机动车辆出险后由适格的驾驶员“顶包”，将存在酒驾、无证驾驶等情形的驾驶员临时更换为有合法驾驶资格且在正常驾驶状态的驾驶员。三是各类责任保险赔偿案件中，伪造身份资料，将受害人的身份由标准低的赔偿修改为标准高的赔偿。相对而言，此类欺诈案件危害的对象和客体主要是承保的保险公司，危害“外溢性”较小或者没有。

蓄谋已久。此类保险欺诈案件中保险欺诈实施人往往故意制造貌似符合条件的风险事故进行保险索赔。有两类典型案件：一是在机动车辆保险中，以二手豪华车为道具，以车损险为目标的车险诈骗案件。例如，经央视等媒体报道的赤峰骗保案件（以下简称案例二）。二是意外伤害保险欺诈案件中，故意制造风险事故甚至存在故意剥夺他人生命的案件。例如，发生在江苏常州的丈夫李某伙同同学周某故意杀害妻子廖某的骗保案件（以下简称案例三），发生在安徽省灵璧的骗保案件（主犯为保险从业人员，以下简称案例四），发生在浙江台州的故意碰瓷诈骗案件（以下简称案例五）。相对而言，此类欺诈案件危害的对象和客体除了承保的保险公司外，还严重威胁到他人的生命，并且给社会治理平添了负担，所以应当引起高度警惕。

## “外溢”透视：内因和外因

保险业是一种经营风险的行业，是一种风险管控工具，是社会治理体系的重要组成部分。预防保险欺诈，对于维持自身的正常经营、保护保险消费者合法权益以及完善社会治理体系都具有积极作用。反之，出现保险欺诈，必然会伤害到上述三个方面的利益，也会反映出上述三方主体中存在的瑕疵甚至短板。根据唯物辩证法的世界观和方法论，保险欺诈的根源同时兼具内因和外因。

内因。有两大根源：一是审核流于形式。在案例二中，存在投保车辆价格虚高的问题，这是诱发车险欺诈的关键因素；在案例三中，存在丈夫李某将受益人由人数众多的法定受益人修改成丈夫本人为指定受益人的情形，这是驱使丈夫杀妻骗保的重要因素。通过解析，反映了同一家保险公司在内控制度和执行方面存在需完善的空间。二是行业信息封闭。上述五个案件中存在的共性情形是保险公司在收到报案材料以后才发现存在“多头投保”的情形。由于案件的相关报道比较详细，具体细节本文不再赘述。通过解析，反映了保险业内部保险公司之间信息不共享，凸显“信息孤岛”现象。

外因。案例一中，被保险人为一名医生，先后承保的保险公司无法获悉其个人的健康档案；案例四中，承保的保险公司无从顺利获悉交警部门出具的交通事故责任认定书。加强医疗、交通等社会管理系统建设，方便各方面信息共享，会减少甚至杜绝此类保险欺诈案件的发生。通过解析，反映出在社会治理体系中，各行业之间信息不对称。

## 组合措施：管人员、管流程、重系统

既然保险欺诈的根源和危害是多元化的，打击保险欺诈也必须采取系统的组合措施。但是鉴于目前社会治理系统建设进程和保险业的能力，打击保险欺诈还是要首先立足于在保险业内部改进经营和管理，主动预防保险欺诈。

一是加强人员管控，提高综合素质。合同是保险经营的重要载体，射幸性又是保险经营的核心特征。保险产品的性能是由保险责任和除外责任共同表述的，介绍此类产品不能像电视机、汽车、饮料等实体产品可以演示、可以体验；也不像银行存贷款业务、中间业务等可以非常直接地计算；健康保险产品需要具备一定的医学知识，客观上对从业人员的要求更高。然而，伴随着《保险法》（2015 版）的修订，取消了保险从业人员考试发证制度，加上个别保险机构在人员管理上的松懈，导致在保险销售环节对风险掌握程度不高。所以，加强人员培训就需要摆到更加重要的位置。在培训内容设计上，至少要求从业人员应当具备基本的职业道德。

二是加强流程管控，提高经营能力。流程管理是保险公司内控制度建设的关键内容。完善流程管理，也要借鉴保险欺诈中反映出的问题，进行针对性整改。结合案例二，规范车险核保流程；结合案例三，规范受益人变更流程；结合案例四，规范核赔流程。

三是加强技术改革，提高管理效力。在当前信息技术发展的基础上，加大对信息系统建设的认识和投入力度，进行辅助管理。结合案例二，车险领域的骗保在整个骗保案件中无论是数量还是金额都是“遥遥领先”的，其中最主要的就是以豪华二手车为道具的车险欺诈。建议通过系统管理，在系统中预先设置好汽车折旧系数，在原始数据正确的基础上，自动计算出投保车辆折旧后的价值，就会避免此类欺诈案件的发生。

魔高一尺，道高一丈。伴随着保险业的发展，打击保险欺诈案件任重道远，要遵循唯物辩证法的世界观和方法论，抓住主要矛盾和矛盾的主要方面，加强打击蓄谋已久型的保险欺诈行为，遏制“外溢”欺诈案件发生，才能更好地发挥保险业经济补偿的作用和参与社会治理的作用。

（本文发表于 2018 年 5 月 4 日《中国保险报》）

# 细节看保险：保险欺诈指数和保险诈骗链条的辩证关系

王小韦　胡　刚　黄明明

当前，各类指数成为识别社会或者社会现象的一种重要工具。在互联网上的某百科作出如下解释：基尼系数是指国际上通用的、衡量一个国家或者地区的居民收入差距的常用指标，系数越高表明社会贫富差距越大；恩格尔系数是指食品支出在个人消费支出中的比重，衡量一个国家或者一个家庭的富裕程度，系数越高表明越贫穷；居民消费价格指数（CPI）反映居民家庭一般所购买的消费品和服务项目价格水平变动情况，其高低在一定水平上说明通货膨胀的严重程度。本文试图研究保险欺诈指数，用来衡量保险市场的保险欺诈程度，系数越大表明欺诈程度越高；反之，系数越小表明欺诈程度越小。

研究保险欺诈指数，始于研究各类保险欺诈的发案规律，立足于解构每一类保险欺诈案件的具体链条。所以，对保险欺诈链条解构的科学性、合理性成为研究保险欺诈指数的基础。

## 解构保险欺诈链条：从简单到复杂

从理论上讲，解构保险欺诈链条具有多种标准和不同的切入点，自然就会有不同的解构结果。本文解构保险欺诈链条，综合考虑保险欺诈手段的残忍性、涉及主体种类的数目、保险诈骗金额大小等因素，从简单到复杂，以此为基础得出保险欺诈指数设计的一个基本逻辑。

一是在机动车辆保险中的“顶包”欺诈。此类欺诈通常是临时起意，目的在于避免承担经济损失而不是增加收入。真实驾驶人在出险瞬间存在酒后驾驶、毒驾、无证驾驶以及驾驶证件超过有效期等情形。此类案件公开报道的比较多，本文不再赘述。在保险欺诈指数设计逻辑中，此类保险欺诈案件指数归属于最低区间，此类保险欺诈案件的发案高低取决于司法部门、公安交警等部门对违规驾驶打击的力度。

二是在健康保险中的“带病投保”欺诈。此类保险欺诈通常是临时起意，目的在于避免承担经济损失而不是增加收入。此类案件报道的比较多，可以参见笔者撰写的《无锡骗保案对保险经营的启示》，本文不再赘述。在保险欺诈指数设计逻辑中，此类保险欺诈案件指数归属于最低区间。此类保险欺诈案件的发案高低取决于国家医疗实名制、全民健康档案建设等基础工作推进的力度。

三是在机动车辆保险中的团伙诈骗案件。此类案件通常是蓄谋已久、有组织、有分工的，目的在于以此为增加收入的途径和载体。本文以保险主流媒体刊载的《内蒙古乌海成功破获一起特大车险诈骗团伙诈骗案》为例进行解构，是因为该案件故意制造的交通事故数量多、诈骗金额大、诈骗空间广，还涉及违规展业的保险公估机构出具虚假的公估报告。在保险欺诈指数设计逻辑中，此类保险欺诈案件指数归属于中高区间，可以按照诈骗金额大小划为中高区间。此类保险欺诈案件的发案高低取决于保险业自身经营水平和国家相关部门对车牌、交通事故责任认定书等的基础管理工作。

四是在意外伤害保险中自残保险欺诈案件。此类案件一般是蓄谋已久的，主观目的在于通过保险诈骗增加收入。读者可以查阅江苏省高级人民法院等三部门于2014年7月发布的《2007年至2013年江苏十大典型保险欺诈犯罪》，其中披露某人在剁排骨时故意将左食指剁断，经鉴定属于七级伤残。在保险欺诈指数设计逻辑中，此类保险欺诈案件指数归属于低区间，可以按照诈骗金额大小划为低区间的最低类。

五是在意外伤害保险中的故意杀害他人的保险欺诈案件。此类案件一般是蓄谋已久的，主观目的在于通过保险诈骗增加收入。此类案件中，最典型的是2017年7月17日央视报道的《妻子背后的巨额保险》（以下简称常州骗保案），因为该案件同时被贴上保险欺诈、故意杀人及保险诈骗罪和金融维权三重标签，鉴于本文研究的重点，在此不予展开论述。在保险欺诈指数设计逻辑中，此类保险欺诈案件指数归属于高区间。

通过上述分析，由于保险欺诈案件具体表现千差万别，的确很难进行简单的量化。但是，量化为数据又是衡量和评估保险欺诈程度，进而完善社会治理、规范保险经营、预防保险欺诈和打击保险欺诈的一种工具，所以推进研究欺诈指数具有积极意义。

## 辩证关系：决定和反映

研究保险欺诈指数的基础工作是解构保险欺诈链条，所以，梳理两者之间的辩证关系至关重要。

决定。保险欺诈链条是拨开保险欺诈案件表象，深入剖析保险欺诈行为的过程，是研究保险欺诈行为人进行保险欺诈行为主观心理活动的过程，从保险欺诈主观恶性大小，决定保险欺诈指数的高低大小。

比如，上文列举的常州骗保案，从保险欺诈链条视角看，保险公司经营活动中至少存在瑕疵或者疏漏，一是核保岗走过场，二是变更合同不研究。以此案为研究对象，笔者的着眼点不在于保险公司支付了 300 万元保险金，而是因为此案对社会造成的重创。本案中，妻子被丈夫唆使的同学加害，丈夫被依法执行极刑，被唆使人被判处死缓，平添社会事务方面不再赘述。

反映。保险欺诈程度可以用文字进行全面表述，而保险欺诈指数则更直观地反映出保险欺诈程度、性质，有效地辅助甚至取代大量的文字表述。保险欺诈指数数据来源的广泛性、合理性，需要对保险欺诈行为进行提纲挈领式的数字化表达。

用数据量化的手段表述保险欺诈程度，可以非常直观地衡量和评价区域市场的保险欺诈程度，也可以衡量和评价区域市场的社会治理的完善程度、保险公司经营能力的高下和保险消费者遵纪守法意识的高低。

（本文发表于 2018 年 6 月 5 日《中国保险报》）

# 保险实名新政有助于降低保险欺诈指数

胡　刚　王小韦　黄明明

根据中国银行保险监督管理委员会（以下简称银保监会）网站 6 月 4 日的消息，为加强保险实名管理，维护保险消费者合法权益，银保监会制定了《保险实名登记管理办法》，目前已形成征求意见稿，面向社会公开征求意见。为了表述方便，本文将上述即将出台的监管规定称为保险实名新政。在保险实名新政背景下，研究保险欺诈指数，有利于进一步完善保险实名新政具体措施，有利于修补保险流程瑕疵，有利于压缩保险欺诈操作空间，更好地发挥保险的保障、补偿功能。

本文以公开的资料为素材，以预防和压缩保险欺诈为出发点和归宿点，以保险欺诈指数为工具，对保险欺诈指数最高的风险案件形成机制进行解构，诠释保险实名新政的意义，供保险同业间交流。

## 新政的亮点和欺诈的切点

在一定程度上，市场经济是监管部门和经营机构之间的博弈经济，因为只有通过市场运行，才能循序渐进地制定更佳的经营规则。保险实名新政是继原来银行业监管部门推出的“录音录像”措施、保险监管部门推出的“保险销售行为可回溯”措施之后的又一个新的监管措施，意味着银行保险监管能力迈上一个新台阶。

保险实名新政的具体措施比较多，其出发点在于规范保险业务行为，维护保险消费者的合法权益，也正好堵住了原来保险欺诈的切入点。保险欺诈指数是用来衡量保险欺诈程度的数据体系，用这个工具对 5 年来近 1000 个保险欺诈案件进行衡量，将 2013 年发生在江苏常州杀妻骗保案件，列为保险欺诈指数最高的案件。理由有以下三个：一是公民生命损失最多。本案中，A 某伙同自己的发小 B 某将妻子 C 某残忍杀害，伪装成交通事故诱发的溺水事故，A 某被依法执行极刑，B 某被判处死缓。二是保险欺诈特征明显。经过司法机关侦查、审判，确认 A 某以网络结识 B 某的目的就在于企图骗保获利，偿还债务，该案件被保险行业协会列为十大保险欺诈案件。三是保险公司给付了保险金。妻子 C 某的父母等向承保的保险公司提起民事诉讼后，法院判决保险公司应当予以给付保险金。通过梳理，该保险欺诈案件反映出保险公司在经营过程中，存在至少两点不足：一是原始风险识别不足。该案件涉及的意外伤害保险是在网上购买的，保险公司对风险状况不了解。二是风险加大识别不足。该案件中，投保的意外伤害保险生效后，A 某将受益人从法定受益人变更为指定 A 某为唯一受益人。而在保险实名新政中，第十一条要求每名投保人对应唯一保险账户；第三条要求投保人、被保险人和受益人三类主体均为自然人时，办理保险业务时必须查验和登记实名信息。上述两条规定，对于堵截保险欺诈案件中随意将人数多的法定受益人变更为人数较少的指定受益人具有关键性意义，这也正是保险实名新政的基础价值。

## 新政的基点和欺诈的拐点

保险欺诈案件是形形色色的，不难发现几乎所有的保险欺诈案件都在一定程度上反映出保险经营流程和制度的瑕疵。

规范保险业务是由一系列保险监管法律、法规、部门规章和规范性文件等共同构架的监管制度体系，保险实名新政是其中的一个组成部分。保险实名新政在于规范保险活动当事人的详细信息，实施此项制度，进一步明晰了各类自然人主体的真实信息，压缩了保险欺诈的机会，倒逼保险欺诈行为进入拐点，逐渐打消保险欺诈的念头。

保险欺诈在拐点转化，意味着保险欺诈指数的下降，意味着保险经营活动更加规范，意味着更好地保护保险消费者的合法权益。

## 新政的基石和保险的使命

在保险监管制度体系中，不同的载体具有不同的法律效力。未来，保险实名新政会以规范性文件出现还是以部门规章的形式出现，目前尚不得而知。为了增强新政的效力，提出以下建议。

一是提高层级，提高效力。从文字表述和章节设计看，保险实名新政很可能是部门规章。建议以机构改革和法规制定权转移为契机，在修订《保险法》时，增加保险信息真实性、保险销售渠道真实性等相关规定，同时，也为进一步从上位法中找到依据。

二是整合规定，提高效率。从内容上看，保险实名新政与其他保险监管制度之间具有衔接性、关联性，建议可以将与之相近的规定进行整合，便于保险监管和保险经营，也便于保险消费者依法维权。

三是扩展内容，提高应用。从设计逻辑上看，保险实名新政将为建立全国统一的、覆盖全险种的保单登记平台奠定基础，可以方便保险公司和保险中介机构办理保险业务活动。但是，建议进一步明确自然人的投保人、被保险人尤其是受益人查询，使受益人能够实时知晓自己是否是受益人身份的变化。

保险实名新政，只有与现有的保险监管制度体系有效融合并发挥作用，才能够发挥规范保险业务活动的作用，才能够发挥保护保险消费者合法权益的作用，才能够更好地预防保险欺诈的发生，自然会降低衡量保险欺诈程度的保险欺诈指数数据。

（本文发表于 2018 年 6 月 11 日《中国保险报》）

# 细节看保险：提升反保险欺诈的认知

王小韦　胡　刚　黄明明

思想是行动的先导，认知是思想的内核。提升反保险欺诈工作的认知能力，是做好反保险欺诈工作的基本能力，是做好保险经营的基本能力，是做好商业保险参与社会治理的基本能力。

本文归纳出当前反保险欺诈工作认知的片面性是基于以下资料：一是梳理各地保险业通报的大量保险欺诈案件，分析保险欺诈案件的数量、类型、分类占比和发案规律等特点；二是阅读保险公司相关岗位人员撰写的文章、被采访的文章；三是法院对保险欺诈案件的判决。将来自不同侧面的观点进行整合，归纳出认知的片面性有以下三大表现。

部门化。在保险公司内部片面认为，反保险欺诈工作是理赔部门的事务，是理赔条线上所有人员的事务，是保险标的出险后的事务。

主体化。在保险业内部片面认为，反保险欺诈工作就是保险公司主导的行为，因为保险公司是保险业的经营主体，保险行业协会处于辅助地位。

行业化。在社会治理上，认为只是保险业自身的事务，保险业主要是发挥社会经济补偿作用。在参与警种上，认为是打击经济犯罪的刑事警察责任，与交警、户籍警察的关系不大。

典型保险欺诈案件，是一面多棱镜。从中反射出保险欺诈犯罪分子的主观恶性，从中也反映出个体保险公司经营制度和流程的瑕疵，反映出保险业经营能力的成熟性，反映出社会治理能力的大小、治理体系的完备性。通过归纳分析，笔者认为我国当前保险欺诈具有以下三大特点。

一是车险占比高。在所有保险欺诈案件中，车险诈骗占比超过80%，此数据与车险在财险中的占比基本吻合。在车险诈骗案件中，诈骗使用的道具车辆都是豪华二手车，而且存在故意制造交通事故的情形；诈骗分子的目的在于谋取豪华二手车公允价值与投保时计算车损险保费的价格之间的差额，基本上不包含故意剥夺他人生命的情形。例如，赤峰骗保案件，就是存在故意制造交通事故的情形，其谋取利益的来源在于汽车价值差额。

在此类案件中，较小比例的是不适格的驾驶员（因为酒驾、毒驾、驾照逾期未审），在发生交通事故后，为了减少自己的经济损失，临时邀请适格的驾驶员进行冒名顶替。

二是意外险诈骗手段毒辣。在所有保险欺诈案件中，意外伤害保险欺诈中绝大多数存在故意剥夺他人生命（其中仅有极少数的案件是投保人自己进行自残）的情形，其社会危害性最大，是保险欺诈指数最高的案件。此类保险欺诈案件往往采取毒辣的手段，剥夺家庭成员的生命，且将其伪装成交通事故诱发的溺水事故。例如，2013 年江苏常州剥夺妻子生命的案件、安徽宣城剥夺妻子生命的案件和安徽灵璧系列诈骗案件实施保险欺诈的险种载体均为意外伤害保险，希望通过保险诈骗增加经济收入。

三是健康保险“带病投保”。在所有保险欺诈案件中，健康保险一般存在带病投保的情形，在没有实行全国统一的实名就诊条件下，该种情形比较难以发现。例如，无锡带病投保案件，此类保险欺诈一般是投保人在发现已经患病的情况下才投保的，不存在故意染上疾病的情形。

目前，从打击的保险欺诈案件来看，虽然说一个保险诈骗案件或者一系列保险诈骗案件破获了，对于具体的保险公司来说，有可能实现了维权。但是，从案件提升到社会治理的高度来看，实际上已经造成了相关利益方多方共输，而不是相关利益方共赢。以保险欺诈指数最高的江苏常州案为例进行解读。从生命剥夺的角度看，丈夫伙同发小杀害了妻子，丈夫被执行极刑，丈夫的发小被判处死缓；从家庭结构来说，由于涉及组合家庭，实施保险诈骗至少重创了 3 个家庭；从社会资源投放来说，公安、检察院、法院等司法资源凭白投放，后期法院在审理保险纠纷赔偿案件时又投放了司法资源；从保险公司经营来说，名义上收到接近 2000 元的保费，赔偿了 300 万元保险金，还承担了 3 万元的诉讼费。通过上述列举，意味着多方共输。

党的十九大报告对加强社会治理能力和治理体系提出了非常明确的目标、路径，启动了对党和国家机构进行大改革。在党和国家进一步明确提出社会治理体系和治理能力的背景、语境下，开展反保险欺诈工作，就要在完善社会治理体系和治理能力的前提下进行认知，进行布局，从片面化思维向系统化思维提升。

从行业化向全局型思维转变。以成立国家医疗保障局、国家应急管理部等机构为契机，进一步推进建立覆盖全民的医疗档案、实名就诊、疾病预防等工作，可以减少甚至杜绝带病投保的保险欺诈案例；以加强对驾驶员培训、机动车登记等管理为手段，可以提高广大驾驶员遵守交通法规的意识，减少甚至杜绝伪造车牌等现象，也为预防保险欺诈、电信诈骗等诈骗行为奠定基础。

从主体化向行业化转变。以保险监管部门推进的保单实名登记为契机，尽快建设覆盖全民、能够为保险业共享的保单查询平台，便于保险业对非正常投保的投保人进行筛查。当然，也有读者认为此举可能涉嫌侵犯公民隐私，但是，如果能有效地保障他人的生命，隐私保护就是微不足道。

从部门化向行业化转变。在公司内部要树立上游部门为下游部门服务、负责的意识，接受投保的第一家保险公司要准确录入承保车辆的信息，续保时，要严格按照规定进行车价评估并计算车损险保费，自然就铲除了利用豪华二手车诈骗的土壤。反过来，下游核赔等部门发现上游部门承保作业违规，要进行倒追问责。

从提高社会治理能力和完善社会治理体系的视角开展保险经营，提升保险公司的经营能力，预防保险欺诈，才能够实现经济效益、社会效益双丰收，才能至少不诱发社会风险事故，更多地保护人民群众的生命和财产安全。

（本文发表于 2018 年 6 月 26 日《中国保险报》）

# 细节看保险：探析保险欺诈行为的复合性、独立性特征

王小韦

最近，有读者向笔者咨询如何识别保险欺诈类型的问题，引发了笔者对保险欺诈行为叠加性和平行性的思考。结合笔者对大量保险欺诈案件的分析和思考，笔者认为保险欺诈行为的复合性和独立性的问题是打击保险欺诈理论建设中一个不可忽视的子课题，有利于完善保险公司的经营制度和业务流程，有利于提高保险业的经营能力，有利于提高社会治理能力和完善社会治理体系。

## 现象和本质

目前，对于保险欺诈和反保险欺诈，既存在理论建设相对滞后的问题，也存在基本数据缺失的问题。例如，我国当前保险欺诈金额在保险理赔中的占比以及保险欺诈行为与保险经营行为关联性等问题。综合多方面信息，按照当前保险欺诈案件结构占比，笔者重点分析意外伤害保险（以下简称意外险）、机动车辆保险（以下简称车险）以及健康保险领域保险欺诈的现象和本质。意外险欺诈在金额、数量方面低于车险欺诈，笔者将其排在首位是因为该类欺诈往往存在故意剥夺他人生命的情形，社会危害性更大。

意外险欺诈。意外险种类很多，但是高发、多发的意外险欺诈具有四大特征：一是主体。集中发生在配偶等近亲属之间。例如，发生在江苏、安徽的两起杀妻骗保案件。二是外化。均以交通事故为外化形式。江苏杀妻骗保案件是伪装成电动车驶入池塘导致被保险人遇难，安徽杀妻骗保案件伪装成汽车驶入河中，安徽灵璧骗保案件伪装成交通事故撞死已经患有绝症的人

员。三是重复。均存在重复投保的情形。四是滞后。发现客户重复投保的时间节点均在出险以后，保险消费者索赔时相关保险行业协会或者保险监管部门才知晓，信息滞后。

车险欺诈。车险欺诈有不适格的主体和不适格的车辆价格两种类型。前者是指酒驾等不适格的主体驾驶车辆肇事，临时起意通知适格主体进行“顶包”，此类案件数量少、易侦破、危害小，本文不多赘述。后者是指将二手豪华车为道具，职业性或者半职业性进行保险欺诈。此类欺诈具有三大特征：一是主体。具有职业性、团伙性。二是外化。导致车险全损或者大到足以推定全损，绝大多数为驶入河中，少数为自燃、坠崖等。三是滞后。发现构成保险欺诈均是在出现提起索赔后，确认是在公安机关进行侦破后。

健康保险。健康保险欺诈中典型的代表就是带病投保。具有三大特征：一是主体。明知已经患病还带病投保。例如，无锡骗保案件，具有夫妻关系的骗保人分别为医生、保险代理人。二是重复。均存在同时在多家保险公司重复投保的情形。三是滞后。保险消费者索赔时，保险行业协会或者保险监管部门才发现重复投保的时间节点均在出险以后，信息滞后。

透过现象看本质。按照外化形式进行分类，意外险欺诈和车险欺诈中共同的外化形式就是故意制造貌似正常的交通事故，前者谋取的是巨额的保险金赔偿，后者谋取的是车辆价值差额（即投保时计算车损险保费的价格差额和实际价值差额）；按照发现时间节点，三类欺诈案件均存在滞后性。前两类案件中，保险欺诈情形存在“交通事故＋溺水”，而欺诈动机分别着眼于意外险和车险，此即保险欺诈行为的复合性；健康保险欺诈案件与前两类案件的关键着眼点不一样，此即保险欺诈行为的独立性。

## 治标和治本

对于保险欺诈行为的危害性，直接危害性在于保险业内部，间接危害性在于外溢至全社会。遏制和打击保险欺诈行为，保险业内部是直接受益主体，全社会是间接受益主体，需要保险业和全社会共同努力。

治标。发力于保险公司内部，建议做好两项工作：针对已经发现的保险欺诈案件线索，坚决向司法机关移交并协助侦破；对于已经确认的保险欺诈案件进行问责，问责经手的销售人员、销售机构的核保人员及销售机构的高管人员。

治本。发力于保险行业协会、社会治理体系两个层面。

在保险行业协会层面，建议开展以下工作：一是加快建设覆盖全险种的承保、理赔信息平台，方便保险公司进行风险管理，精准识别客户的风险等级；二是加快制定保险业信息系统，以技术为手段，对保险经营流程进行管控。例如，在打击车险欺诈中，通过系统管控，规范对所有承保车辆价格测算行为，从源头上杜绝豪华二手车在计算车险保费时的高估现象；三是制定违规经营自律问责制度。

在社会治理层面，建议开展以下工作：一是信息共享。加快保险业共享与保险经营相关的信息，大幅度减少甚至杜绝一些保险欺诈行为。例如，采取适当的方式，实现保险公司实时共享交通事故责任认定书，可以减少伪造交通事故责任认定书进行保险欺诈；医疗部门加快实行就诊实名制、覆盖全民的居民健康档案建设，可以减少甚至杜绝带病投保案件。二是制度防范。加强社会治理，有效减少各类事故，不妨完善各类事故问责机制，督促监管人员尽职尽责。三是技术防范。按照党的十九大报告要求，充分利用互联网技术，改善和加强各类监管工作，对运输行为、生产行为等各类风险源泉进行实时管理，防患于未然。

研究保险欺诈行为的复合型和独立性的终极目的在于归纳总结保险欺诈的规律，在于寻求提高保险经营能力的途径，在于探索社会治理规律，以便更好地发挥保险在参与社会治理和经济补偿方面的作用和正能量。

（本文发表于 2018 年 6 月 29 日《中国保险报》）

# 细节看保险：打击保险欺诈的三重境界

王小韦　胡　刚　黄明明

研究保险欺诈的三重境界问题，打击保险欺诈，有保险消费者、保险业（保险公司）和整个社会治理三个层面的益处。通过对大量保险欺诈案件进行归纳，试图梳理保险欺诈案件的发案规律，完善社会治理体系，综合运用法律（行政）、经济、道德等综合手段，杜绝保险欺诈案件发生，预防和减少人民群众不必要的生命和财产损失。

## 保险欺诈危害：全主体、全过程

在正常的保险经营中，保险业经营分为三大群体：一是保险消费者，包括投保人、被保险人和受益人；二是保险业，包括保险监管部门、保险行业协会和保险公司；三是相关部门，包括司法部门、医疗监管等相关部门，涉及对交通事故的责任认定、疾病鉴定、治疗、汽车维修等。从保险欺诈的逻辑上，证实上述关系发生的扭曲表现。

一是扭曲了保险消费者之间正常的人伦关系。按照现行的《保险法》的规定，投保人对自己、配偶、子女、父母以及与投保人具有抚养、赡养或者抚养关系的家庭成员、近亲属等具有保险利益，可以为其签订人身保险合同。在保险活动实务中，发现很多关于意外伤害的保险欺诈案件都存在为获取保险赔偿金，投保人不惜剥夺亲人生命的情形，有的手段非常残忍。

二是破坏了保险运行机制。保险本来是一种风险集散机制，通过具有相同风险的人们按照一定比例共建的风险资金池，对真正遭遇意外的保险消费者的一种经济补偿。但是，保险欺诈分子模拟甚至故意制造出貌似符合保险责任的事故，非法骗取保险金。

三是破坏了社会治理目标。从历史起源来看，保险业不是人类繁衍与生俱来的行业，而是经济社会发展到一定阶段，为了分散海上运输风险需要才产生的。与此相对应，保险欺诈也是保险发展到一定阶段的产物。很多恶性保险欺诈案件，在医疗、识破、侦查、审判、执行等过程中，已经平白地消耗了一定的医疗、司法等社会治理资源，给人类社会平添了事务，浪费了社会财富。

通过大力发展保险事业和严厉打击保险欺诈行为，扬长避短，惩恶扬善，充分发挥保险业在经济补偿、社会治理等方面的作用，构建正常的人伦关系，促进社会和谐发展。

## 标本兼治：法治、经济、道德

通过对大量的保险欺诈案件进行分析，之所以发生保险欺诈甚至其中蕴含着剥夺亲人生命的情形，根源无外乎在法律（行政）、经济、道德三个层面，反保险欺诈也需要从上述三个层面进行分析。

一是加强法治建设，提高各方责任。按照依法治国的要求，打击保险欺诈需要健全相关的法律制度。在刑法层面，建议加大对保险欺诈行为的惩处力度，提高犯罪成本；在行政法层面，建议通过完善相关法规，使保险业能够共享到交警部门认定的交通事故责任认定书、医疗部门的健康档案等相关信息。从打击保险欺诈活动实务来看，涉嫌欺诈的犯罪行为由经侦警官进行受理，其实打通不同警种之间的信息共享壁垒，就会打消很多诈骗分子实施保险欺诈行为的念头。当前，法律法规已经健全，但还存在完善的空间。比如，切实推进全民医疗档案建设、实名制等制度，不但可以提高全民健康，而且可以有效地遏制甚至杜绝“带病投保”的情形。

二是加强自身建设，提高经营能力。没有欺诈就没有伤害，没有欺诈就没有痛苦。保险欺诈案件发生以后，有的案件直接伤害保险诈骗分子亲人的生命，有的案件伤害的是社会财富和公共安全，教训都是深刻的，但是也暴露出保险业自身存在的短板甚至不作为，需要主动整改。保险监管要完善相关的监管制度，督促保险企业加强内控制度建设，严厉问责保险经营活动中的失职、渎职人员；保险行业协会要加快建设全险种的保单信息平台建设，行业共享高风险保险消费者的信息，提前对重点客户进行预警；保险公司要加强员工培训、系统管控、核保等管理，主动对诸如保险责任和行政责任联动机制等进行前沿理论研究，引入行政手段促进风险管控。

三是加强道德建设，提高和谐能力。公开数据显示，在保险欺诈案件中，从发案件数和诈骗金额看，车险诈骗、意外伤害保险诈骗、带病投保案件是主要的保险欺诈案件；从诈骗手段的残忍程度看，意外伤害保险诈骗手段较残忍。其中，保险欺诈分子采取伪造车祸现场、伪造溺水现场，都存在故意剥夺亲人生命的情形。建议通过加强道德建设，培养尊重生命、关爱亲人，教育人们培养一种向上健康的价值观。

综合治理反保险欺诈，法律建设、行业自身建设和道德建设三者之间的关系不是等量齐观、各自独立的关系，而是递进的保障关系。通过上述手段的综合运用，遏制甚至杜绝保险欺诈，实现保险业真正发挥化解保险消费者风险的作用，实现保险业真正发挥参与社会治理的积极作用。

（本文发表于 2018 年 4 月 22 日《中国保险报》）

# 保险营销篇

# 动态平衡：保险营销增量和提质的辩证思考

王小韦　马丽娟

鉴于2013年6月出台的《保险销售从业人员监管办法》取代了2006年出台的《保险营销员管理规定》，而现行的《保险法》等保险监管法规中并没有保险营销员概念。而在保险实务中，保险营销员、保险代理人与保险销售人员三个概念处于混用状态，在内涵上彼此具有交叉关系并不完全等同，所以本文使用保险营销员这个概念主要是考虑保险业的用语习惯。

研究未来保险营销员数量发展趋势，对理论研究和指导实践具有双重意义，一举多得，有利于厘清保险营销员监管思路，有利于消除和化解销售误导等顽症，有利于稳定保险公司持续经营和保险业健康发展。

本文以媒体公开的资料为素材，扼要回顾保险营销员监管政策变迁和经营环境变化，罗列当前保险营销员发展中的非理性因素，以保护车险消费者合法权益和保险业偿付能力为主线，探讨在新形势下进行车险经营转型发展的路径，供同业间交流。

## 反差：跳水回落和持续飙升

根据公开资料的数据显示，2016年6月底保险营销员的数量大约是564.92万人，相较于3月底的710万人减少了近150万人，相较于2016年初的471.30万人增加了93.62万人。解读2015年初至2016年6月底保险营销员人数的变化曲线，不难发现近12个月保险营销员群体数量正在经历着一定的震荡。

仁者见仁，智者见智。对于我国未来保险营销员数量的预测结论，保险公司高管和保险理论学界有不同的观点，概括起来主要有跳水回落论、持续飙升论和折中论三种观点。

一是跳水回落论。持此种观点者认为，未来十年内我国营销员的数量将会跳水式回落到 100 万 ~ 150 万名。其理由是在一般情况下，每名营销员服务 60 ~ 100 个家庭比较合适。按照目前城市化进程，未来城市人口将达到 6 亿 ~7 亿人，推算出未来需要保险营销员为 100 万 ~ 150 万名。按照此种观点，现在已经飙升至 710 万名的保险营销员大军需要减少 550 万 ~ 610 万名，回落幅度堪大、堪忧、堪慎。某家寿险公司总公司的当家高管认为，由于互联网的发展，“去中介化”是保险营销发展的一种趋势，认为应当建设一支由精英组成的保险营销队伍，坚决摒弃人海战术。

二是持续飙升论。持此种观点者认为，按照保险业“十三五”发展规划，推算出未来保险业在 2020 年保险营销员达到 700 万名、2030 年达到 1500 万名、2050 年达到 3000 万名。按照此种观点，现在已经飙升至 710 万名的保险营销员大军，虽然提前 4 年实现增员任务，但是展望未来增员需求依然强劲。笔者查询了预测者对保险营销领域的其他论述，发现在不同场所其对未来的预测具有较大的差异。

三是折中论。持此种观点者认为，未来十年我国保险营销员的数量既可能飙升至 2000 万 ~ 3000 万人，也可能回落到 100 万 ~ 200 万人。鉴于此种观点模糊，缺乏论证，语焉不详，故本文不做详述。

## 视角：现象和本质

如何看待当前和未来保险营销员的发展趋势，观察问题的视角是非常关键的环节。笔者认为，应当透过现象看本质，应当着眼于保障保险公司持续健康发展，应当着眼于保护保险消费者合法权益，应当着眼于保障保险业经营秩序稳定。数据显示，2006 年至 2015 年，通过保险中介渠道实现的保费收入占 70% ~ 82%，其中保险营销员实现的保费收入占 30% ~ 40%。

一是维护保险消费者的合法权益，促进保险公司持续健康发展。“孤儿”保单是一面镜子，从中可以窥见保险消费者合法权益受到侵害。保险营销员在“大进大出”现象的背后，为衍生“孤儿”保单提供了土壤和温床；而

“孤儿”保单既侵害保险业现实客户的合法权益，也侵蚀了保险业潜在客户购买保险的信心。

二是保险营销员监管导向转折，为完善保险营销员监管制度提出新问题、新挑战和新思维。细数2009年至2012年下发的保险营销员监管文件，不难发现在监管制度设计上，坚持由保险监管机关通过考试进行资格认定发证的前提下，要求保险公司规范使用。而2015年4月通过的《保险法》修订案，取消了保险监管部门对保险营销员核发从业资格的规定，赋予保险公司的用人自主权。执行新的保险市场准入规定，客观上为保险营销员数量飙升提供了契机。

三是保险中介改革的节奏性原因。2011年至2014年是保险中介监管政策变动最大的期间，主要内容是暂停了非银行类保险兼业代理机构市场准入，提高了保险专业中介机构市场准入门槛，应该是保险营销员数量飙升的一大诱因。从保险中介政策角度分析保险营销员数量飙升，在很多分析营销员数量飙升的文章中，是比较鲜见的。

## 对策：制度和系统

从以往的经验看，“铁打的营盘流水的兵”也是保险营销员队伍变化的真实写照。近十年来，保险营销员队伍“大进大出”似乎已经成为常态，具体数据见图1。

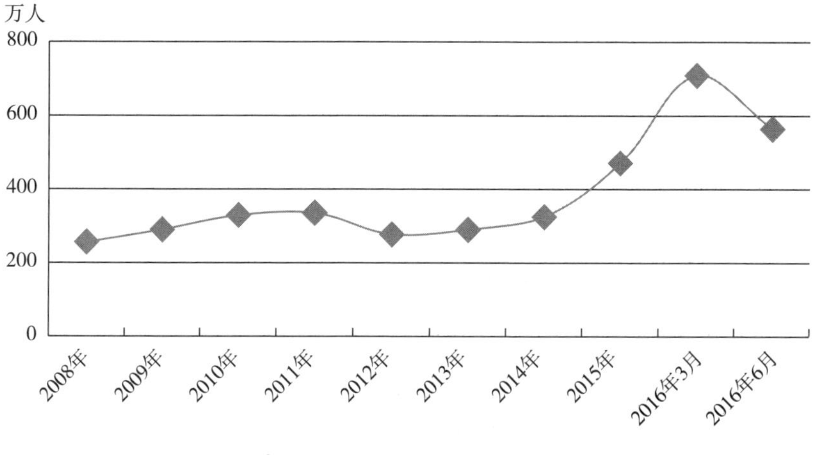


**图1　2008年至2016年6月底保险营销员人数变化**

据中国保险行业协会资料披露，2011～2013年全国保险营销员加入508万人次，同期流失502万人次。保险营销员队伍之所以在2015年5月后出现快速增员并持续飙升的现象，笔者分析存在三个方面原因叠加效应造成人员的“大出大进”：第一，佣金制度是基础原因。对于一些10年期、20年期的寿险产品，首年佣金占比80%～120%，第二年至第五年依次递减，第六年起只有比例低至1%～3%的服务费。对于保险营销员来说，服务热情的下降是源于佣金收入的减少。第二，门槛降低是诱发原因。根据《保险法》（2015版）的规定，对于保险营销员市场准入的资质实行改革，由保险监管部门考试发证改革为保险公司自主考核录用，大大降低了准入门槛。第三，扩展应用是促进原因。保险营销员制度首先在寿险公司使用，目前一些财险公司和绝大多数的保险专业代理公司也采取了此种用工制度，叠加促进了保险营销员队伍数量的飙升。如何应对保险营销员“大出大进”问题，笔者认为可从以下几方面着手。

一是完善监管制度，引领健康发展。按照2006年保险业“国十条”的界定，保险业具有经济补偿、资金融通和社会管理三大功能。影响保险公司功能发挥的原因是多方面的，其中不稳定的保险营销员队伍既不利于保险公司知悉投保人的风险状况，也不利于保险公司进行风险管控。建议对保险公司开展销售用工制度，在取得共识的基础上，通过完善管理制度，逐步引导保险机构在员工队伍建设上从现在的代理制向员工制过渡。通过稳定员工队伍建设，着眼于风险识别、风险管控，促进保险回归保障功能。

二是加强系统建设，弥补信息短板。建议对现行的保险监管、保险行业协会和中国保险信息技术管理有限责任公司（以下称中保信）的数据系统进行合理规划，及时（最好实时）保存投保人、销售渠道及销售人员姓名等基本信息，有效杜绝“孤儿”保单，明确保险销售渠道和销售人员的责任。同时，中保信和保险监管部门定期发布保险营销员数量变化、业务变化和投诉变化的相关数据，为民间保险研究机构开展研究提供真实可靠的原始数据。在保险发展研究和保险监管基础理论建设的研究上，不妨在发挥“国家队”主力军的同时，积极调动“民间队”补充军的作用。

三是改革佣金支付，规范经营行为。建议将稳定保险营销员队伍、保障营销员利益、保险营销员薪酬、保险消费者合法权益、治理销售误导等问题统筹考虑，将现行的“头重脚轻型”特征的佣金支付制度改革为“平滑型”平均佣金制度，即按照保险期间佣金总额、缴费年限进行平均，分缴费年度领取保险佣金的制度。同时，建议保险营销员参加保险营销培训、新产品说明会、保险销售，关键环节进行录音录像，固定保险销售的过程，保护保险销售人员和保险消费者的合法权益，提高保险监管效率和效能。

保险营销是保险发挥作用的必经途径，是消费者了解和接受保险服务的第一站。遏制保险营销员数量大起大落、群体大换血式进出，需要从完善监管制度、转变发展理念等工作入手，以保护保险消费者合法权益为中心促进保险业持续健康发展。

（本文发表于 2017 年 11 月《中国保险报》）

# 对当前保险中介监管政策和保险中介市场风险的深度思考

王小韦　马丽娟

保险中介市场是保险市场不可分割的有机组成部分，由保险公司中介业务和保险中介主体共同组成。研究当前保险中介监管政策和保险中介市场风险问题，有利于完善和优化保险中介监管政策，有利于加强和改善保险中介市场监管，有利于保护保险消费者的合法权益，有利于发挥保险业的保障功能和规范保险市场秩序。

本文通过对近年来保险中介监管政策变迁进行简要回顾，以第五次全国金融工作会议精神和时任保监会副主席陈文辉在保险业学习贯彻全国金融工作会议精神专题培训班上的讲话精神为指导，基于时任保监会副主席黄洪在2017 年全国保险中介监管工作会议上的讲话对中介市场的判断，结合陕西保险中介市场表现，分析当前保险中介监管政策存在的需要改进的薄弱环节，就加强和改善保险中介监管提出意见和建议，供决策参考和同业间交流。

## 一、近年来保险中介市场变化的两大政策根源

保险中介市场是严格监管的市场，其变化要受到两方面政策的复合影响和作用。一方面，直接受到保险业内部监管政策的影响，这方面与保险公司等保险机构一致；另一方面，受到近年来国家推行的商事制度改革的影响，这方面与保险公司等保险机构不一致。

### （一）保险业监管政策对保险中介市场的影响

作为金融市场和保险市场的重要组成部分，保险中介市场是政策性非常强的市场，保险中介监管政策决定了中介群体的发展趋势，决定了保险中介

的结构调整变化。

在分析保险中介市场受保险业监管政策影响之前，有必要对现行的保险中介市场体系进行一番剖析。当前，保险中介主体分为保险个人代理人（以下简称个代）、保险兼业代理机构（以下简称兼代）、保险专业代理机构（以下简称专代）、保险经纪机构（以下简称经纪）和保险公估机构。

2012 年至今，保险中介监管政策数量多且变化大。当前保险中介监管政策的特点是个代放开、兼代暂停、专代冲突。

一是个代放开。在介绍个代政策历史性改革之前，有必要对现阶段保险业常用的与保险个代接近的保险营销员、保险销售从业人员两个概念进行对比澄清。保险营销员的概念出自于 2006 年 4 月保监会发布的《保险营销员管理规定》（保监会令〔2006〕3 号）。2013 年 1 月 6 日，保监会发布了《保险销售从业人员监管办法》，废止了《保险营销员管理规定》，用保险销售从业人员概念取代了保险营销员。从保险监管规定看，在《保险法》等法律层面上没有保险营销员、保险销售从业人员的概念；而《保险法》法律层面上，有保险个人代理人的概念，而在部门规章、保险实务中没有保险个人代理人的概念。所以，在现阶段保险实务中，保险营销员、保险个人代理人和保险销售从业人员这三个概念是混合使用的，从内涵上不是同一群体。

现行的《保险法》最近一次修订是 2015 年 4 月，修订内容最多的一个变化就是对个代市场准入模式进行了历史性调整，由监管部门组织考试、发证模式改革为监管部门不组织考试、不发证，完全由保险公司和保险中介机构自行决定是否具有代理保险业务的资质。保险从业资格监管政策的调整，直接影响了保险公司在个人代理管理方面的制度设计，间接影响了专代机构、经纪机构从业人员的用工制度。取消了由监管部门统一组织考试发证制度，给降低保险中介领域业务人员综合素质埋下隐患。

二是兼代暂停。从代理业务范围看，兼代群体包括代理银保业务的银行和代理车险业务的车商等机构。从竞争关系看，绝大部分的专代机构代理的险种是车险业务，车商等兼代机构代理的业务是车险业务。

在保险中介监管政策变迁中，从 2012 年 3 月开始，暂停了非银行类保险兼代机构市场准入，至2017年尚未恢复审批市场准入；从2014年1月开始，暂停了银行类兼代机构市场准入审批，历时两年半后，2016年6月恢复银行类兼代机构审批。所以，执行暂停兼代审批政策被抑制的最大群体就是以车商为代表的非银行类兼业代理机构。

三是专代冲突。按照现行的保险监管规定，在法人机构层面专代机构分为全国性法人机构和省域性法人机构；在法人机构内部分为省级、地市级、县域分支机构。

在保险中介监管政策变迁中，近年来专代机构市场准入政策呈现出冲突性特征，是指法人机构准入门槛大幅度提高，分支机构准入门槛大幅度降低。正是在推高法人机构注册资本金和降低分支机构设立双重政策作用下，诱发了保险专代、经纪机构牌照高转让费和加盟制后果。据了解，一家注册资本金200万元的保险专代机构的牌照，市场交易价格在80万元至150万元；一家注册资本金5000万元的保险专代机构、经纪公司的牌照，市场交易价格在2000万元左右。

法人机构准入门槛大幅度提高，表现为：一是注册资本金大幅度提高。按照现行的《保险专业代理机构监管规定》，一般主体投资设立保险专业代理机构注册资本金5000万元，汽车销售、运输等汽车类企业主体在限定条件下，注册资本金1000万元。二是审核注册资本金真实性。2016年9月29日，保监会印发了《关于做好保险专业中介业务许可工作的通知》（保监发〔2016〕82号），对做好保险专业中介业务许可工作，从股东出资真实性、注册资本金实施托管、职业责任保险足额有效、商业模式合理可行、公司治理到位、风险测试符合要求等六个方面进行明确，也进一步提高了对注册资本金真实性的要求。

2014年4月，根据《中国保监会关于印发保险中介市场清理整顿工作方案的通知》（保监中介〔2014〕28号），开始了保险中介市场清理整顿。按照工作安排部署，2015年9月7日保监会印发了《关于深化保险中介市场改革的意见》（保监发〔2015〕91号，以下简称91号文）。根据91号文的精神，拟降低专业中介机构的注册资本金，恢复兼代审批，完善个人代理人执业登记制度。而从保险监管实务看，保险专业中介机构的注册资本金继续保持高位要求，兼代审批恢复了银行类兼代机构，继续暂停非银行类兼代机构，个人代理人执业登记制度尚待进一步完善。

### （二）商事制度改革对保险中介市场变化的影响

党的十八大以来，国家积极推行商事制度改革。按照商事制度改革要求，2015 年 8 月 7 日保监会印发了《关于取消和调整一批行政审批事项的通知》（保监发〔2015〕78 号），将保险公司等保险机构市场准入工商登记完全维持现有的前置审批程序不变，将保险专代、经纪等中介机构市场准入工商登记改革为后置审批程序，将保险专代机构、经纪公司分支机构市场准入由审批制改革为备案制。2014 年 2 月 7 日，国务院下发了《关于印发注册资本金登记制度改革方案》（国发〔2014〕7 号），规定对 27 类机构注册资本金暂不实行认缴制，其中包括保险专业代理、保险经纪公司。在保险监管实务中却发现，部分名称中包含“保险代理、保险经纪”字样的机构工商行政管理也按认缴制核发了营业执照。

在保险监管实务中实行“先照后证”改革后，保险中介市场发生了显著的变化。据某保监局不完全统计，截至 2017 年 6 月底，其辖区各级工商部门注册登记有 38 个名称中包含“保险代理、保险经纪、保险公估”字样的机构，注册登记名称为管理咨询公司、信息服务等公司，核准的经营范围中包含有保险代理、保险经纪的公司不少于 100 家。

经过对上述机构的分析，归纳出以下三个特点：一是“有照无证”的保险中介机构数量急剧增长。二是“有照无证”机构经营范围远远大于保险监管部门能够核准的经营范围。三是“有照无证”机构违规的便利性空前提高。

例如，2017 年 4 月至 7 月某保监局对一家保险代理有限公司开展调查。经查，该公司的两名自然人在当地工商局申领了营业执照，注册资本金 1000 万元，经营范围包括保险代理以及办公用品、电子产品等业务。但是，凭此营业执照，该公司并不具备由保险监管部门核准从事保险代理业务许可的条件。就是在这种条件下，该公司建立了公司网站，对外声称可以代理保险业务，以10万元至20万元的标准招收加盟商，给加盟商配送货物，大肆开展“买商品，送保险；买多少，送多少”活动。

通过对此案件的反思，该保险代理公司之所以能够实际从事保险中介业务，一方面的原因是获取了一张不具备保险中介资质的营业执照；另一方面的原因是该公司的名义法人代表、实际负责人、加盟商同时注册为某保险专业机构的个人代理人，巧妙地钻了保险专业代理公司运行机制的空子。通过对“有照无证”的保险代理公司的业务进行分析，此类型公司的产生有保险专业中介机构用工制度、车险定价机制和商事制度改革三点根源，其中商事制度改革只是诱因和导火索，核心的根源在保险业内部的用工制度和车险定价机制。

基于上述分析，研究保险中介市场，有必要综合研判内在因素和外部条件，内在因素上重点研判保险监管政策自身，外部条件重点研判商事制度改革。

## 二、对当前保险中介监管政策的思考

一是政策的延续性有待加强。例如，现在继续实行的暂停车商等非银行类保险兼业代理机构准入政策，始于数年前的保险兼业代理专业化改革（以下简称兼改专）时期。截至目前，既没有出台文件支持继续推行兼改专政策，也没有文件明确停止兼改专政策。对此政策不明朗问题，经营车险的保险公司、车商机构甚为诟病暂停审批车商机构的保险兼业代理资格。有的保险公司甚至认为，一方面保险监管部门要求保险公司、车商规范经营，另一方面又不给有意愿申请保险兼业代理资格的车商核准兼业代理资格，变相迫使有意愿、有能力合规经营的车商违规代理车险业务。

二是政策的权威性有待重视。例如，对当前及未来一段时期保险中介市场监管改革，91号文件已经明确规划了路线图，但是截至目前该文件真正落实少之甚少。同时，按照91号文的规划，拟对保险代理、保险经纪、保险公估监管规定进行修订，但是进展滞后于预期。

三是政策的脱节性有待衔接。例如，按照《中国保监会关于做好保险专业中介业务许可工作的通知》（保监发〔2016〕82 号）的规定，保险专业中介机构应当按照《公司法》等法律法规和保监会相关政策要求，建立完善的公司治理结构。但是，规定有些过于原则，缺乏操作性。

又如，颁布于2013 年 1 月的《保险销售从业人员监管办法》第十三条规定，保险公司、保险代理机构应当为取得资格证书且无隐瞒有关情况或者提供虚假材料，被宣布考试成绩无效未逾一年的人员在保监会保险中介监管信息系统中办理执业登记，并发放《保险销售从业人员执业证书》。但是根据 2015 年修订的《保险法》的规定，已经取消了资格证书，而《保险销售从业人员监管办法》尚未及时跟进修订。

四是政策的一致性有待统一。现阶段，绝大多数的保险专业代理机构代理的险种是车险业务，车商、寿险公司兼业代理的绝大多数的险种也是车险业务，专业、兼业两类代理机构在业务范围和佣金标准一致的前提下，监管要求是不一致的。例如，监管费、报送报表、职业责任保险等要求是不一样的。

## 三、意见和建议

### （一）加强理论研究，服务制度设计

从形式上和体系上看，现行的保险中介监管制度是完备的，对加强和改善保险中介监管发挥了积极的作用，与此同时，也要看到保险中介监管体系中存在的瑕疵和分项政策之间的矛盾性，究其根源是保险中介监管理论的匮乏。

加强保险中介理论研究，建议重点研究以下三个问题：

一是保险中介的价值和作用，弄明白保险中介领域的基本概念、基本判断、基本推理。对于保险中介存在的价值和作用，保险市场有两种对立的观点。站在很多保险公司的立场上，认为保险中介拉长了保险产业链条，既不产生保险需求，也不提高保险服务，得出没有存在价值的结论；站在保险中介的立场上，认为保险中介发挥了积极的作用。从近年来对保险中介机构检查结果表明，已经沦为保险公司“过单套费”工具的保险中介机构不在

少数。

二是保险中介体系内部的规律性。例如，保险中介体系内部个代、兼代、专代之间，监管制度的完备性和业务规模大小呈反比关系，即业务规模大，制度完备性低；业务规模小，制度完备性高。例如，按照现实的保险市场来说，车险在财产保险公司业务占比到80%以上，保险中介渠道实现的保费规模在80%以上，汽车经销商、维修厂等机构具有车险销售的天然优势，运输公司等机构本身具有车险投保需求，绝大多数保险专代机构代理的车险保费占比为85%以上。

三是制度体系的系统性。例如，当前保险专业中介机构法人机构注册资本金要求高，实行实缴、托管制度，但是分支机构由原来的审批制改革为备案制。有的申请人为了绕开注册资本金的高门槛，通过加盟的形式，注册登记为分支机构，实行独立核算，同样可以名正言顺地从事保险中介业务资质。所以，保险中介市场出现了高价转让牌照的现象，出现了大量以加盟为纽带的分支机构。

### （二）依靠技术进步，提升监管能力

加强人员管理。按照现行的“保险中介监管信息系统——执业管理子系统”，可以查询到保险机构进行执业登记的人数，但由于系统功能的掣肘，不能及时、快捷发现。例如，2017年检查A代理公司，实际签订代理协议的人数为16567万人，而在系统中进行执业登记的为1983人；检查的B代理公司实际从事保险销售的人员超过60人，而在系统中进行执业登记的没有一个人。建议改进执业登记系统，公司可以通过输入身份证号码，查询该人在保险业的所有从业信息。

加强业务管理。现阶段要查询某单保险业务是由哪位业务员来做的，在保险公司获取的信息往往是对应的保险专业代理机构，延伸到保险中介机构检查，发现机构档案不全。建议通过改进业务关系系统，实现业务跟人、跟手续费，可以积极探索保险中介业务台账适时备案制度。

加强财务管理。现阶段，绝大多数的保险专业中介机构聘请第三方的财务公司代理记账，而代理记账的人员往往又同时为多家公司代理记账。在记

账的过程中，对于开支事项的合法性、合理性并不进行实质审核，只要有被代理机构的主要负责人签字即可，这往往给保险中介机构违规埋下隐患。建议对代理记账的财务公司进行必要的业务培训，商请相关记账机构监管部门对于其中违规记账的财务公司采取必要的监管措施。

### （三）整合监管资源，形成监管合力

整合监管资源包括以下三个层面的含义。

一是金融业内部之间保险监管、银行监管资源整合问题。鉴于在2017年第五次全国金融工作会议上，国家层面决定建立金融监管委员会，故本文在宏观层面不再赘述。在微观层面上，对于银行等金融机构代理保险业务问题，建议保险监管、银行监管之间加强沟通协调，比如销售行为录音录像问题。

二是保险监管系统内部不同监管条线之间的协调监管。例一，银行机构持有兼业代理许可证问题，2010年1月13日保监会、银监会联合下发的《关于加强银行代理寿险业务结构调整促进银行代理寿险业务健康发展的通知》（保监发〔2010〕4号），要求银行网点“一点一证”，开启了海量打证模式。六年后保监会中介部于2016年4月25日下发了《关于银行类保险兼业代理机构行政许可有关事项的通知》（保监中介〔2016〕44号），明确了银行机构法人机构持证、分支机构统一登记制度。例二，2012年保监会中介部推行“四化”改革，其中一项举措是暂停非银行类兼业代理机构市场准入审批，影响最大的是车商兼业代理机构和保险公司的车险业务。车商是车险的主要来源，车险又是财险公司最大的险种，所以暂停政策不但受到车商的诟病，也受到财险公司的诟病。

三是保险中介内部条线之间的协调监管。以保险代理为例，个人代理、兼业代理、专业代理之间有一部分是重叠的，但是监管要求悬殊。保险专业代理机构法人机构注册资本金制度，直接拉高了保险专业代理法人机构市场准入门槛，同时分支机构准入实行备案制，申请人通过加盟制模式，顺利地绕过了貌似固若金汤的高注册资本金的“马其诺防线”。另外，如果恢复车商等兼业代理机构市场准入审批，现行的保险专业代理机构的高注册资本金

制度和资金托管制度将会受到全面冲击。

做好保险中介监管，需要从完善制度建设、提高监管干部队伍素质、运用技术手段等综合措施，以便规范保险中介市场，服务保险业发展，服务保险消费者。

（本文发表于2017年12月《保险中介市场》）

# 新型保险培训特点、风险和防范

王小韦　王雨飞　马丽娟

本文的新型保险培训是指由保险公司外部人员主导授课，内容涵盖保险知识的整套理财规划，参会对象覆盖保险公司员工、销售渠道人员以及潜在客户的培训。研究新型保险培训工作，有利于厘清销售误导的责任归属，有利于传播正确的保险知识，有利于防范基于新型保险培训派生的商业贿赂、职务侵占等涉及的资金风险。

本文以公开资料为研究素材，通过剖析新型保险培训特点、潜在风险，对完善保险公司内控制度和完善保险监管制度提出意见和建议，供保险同行之间交流。

## 新特点：外部性、宽泛性、兼容性、变动性

与传统的保险培训相比，新型保险培训具有以下四大特点。

讲师外部性。一般来说，各家保险公司都有相应管理培训的部门或者岗位，有保险公司自己培养的培训人员。而新型保险培训中，授课讲师全部来自保险公司以外、甚至保险业外。经过梳理，担任授课讲师的有跨行业的律师、金融业的学者。

内容宽泛性。一般来说，保险公司培训重点在于保险知识和推出的新款保险产品，间或有礼仪等内容。而新型保险培训，授课内容除了保险知识，还涉及遗产继承、出国移民留学等内容。在实务中发现，有的培训公司以商业秘密为由，在培训过程中禁止保险公司摄影、摄像，培训结束后不向受培训的保险公司提供任何培训课件资料。

对象兼容性。一般来说，保险公司的培训对象主要是保险公司的员工、

签约的保险代理人或者保险机构，如果对象中包括潜在客户就称为新产品说明会（以下简称保险产说会）。而新型保险培训，参会对象往往覆盖了保险公司员工、保险个人代理人或者保险中介机构以及潜在的保险客户，会议名称为“头脑风暴”等，从本质上看，与其说是培训倒不如说更像保险产说会。

费用变动性。一般来说，保险公司的培训是给自己员工进行培训，即便是发生费用，用途也集中在场地租赁费、资料费、住宿费等，不会发生讲师授课费。而新型保险培训，保险公司除了承担传统的自行培训产生的场地租赁费、资料费、住宿费等以外，外聘讲师培训薪酬实行与培训产生的销售业绩挂钩，按照约定的比例进行浮动，计算标准类似于保险销售佣金。监管实务发现，有的保险公司在开展新型保险培训向上级公司的报告中明文列出与保险费挂钩的内容。

## 新风险：利益输送、职务侵占、扰乱市场、销售误导

从保险市场表象看，新型保险培训集中发生在经营寿险产品的保险公司身上，一般由保险公司省级分公司与培训公司签订咨询服务合同，有中心支公司在地市选择银行等机构开展培训。

涉嫌利益输送。按照现行的监管规定，保险公司委托商业银行销售保险产品，是由各自保险公司总公司、银行总行签订“总对总”协议或者经总公司、总行书面授权后省级分公司、分行才可以签订合作协议，以下层级不能签订合作协议。监管规定还要求保险公司省级分公司统一支付销售佣金。保险公司省级公司以下机构为了开展业务，但无权提高佣金，就会以新型保险培训为名，向合作的保险中介机构支付保险佣金以外的利益。

涉嫌职务侵占。经过对比培训费用金额，新型保险培训总体费用金额远远大于传统的一般培训，有可能产生职务侵占资金空间。公开的资料显示，不排除有保险机构通过夸大培训、夸大费用、虚开发票等行为套取资金，由相关人员进行“分享”，从而衍生为职务侵占。

涉嫌扰乱市场。在新型保险培训中，培训对象包括潜在的客户，多数会

发放价格不菲的赠品，对于已经完成了销售的客户，可能发生给予保险合同以外的利益问题，从而对正常的市场秩序产生影响。

涉嫌销售误导。在新兴保险培训中，培训机构获取的培训薪酬是固定费用基础上的变动费用，出于自身的经济利益，可能会夸大宣传。公开资料显示，有家培训机构在宣传资料和宣传文章中，宣称其培训可以给保险公司带来巨大的保费增长，并且列举多家保险公司的名称。由于培训公司拒绝向被培训的保险公司提供培训课件，也给具体承保培训公司的上级机构查清培训真实情况造成障碍，给保险监管部门进行调查增加难度。

### 新手段：内控、备案、监控

遵循“法无禁止即自由”“法有授权方可为”的理念，保险公司的培训是保险公司经营自主权范畴的事项，理应由保险公司自主决定，保险监管部门无须过问。但是，为了防范风险，还要采取必要的措施。

一是高度重视，完善制度。通过研读多家保险公司的培训制度，归纳多家保险公司新型保险培训审批流程，新型保险培训的管理仍旧继续沿用对传统保险培训的管理制度。针对与时俱进出现的新型保险培训，建议保险公司总公司、省级分公司进一步细化培训制度，加大对新型保险培训的管理力度，严格管控，甚至禁止培训费用与销售业绩挂钩的做法，在制度中增加对培训课件进行审核、进行事前备案、事中全程录音录像、事后及时向上级机构上报培训所用资料等新要求。

二是事前备案，前移风控。相对而言，新型保险培训潜藏的风险更大，提前风控，有备无患。对于所有培训涉及的授课讲师、课件和参训人员名单，事前进行备案。首先，下级机构向上级机构备案，严格执行相关的备案管理制度，至少由保险公司省级机构统一建立备案档案，定期对培训进行评估总结；其次，由保险公司省级机构向省级保险行业协会进行备案。

三是借用技术，抽查监督。培训行为是保险公司经营过程中一项基本的经营行为，如果实施机构和授课人员能够严格依法合规进行培训，培训事项就无须监管。为了防范培训计划和实际执行不一致而诱发问题，才需要进行备案和抽查监督。

通过规范新型保险培训，规范保险机构、保险中介机构和保险代理人的经营行为，规范保险培训市场，促进了保险保障功能的发挥和保险消费者合法权益的保护。

（本文发表于2018年3月15日《中国保险报》）

# 新架构下提升银保业务监管的三大抓手：理论、制度、技术

田　丽　马丽娟　王小韦

按照银保业务监管内涵和外延，银保业务监管有狭义和广义之分。前者，单指银行代理保险业务行为监管；后者，监管内容兼容前者，还包括对银行、保险公司相互参股投资、资金运用等更广泛的范围。本文研究对象是狭义层面上的银保业务监管。按照国务院机构改革方案，银行业监管机构、保险业监管机构在制度建设方面将实行全新的模式，必将对银行代理保险业务监管产生深远影响。

本文以公开资料为素材，通过介绍十余年来（2006 年以来）银保业务监管政策变迁和粗浅解读银保业务监管新架构，在分析银保业务发展变化和监管实务的基础上，提出在新架构下完善银保业务监管的意见和建议，供保险业间交流。

## 新架构：机构和制度

按照国务院机构改革方案，银行保险业务监管将发生根本性变化。主要有以下两点表现。

一是新机构。我国对金融业经营和监管实行分业经营、分业监管架构，设立中国银行业监督管理委员会（以下简称银监会）对银行业进行监管，设立中国保险监督管理委员会（以下简称保监会）对保险业进行监管，涉及银保业务监管往往由两个部门进行协商。推行国务院机构改革以后，将两个监管机构合并设立为中国银行保险监督管理委员会（以下简称银保监会）。监管机构“合二为一”，更加顺应银保混业经营趋势，降低外部协调

成本。

二是新功能。银行属于保险兼业代理机构，规范其经营行为的基本依据是保监会2000年下发的《保险兼业代理管理暂行办法》（保监发〔2000〕144号，以下简称144号文），该文件下发后仅作简单修订延续至今。随后，为适应银保市场发展要求，绝大多数监管要求文件的下发采取由保监会和银监会联合发文形式。推行国务院机构改革以后，涉及银行业务、保险业务的重要法律法规由人民银行制定。监管制度统一制定，有利于统一监管尺度。

从总体上看，银行业、保险业的监管架构和制度设计相统一，必将提升监管效率、监管质量，为银保业务健康发展奠定基础。

## 旧问题：资质、产品、行为

银行代理保险业务具有双重性，一方面保险公司委托商业银行销售保险产品，是保险营销的一条重要渠道；另一方面，商业银行通过代理销售保险业务，取得了一定的中间收入，所以无论是对银行还是对保险公司来说，银保业务是一块不可或缺的业务。反映到监管来说，正是因为银行代理保险业务，衍生了银行保险交叉监管关系。

未来即将运行新的监管架构和监管制度，有必要对现行的、延续多年的银保业务经营和监管进行梳理，以便实现银保业务经营和监管无缝对接、有序衔接。

资质管理需要理顺。按照现行模式，银行代理保险业务资质管理分为两部分内容。第一，机构资质管理。144号文规定了保险兼业代理机构应当持证代理，但是对于代理业务持证层级和代理家数未作规定，各保监局在执行过程中做法不尽一致。2006年6月15日，保监会、银监会联合下发了《关于规范银行代理保险业务的通知》（保监发〔2006〕70号）规定，商业银行代理保险业务，其一级分行应当取得保险兼业代理资格，每个兼业代理机构可以与多家保险公司建立代理关系。2010年1月3日，保监会、银监会联合下发了《关于加强银行代理寿险业务结构调整促进银行代理寿险业务健康发展的通知》（保监发〔2010〕4号，以下简称4号文件），规定银行代理保险业务“每个营业网点在代理寿险业务前必须取得保险兼业代理业务许可证，即实务中所称的“一点一证”。2016 年 4 月 25 日，保监会下发了《关于银行类保险兼业代理机构行政许可有关事项的通知》（保监中介〔2016〕44 号，以下简称 44 号文件），规定银行类机构实行法人机构申请保险兼业代理资格、法人机构持证、营业网点统一登记制度，即实务中俗称的“法人一证制”。第二，人员资质管理。2015 年《保险法》修订前规定，所有保险中介机构和从业人员都需要参加由保险监管部门组织的统一考试，取得相应的资格证书后方可从事相关保险销售工作。银行中从事代理保险销售业务的人员据此也需要取得相应资格证书。2015 年《保险法》修订后，取消了保险销售从业人员上岗的相关要求，银行机构销售保险业务人员持证也遵循此项规定。而 2013 年保监会出台的《保险销售从业人员监管办法》（保监会令 2013 年第 2 号），要求保险公司和保险中介机构要对从业人员进行执业登记，但银行机构因无执业登记用户权限，从技术上不具备执业登记的条件。实行银保监管新架构新模式后，必然要求对银行机构代理保险业机构和人员资质管理进行顶层制度设计，统一进行系统规划。

产品选择需要回归。保险产品回归是保险业回归保障功能的重要标志，产品回归才能推动保险业回归保障能。当前，银保渠道主销的保险产品绝大多数保障成分低、理财成分高，与人民群众对保险产品需求存在一定的错位，与社会治理对保险业的需要存在一定差距。

贯彻“保险业姓保、监管姓监”理念，商业保险公司需要进行保险产品调整，具体就是调高保障类保险产品的比重，降低理财型保险产品比重；提高期缴型保险产品比重、降低趸缴型保险产品比重。调整后的保险产品因为保险责任和免除责任的表述需要更加专业，所以提高了对所有销售人员综合业务能力的要求，当然包括银行机构销售保险业务人员。在保险实务中发现，个别银行在选择代销保险产品种类时，仅选择了借款人意外伤害保险，其本身对代理保险销售没有冲动，相对而言业务结构调整压力不大。

销售行为需要有效掌控。当前，银行机构逐步按照银监会和保监会的相关规定，通过实施“一区双录”，锁定保险销售过程，为化解银行渠道代理保险销售纠纷，创造了有利条件，同时提高了银行上级机构对其所属机构、监管部门对销售行为过程监管的效率和质量。

对银行销售保险业务“一区双录”规定，银监会、保监会有各自的规定，对被执行机构造成不便。2016 年 5 月 5 日，银监会下发了《关于规范商业银行代理销售业务的通知》（银监发〔2016〕24 号），对商业银行代理销售业务基本原则、内部管理制度建设、合作机构管理、代销产品准入管理、销售管理、信息披露与保密管理、监督管理等七个方面进行全面重申，要求设置专门区域代销产品，并对销售过程进行录音录像，完整客观地记录营销推介、风险和关键信息提示、客户确认和反馈等重点销售环节。继银监会发文之后，2017 年 6 月 21 日，保监会印发了《保险销售行为可回溯管理暂行办法》（保监发〔2017〕54 号），规定保险公司、保险中介机构通过录音录像等技术手段采集视听资料、电子数据的方式，记录和保存保险销售过程关键环节，实现销售行为可回放、重要信息可查询、问题责任可确认。经过研究和比对，就保险销售行为可回溯管理办法，银监会和保监会的相关规定需要进行整合，以便保险公司和保险中介机构在开展保险营销过程中进行操作落实。实行银保业务监管新架构新模式，有助于规范保险公司直销行为和所有中介销售行为，锁定了销售过程，有利于治理和遏制销售误导，有利于提高监管效率和监管质量。

## 新建议：理论、制度、技术

按照党的十九人绘制的宏伟蓝图和国家机构改革整体方案，我国机构改革和社会治理水平必将迈上一个新台阶。具体到金融领域，此轮机构改革中，将银监会、保监会合并组建为银保监会，首任负责人同时兼任人民银行党委书记。在银保监会挂牌仪式上，刘鹤副总理偕同人民银行、银保监会、证监会负责人悉数到会，也向市场释放了金融监管统一性的信号。为更好地促进新架构新模式银保业务监管，笔者提出下列建议。

一是加强理论研究，夯实制度基础。金融监管理论的成熟是金融业成熟的重要标志，决定了保险金融制度的基石。之所以出现银保业务监管制度建设的短板，之所以各界对银保业务诟病、微词，原因一定程度上在于银保业务理论不够成熟。为进一步强化银保理论研究，建议大兴调查研究之风，选择类似课题：第一，银保业务价值研究。对于银保业务的价值性问题，有的保险公司一方面声称银保业务渠道费用高，承诺投资回报高，业务内含价值低；另一方面又大肆开展银保业务，推出资产驱动负债理论等新说法，为其商业模式进行辩解。第二，银保业务模式研究。对于高歌猛进开展理财型保险业务的保险公司，通过穿透式审查不难发现，有的保险公司业务结构过于单一，仅经营理财型产品，不设置推动保障型产品的部门，也不建设销售队伍，完全依赖于银行渠道。第三，银行为控股股东的保险公司转型发展研究。银行在代理保险业务过程中取得一定的收益后，发现了其间的价值，所以银行通过收购市场上现有保险公司的路径，成立了自己直系的保险公司，试图在集团内部同时取得代理佣金和分享保险公司红利。但是伴随着保险业回归保障功能，理财型保险产品销售比例必将大幅度下调，而银行代理的保险产品单一、渠道单一，其转型迫在眉睫，举步维艰。

二是完善监管制度，规范运行行为。按照依法治国、依法行政和依法监管的要求，在科学、系统、成熟的银保业务理论体系的支撑下，完善银保业务监管制度拥有了坚实的基础。现行的银保业务监管制度，固然是适应银保发展特定历史的制度，存在“打补丁”的现象且几乎难以避免，但是存在的零散性、缺乏推敲性的规定时常出现。例如，文中提到的 4 号文件，在该文件标题和通篇中提到规范银行代理寿险业务，促进寿险业务结构调整，但是在保险实务中银行同时代理财产保险公司的产品，而规定对于银行代理产险业务应遵循哪些规定却并未提及；又如，银行机构、兼业代理机构持证制度历经多次变革，怎样发放相关执业许可证书更科学，的确需要制度明确。建议在银保业务监管制度设计方面，可以优先考虑制定部门规章以上的“保险中介监管规定”，将现行的保险代理机构、个人、保险经纪、保险公估机构纳入其中，制定总则明确共性的规定，随后分章节细化每一种具体中介主体的个性化规定。

三是依靠技术手段，提高监管质量。像所有的监管一样，保险监管追求依法科学有效的监管目标，其固然需要系统完备的理论、科学的监管制度，更离不开技术手段的支持。在保险主体进入市场后，需要加强事中、事后监管，除了要求监管人员强烈的责任心和扎实的专业能力外，还需要通过技术手段采集数据、整理数据、分析数据。根据现行《关于进一步规范商业银行代理保险业务销售行为的通知》（保监发〔2014〕3 号），商业银行总行及其一级分支机构应在每季度结束后 10 个工作日内向银监会报送代理保险业务相关数据。根据 44 号文件规定，银行法人机构及辖区负责机构应当在每个季度结束后 10 个工作日内通过指定信息系统向当地保监局报送保险兼业代理业务数据。综合上述规定，在银监会、保监会合并重组之前，银行机构关于代理保险业务数据报送存在双报送问题。银保监会成立后，银行机构报送代理保险业务数据路径更顺，再加上改进报送系统，报送效率和质量也随之提高。

银行保险业务监管改革是我国政府机构改革的重要部分，在监管机构统一的基础上，统一监管理论研究，统一监管制度建设，统一监管信息系统，必将促进银行保险业进一步提高服务实体经济能力，进一步提升预防和化解风险能力，进一步提高深化自身经营和改革能力。

（本文发表于 2018 年 1 月《保险中介市场》）

# 提升意外伤害保险经营能力的三大路径

李鹏彬　王小韦

人身意外伤害保险（以下简称意外险）是保险产品家族中的一个小险种，但由于其保费少、保额高、条款相对简单易懂、适用场景丰富等优势，逐渐成为满足消费者不断增长的风险保障需求的明星产品。研究提升意外险经营能力，有利于切实发挥该险种在预防和抵御意外风险的功能和作用，有利于提高保险公司承保能力和业务品质，也有利于减少甚至杜绝保险欺诈等道德风险产生，进而节约社会管理资源、提高社会治理水平。

本文以公开资料为素材，遵循保险回归保障本源的基本原则，结合行业新趋势、新业态，通过阐述相关政策、揭摆当前凸显的弊病，对完善意外险经营提出意见和建议，供同业间思考和实践。

## 三大典型案例

意外险是一种预防和转嫁风险的工具，具有一般工具的自然特性。正如同样的工具在不同意识支配下会发挥不同的作用，例如菜刀在厨师手上是厨房用具，而被犯罪分子利用就变成凶器，意外险也莫不如此。从网上可以查询到很多因意外险诱发的恶性案件，笔者对数十起经法院审理的相关案件进行认真研究，筛选以下三个典型案件进行分析，借此剖析该险种经营中对于保险消费者当事人、当事的保险公司以及相关的公安、检察院、法院等司法机关所添加的资源投放。

案例一：据报道，2005 年 3 月，东南某地夫妇按揭购买了一套住房，同年 12 月，购买了“个人抵押贷款房屋综合保险”。2009 年 9 月，丈夫杀害妻子后自杀，留下一个未成年的孩子和未还完的银行贷款。孩子及近亲属提起诉讼，诉求法院判决保险公司偿还已经逾期的 13 万元贷款。被告保险公司辩称合同约定，被保险人或者其家庭成员的违法犯罪行为或者家属暴力导致被保险人出险意外属于除外责任，坚持拒赔。2013 年 7 月，经法院调解，保险公司向原告一次性支付 13 万元。

案例二：据央视 2017 年 7 月报道了一起命案。2015 年 3 月，丈夫 A 某为新婚妻子 B 某购买了多笔意外险，合计保险金额为 400 余万元，其中有一笔保险金额为 300 万元。时隔两月，1.6 米高的 B 某被发现溺水于 1.4 米深的水池。经过公安机关侦查，溺水事件的真相是丈夫 A 某伙同其同学 C 某杀害妻子，以领取意外险赔偿。走完司法程序，丈夫 A 某被执行死刑、同伙 C 某被判处无期徒刑。随着案件侦破，妻子 B 某的父母等近亲属以保险纠纷向法院提起诉讼，被告保险公司以出险原因系刑事犯罪行为导致而非意外为由辩称。2017 年上半年，法院判决保险公司向原告支付 300 万元及逾期利益。回顾案件全过程不难发现，案件诱发点在于投保了巨额意外险，且在投保后，丈夫将受益人由法定受益人变更为指定受益人丈夫自己。对于此案件刑事和民事的判决，本文不做任何评价。之所以将上述案件拿出来作为典型案例分析，着眼点在于研究意外险变更受益人程序、实体以及变更后，以便改进保险公司在变更受益人环节的风险管控。

案例三：据报道，西南某地发生一起车祸，车祸导致在数家保险公司投保且保险金额合计为 1300 万元意外险的车主（出险时实际驾驶）死亡。该案件指定受益人向法院提起诉讼，要求承保的保险公司赔偿保险金。经法院判决，保险公司向原告支付 1300 万元。对于此案件，本文不做任何评价，之所以拿出来作为典型案例分析，着眼点在于研究意外险受益人指定的范围，以便改进保险公司在审核指定受益人环节的风险管控。

## 三大诟病节点

意外险所具有的保费与保额之间高杠杆性，极易被违法犯罪利用，在特定条件下由风险管理工具转变成风险制造源头。作为专业经营风险的市场主体，只有全面审视经营中的薄弱环节和瑕疵，才能够有针对性地提出改进管理制度、业务流程、人员培训等方面的措施。通过实务调研走访、研读媒体报道和学者解读，笔者将意外险备受诟病节点归纳如下。

一是搭售。表现为：其一，被诉讼。某位保险专业人士，在购买长途汽车车票过程中被搭售了意外险，遂向法院提起诉讼。其二，被曝光。网上有多篇报道，在汽车站购买意外险过程中被搭售保险。近年来，随着互联网保险的飞速发展，部分市场主体采用搭售现象更加普遍，其不良社会影响进一步放大，容易诱发社会公众和保险消费者质疑意外险作用的后果。

二是高佣。公开资料显示，有多位学者撰文指出意外险销售佣金畸高，一般车站销售的乘客意外险佣金在50%左右，机票预订平台的航空意外险佣金在80%以上，与市场情况基本相符。意外险经营的高佣金现象，容易诱发社会公众和保险消费者对意外险产品设计和精算提出质疑的后果。

三是弱控。在保险实务中，意外险销售主体包括保险公司、代理人、中介机构、网销平台等，风险可控性相对较低。随着产品组合更加丰富，风险保障更加多元化，意外险经营的薄弱风险防控充分暴露。这不但会给保险公司自身经营带来不利后果，还会诱发社会风险，派生新的社会矛盾。在案例二中，承保保险公司通过一家保险专业中介机构开设的网站进行销售，保费收入为1988元，按照50%佣金标准计算，实收保费不足1000元。按照法院判决，该公司应当支付300万元以及逾期的利息，还承担减半的诉讼费15000余元。

## 三大提升路径

通过流程再造和制度创新，加强保险风险预防，从产品研发、流程改造、人员培训、销售渠道、风险管控等关键环节进行完善，简化经营链条，加强风险管理。

一是规范产品设计，铲除分歧土壤。保险产品的研发能力，是衡量一家保险公司经营能力大小高低的首要指标。对于意外险而言，其核心在于保险责任和除外责任的设计上。为了提高对保险产品的发言权，笔者收集了数十家保险公司的意外险产品条款，尽管同类产品价格相近，但是产品保险责任和免除责任表述差异非常大。基于不同保险公司产品表述的差异性，不利于意外险价格厘定和展业销售，也不利于保险纠纷的调解、仲裁以及法院审理。

为了规范意外险产品设计，笔者提出以下建议：第一，由中国保险行业协会牵头，组建以保险业专家为主体，吸收律师、警官、法官、检察官、高校学者等专业人士提前介入，进一步规范保险责任格式条款的使用。在2017年发布的行业首份《中国保险行业人身意外伤害保险经验分析报告》基础上，扩大研究成果应用。第二，建立意外风险数据库，扩大分析维度和历史数据验证，以产品分类、意外事故原因分类、年龄、性别、职业、地域等11大维度10张意外险发生率表为基础，全量测算风险频次和基准费率。第三，在示范条款和基准费率的基础上，各公司专业核保人员可以结合公司风险经营能力，增加自主条款，设置费率浮动空间。

二是加快平台建设，实现信息共享。保险市场是一个竞争相对充分的市场，出于自身经济利益的诉求，不同保险公司之间是竞争关系，同一业务竞争已经到了白热化程度，但是对于已经承保的风险，保险公司之间有必要通过保险行业协会为纽带建立良好的合作关系，共同维系一道严密的风险防范屏障。在上述案例二、案例三中，承保的保险公司都是被起诉到法院以后才知晓多头投保的事实。

为了加快保险业意外险的信息共享，笔者提出以下建议：第一，参照车险信息平台，建立意外险统一查询平台。通过标准化信息的采集和录入，便于保险公司在承保与核保过程中，不需通过询问投保人就可以知晓其投保情况。第二，对于已经发现恶意重复投保的消费者，建立行业“黑名单”或列入观察对象，实现风险防控前置。同时，引入个人信用数据，通过多维度交叉比对，丰富投保人画像，提高风险防控水平。

三是改革保险全流程，突出风险预防。保险公司经营风险的立业之本在于采取科学的风险管控措施，主动实施风险干预，防范发生。在案例二中，有个非常关键的细节是实施变更受益人存在风险漏洞，该案中丈夫A某将受益人由法定受益人改为自己，这也是诱发案件发生的重要支点。

为了“堵塞”漏洞，防范保险消费者道德风险，笔者提出以下建议：第一，公证。一般来说，法定受益人比指定受益人范围更大、人数更多，保险欺诈或者犯罪人基于满足自身利益最大化的目标，变更受益人的逻辑是由多变少，最常见的措施就是将受益人从法定受益人变更为指定受益人。对于此种情形，应当从严设定条件和程序，要求申请人提交经过公证的法律文书。第二，告知。保险公司经过严格审核，完成受益人变更审核后，应当将相关变更受益人的信息，采取书面形式告知除受益权的相关人员。例如，针对案例二受益人的变更，剥夺了妻子父母等人的受益权，如果将相关信息告知妻子父母等人，他们会提高风险预警性，会增加风险防范的意识。

管中窥豹。提高意外险经营能力，才能实现意外险产品设计的初衷，发挥其参与社会管理、提供经济补偿的作用，进一步扩大保险保障职能，进而彰显保险业的核心价值。

（本文发表于2018年5月11日《21世纪经济报道》）

# 保险人的“朋友圈”不可任性 保险自媒体宣传新政助推保险销售进一步规范

王小韦　段晓华　胡　刚

银保监会于2018年6月1日下发《关于加强自媒体保险营销宣传行为的通知》（银保监发〔2018〕27号，以下简称27号文）文件。立足于国家推进社会治理建设大背景，研究保险宣传新政，对于规范保险营销行为、保护保险经营秩序、维护金融领域消费者合法权益均具有意义。

本文以公开资料为素材，解读保险宣传新政，剖析当前银行保险业务监管的利好形势，对完善保险宣传提出意见和建议，供保险同业之间交流。

## 全方位：载体、主体、过程

保险宣传是保险经营的基础环节，是保险业的形象窗口。保险宣传新政直指自媒体进行保险营销宣传，适应了互联网时代、营销员迅速飙升、保险业态多元化等复合背景，对规范保险宣传载体、主体、主题进行全覆盖制度安排。

载体全覆盖。27号文适用载体，覆盖了互联网网站、应用网络程序、博客、微博客、公众号、微信等所有新兴媒体，与传统载体具有鲜明区别。

主体全覆盖。27号文适用主体，覆盖了保险公司、保险中介机构和广大保险从业人员。目前，保险中介渠道实现的保费规模占比超过87%，其中两大主力军是银行保险兼业代理机构和个人代理人（本文中与保险营销员同义）。

过程全覆盖。27号文覆盖了保险产品介绍、保险销售政策、保险营销活动等保险经营销售的主要过程。

## 组合拳：制度、技术、样本

规范保险营销宣传是贯穿于保险营销活动全过程的一项日常性工作，不会一蹴而就，需要久久为功，需要推出制度建设、系统管理、凝聚智慧等一系列组合拳。

一是完善监管制度，引导正确宣传。建议在今后完善银行业、保险业重要保险监管制度过程中，修订《保险从业人员监管规定》，进一步明确广大保险从业人员必须依托于保险公司和保险中介机构，增加对所有违规进行保险营销宣传的处罚力度，督促广大保险从业人员进行正当的保险宣传。在此基础上，强化保险机构对从业人员的管理职责，所属人员发生违规进行线下、线上宣传要追究所在机构的责任。

二是依靠技术手段，厘清违规责任。在移动互联网高速发展和智能手机高度普及的新时代，社会演化为人人都是自媒体的时代，每个人都可以随时随地编发、转发各类信息，保险从业人员也不例外。所以，界定编发、转发违规宣传信息的人员和所属的机构非常重要，技术手段就成为锁定对象、固定证据的基本手段。

三是凝聚行业智慧，引领规范宣传。客观地讲，保险业经营的产品是比较难以标准化的产品，保险责任和除外责任本身比较难以表述。建议凝聚保险业智慧，引领保险营销宣传。吸收保险业专家、律师、法官、专业技术人员等专家，组建研究机构，针对保险产品、风险预防进行深入研究，形成宣传的标本，为保险公司和保险中介机构开展宣传提供资料；由各家保险公司总公司和符合一定条件的保险中介机构统一制作该机构系统内部的宣传材料。

贯彻落实保险宣传新政，有利于规范保险营销行为，有利于夯实保险经营行为，有利于发挥保险业预防可控风险作用，有利于防护和减少人民群众不必要的生命和财产损失。

（本文发表于 2018 年 6 月 14 日《中国保险报》）

# 培训“三大调整”：产品、架构、知识

马丽娟　王小韦

一般来说，保险业培训贯彻分类、分层、分段原则。分类，区分业务内容对产险、寿险、保险中介等保险机构分别培训，对于业务交叉部分也会统一培训；分层，区分工作内容对保险机构股东、总公司以及省级分公司高管、各类不同业务条线的人员分层培训；分段，根据外部经营环境的变化适时进行培训。为此，研究当前寿险公司培训问题也应当坚持和反映上述三大原则。

## 产品调整：从重理财向重保障转型

党的十九大报告论断当前我国社会主要矛盾已经转化为人民日益增长的美好生活需要和不平衡不充分的发展之间的矛盾，论断我国经济已经由高速增长阶段向高质量发展阶段转变，重申了稳中求进工作总基调。基于新论断、总基调，瞄准和实现人民日益增长的美好生活需要，保险业应当立足于经济补偿和社会管理功能，重点研发、销售保障型保险产品，具体到寿险领域就是大力推动健康保险产品发展，替代理财型保险产品。

寿险公司产品结构的调整不是一件孤立的行为或者事件，而是会引起寿险公司经营行为的连锁反应。

首先，诱发渠道之变。因为开展理财型保险产品过程中，寿险公司非但不建设自己的直销队伍就是连保险代理人队伍（本文中与保险营销员同义），完全依靠银行等中介机构开展销售。相对而言，保障型保险产品条款费率介绍起来难度高于理财型保险产品，银行等中介机构人员介绍起来难度增加，再加上监管要求，销售难度也同步增加，迫使寿险公司需要建立直销队伍或者保险代理人队伍摆上议事日程。

其次，诱发部门之变。因为开展理财型保险产品过程中，对于寿险公司资金运用要求更高，自然孕育队伍需求。调低理财型保险产品、调高保障型产品，对于寿险公司内部部门设置必然需要进行调整。

最后，诱发风控之变。因为开展理财型保险产品过程中，由于在销售端向保险消费者承诺给予较高的收益，寿险公司经营优劣主要取决于资金运用，指标主要表现在投资回报率预期与实际差异、经营综合费用率预期与实际差异。而开展保障型保险业务中，寿险公司经营优劣除了取决于资金运用外，还要取决于对疾病风险的管控，降低死差。

### 理念调整：从机构监管向功能监管转型

从人民个体来说，拥有健康的身体是对美好生活向往的最重要组成部分，势必会对国家为主导的社会保险和商业保险公司主导的商业保险提供巨大的空间。

商业保险公司回归保险本源，大力发展保障型保险产品，是必须要与国家主导的社会保险进行对接衔接。按照我国现行的社保体制，分为城镇职工、城镇居民和农村居民新型合作医疗三大块，其业务管理对应在不同的管理部门，而且在报销药品目录、手术目录、比例、流程和资料要求等方面具有非常大的差异。在社会保险分而治之的背景下，商业保险公司参与大病保险衔接上就会遇到不统一带来的困扰。

与国家在居民健康保障新格局、新机制相适应，商业保险公司开展、参与大病保险等社会保险，有必要在业务管理制度、业务流程等方面进行相应调整，进而要求保险公司进行针对性培训，适应疾病预防和治疗等社会治理模式的改变。

### 知识调整：从病后治疗型向病前预防型转型

习近平总书记在 2016 年全国卫生与健康大会上指出，要坚定不移贯彻预防为主方针，坚持防治结合、联防联控，努力为人民群众提供全生命周期的卫生与健康服务，要重视重大疾病防控，优化防治策略，最大限度地减少人群患病。要倡导健康文明的生活方式，树立大卫生、大健康的理念，把以治病为中心转变为以人民健康为中心，建立健全健康教育体系，提升全民健康素养，推动全民健身和全民健康深度融合。

的确，保险业回归保障功能是一个大课题，经营财险、人身险发力点各自不同，寿险公司发力点主要在开发、销售、经营保障型保险产品。反映到保险公司培训内容设置上，既要服从、服务于国家对医疗、保障顶层制度设计，也要紧跟前沿的保健技术和医疗技术。

保健技术。伴随着生物技术的发展，基因检测技术取得了重大突破，即将翻开人类对于疾病预防和治疗的新篇章。从思维逻辑来看，现有医疗技术主要是着眼于既有疾病的治疗，基因检测技术主要着眼于对未来患病概率、种类等的预测，因为对未来疾病可以进行预测，所以基因检测将对医疗产业链条上相关企业产生连锁反应。例如，制药企业会根据未来疾病种类的预测，改变研发药品结构；医学研究机构、高校会改变医疗研究结构；连锁反应到保险业来说，会在一定程度上改变精算、改变保险产品结构。

对于现实的寿险公司经营来说，分层次进行业务培训。对于总公司决策人以及精算、合规等高管人员培训，需要了解基因技术等先进技术对保险业深度影响趋势，以便提早规划未来，以便制订对所属员工的专题培训计划，以便适应应用新兴技术对保险经营进行流程再造；对员工要加大疾病知识的培训，通过对承保保险消费者健康教育，培养良好的生活习惯，减少人民全生命周期的疾病的发生、推迟疾病的发生年龄，提高消费者全生命周期整体身体健康状况，达到降低费用并减少痛苦的目的。

医疗技术。伴随着现代医疗技术的发展，人工智能技术在医疗行业运用的病种更多、医院更多、医生更多，影响到医疗技术方案和医疗费用总额，间接会影响到相关产业，保险业也难以独善其身，需要适应形势变化对员工进行培训。

与医疗形势相适应，保险公司业务培训按照层级进行培训，通过运用医疗技术进行防灾防损，将眼前现实的技术和未来的基因检测技术相结合，制定短期的防范措施方案，提高员工综合素质，提高保险消费者的健康保障能力。

开展好当前寿险公司业务培训，有利于提高寿险公司员工综合素质，推动寿险公司业务转型回归至保障功能，有利于发挥保险业参与人民群众健康管理的作用和保险业服务实体经济的作用。

（本文发表于2018年6月28日《中国保险报》）

# 外资险企“拦路虎”

## ——牌照、产品、渠道

王小韦

最近，伴随着上海等地发布金融业对外开放细则，保险业对外开放的话题成为热门话题之一。在新一轮保险业对外开放的大背景下，研究纯外资保险机构如何适应我国保险业监管，以及我国保险业监管制度如何与国际主流的保险监管制度“接轨”，也就成为现实的课题。

### 新一轮保险业对外开放政策的三大特点

新一轮保险业对外开放的政策具有以下三大特点。

一是立体性。从运营主体看，涉及保险公司和保险中介机构，全面覆盖保险市场。

二是渐进性。从股份占比看，外资股份逐步扩大（寿险公司可以突破51%），在一定时间后，外资股份占比不再限制，意味着纯外资保险公司进入我国保险市场进入倒计时状态，意味着纯外资保险机构拥有更大的经营自主权。

三是一致性。从监管要求看，经过一段时期过渡，无论是保险公司还是保险中介市场，对于所有市场主体不再区分其股东国别，实行统一的保险监管政策。

### 新一批外资保险机构进入我国保险市场的三大特点

新一批外资保险机构进入我国保险市场，恰逢各类改革叠加，具有以下三大特点：

一是新架构。按照正在推行的国务院机构改革方案，融合组建中国银行保险监督管理委员会，由新机构对银行业业监管、保险业进行统一监管，银行业监管、保险业监管由“分业经营、分业监管”改革为“分业经营、一体监管”，涉及银行业监管、保险业监管的重要法律法规交由人民银行制定。

二是新理念。秉承“保险姓保、监管姓监”的基调，保险业对保险产品结构正在从理财型保险产品向保障型保险产品进行调整。

三是新渠道。在对保险产品进行改革的过程中，保险中介渠道系统改革逐步进行落地中。按照现行的保险中介市场准入政策规定，保险代理人市场准入考核权完全交给保险公司和保险专业中介机构。根据2015年9月保监会下发的《关于深化保险中介市场改革的意见》（保监发〔2015〕91号，以下简称91号文），保险中介市场即将进行深化改革，核心要点包括降低保险专业中介机构注册资本金，恢复保险兼业代理机构审批，试点独立代理人制度。

## 纯外资保险机构融入我国保险市场需解决的三个基本问题

基于上述分析，笔者认为纯外资保险机构进入并融入我国保险市场，需要解决好获取牌照、产品结构和销售渠道三个基本问题，选准切入点。

一是牌照。保险业作为金融业的一个组成部分，持牌经营是一个基本要求。纯外资保险机构申请保险类牌照，包括获取保险公司经营牌照和保险中介机构牌照两种。在经营保险业务牌照上，外资机构母国对保险公司是按照承担保险责任大小决定保险公司的注册资本金，或者说是按照注册资本金大小决定保险责任的大小；在经营保险中介业务牌照上，外资机构的母国对设立保险代理机构对注册资本金是没有监管要求的，对设立保险经纪机构注册资本金有很低限额的要求。例如，有的母国保险中介市场监管审批实行“串联式”，即保险监管部门审批保险公司，由保险公司设立专门的登记委员会对保险代理人和机构进行管理，产生了制衡机制，可以实现保险中介间接式监管。

我国目前对保险市场监管审批实行“并联式”，即保险监管部门同时审批保险公司和保险中介机构设立，保险公司和保险中介机构是平权主体，通过保险公司对保险中介市场间接式监管的难度较大，缺乏制衡机制。当前，在91号文尚未完全落地之前，保险专业中介机构法人机构准入的注册资本金是5000万元实缴货币资本，并继续暂停车商等兼业代理机构市场准入。鉴于绝大多数保险专业代理机构在业务结构上与车商、车队（运输公司）等兼业代理机构都以车险为主，而承担的监管业务悬殊。落实91号文，降低保险专业代理机构市场准入门槛并恢复车商等兼业代理机构市场准入，势必会对现有的保险中介市场结构产生深刻影响，可能会出现“兼业进、专业退”的扭转。

二是产品。近年来，我国保险市场持续增长，与寿险公司开展理万能险等理财型保险产品有很大关系，该产品主要在银行渠道代理销售，有的银行正是在代理业务中发现这块业务的特性，纷纷成立、参与设立寿险公司。所以，银行系保险公司绝大多数产品单一，销售渠道单一。

按照2017年全国金融工作会议精神，保险业要服务实体经济、防范化解风险和深化自身改革等要求，产品结构调整就成为业务经营中的首要大事。

三是渠道。近十年来，在保险产品营销渠道上，来自包括保险个人代理人、保险兼业代理机构和保险专业中介机构在内的保险中介渠道实现业务占比在80%左右，2017年达到87%左右。即使保险中介渠道业务占比在80%以上，也有的观点认为我国保险经营尚未达到“产销分离”。

在保险中介渠道内部，按照91号文，会积极推动试点独立保险代理人，而从当前保险中介市场实务看，有的保险专业代理机构大量签约代理合同制的营销员，认为此就是进行独立代理人模式，其在一定程度上弱化了保险专业代理机构的功能和责任。同时，由于《保险法》（2015版）修订，取消了保险代理人考试持证上岗制度，保险公司和保险中介机构取得了聘请人员的自主权，诱发保险销售人员大幅度飙升，对于业务品质也会产生潜在的影响。

当然，伴随着保险市场的对外开放深度、广度的提升，纯外资保险公司和保险中介机构出现，标志着外资保险机构“融入”我国保险市场，相应的监管制度体系进行深刻调整势在必行，以便更好地适应监管形势的要求。

（本文发表于2018年7月《保险文化》）

# 新时代治理保险销售误导的新思维

王小韦　李红维

从逻辑上讲，保险业是金融业的子系统，其规范经营、健康发展要符合金融监管政策和监管架构的要求；保险业作为社会治理体系的有机组成部分，会受到国家社会治理体系建设的深度影响；保险业尤其是寿险经营中存在的销售误导问题，是保险业经营过程中需要预防、治理和遏制的重大问题之一。所以，研究治理保险销售误导，必须要适应社会治理的需要，适应金融监管政策的需要，适应保险业定位和发展的需要。

## 新契机：新定位、新架构、新主体

在保险业、金融业和社会治理发展的不同阶段，治理寿险销售误导具有不同的思维模式。

新定位。2017 年全国金融工作会议强调金融业要服务实体经济、防范化解风险和深化改革，为保险业回归保障功能确定了基调。随之，保险监管部门出台一系列文件，引导保险公司进行保险产品结构调整，以产品为载体体现保险业回归保障功能。

新架构。落实党的十九大规划，拉开了党和国家机构改革序幕，组建银行保险监管机构对银行业、保险业两大市场进行统一监管，为治理寿险销售误导提供了组织保障，进一步提高了沟通的效率。近期，银保监会下发文件，提示保险消费者购买银保产品时谨防混淆产品类型、夸大产品收益等销售误导行为，通过确认销售资质、了解产品信息等五方面防范销售误导风险，这将为治理销售误导提供了法律依据。

新主体。按照目前已经公开的方案，当前全资的外资保险中介机构市场准入开始推进，在一定期限后全资的外资保险公司将与现有的保险公司和保险中介机构进行深度竞争和协作。从治理销售误导的政策设计看，域外有的保险市场对于治理销售误导有更严格的要求和更严厉的惩治措施。

### 旧障碍：旧现实、旧政策、旧观念

对症下药。充分揭摆过去以及当前治理寿险销售误导的表现，深入剖析根源，是提出治理寿险销售误导措施的基本工作。

旧现实。目前，寿险领域销售误导可以从三个维度分析：一是原保监会官网投诉。二是区域市场投诉。三是个案处理。

旧政策。目前，寿险领域销售误导治理政策短板：一是机构持证问题。二是人员持证问题。三是固化销售行为。

旧观念。在我国保险业内，对于销售误导行为不认为是一种触犯刑律的问题。首先，保险监管部门在受理销售误导投诉过程中，由于缺乏客观的证据支撑，认定销售行为是否构成销售误导非常困难。其次，由于保险业用工制度的原因，保险业从业人员的流动性非常强，既给查清事实造成不便，也给事后问责造成不便。最后，对于确认是销售误导的行为，充其量就是给投诉人补偿经济损失，未对相关责任人追究任何责任。

### 新思维：新制度、新技术、新机制

新时代治理寿险销售误导，既需要出台规范性文件层级的监管措施治标先行，更需要完善部门规章以上的银行保险监管法律法规，也需要依靠技术手段固化销售行为。

新制度。按照正在推进实施的党和国家机构改革方案，涉及银行保险的重要法律法规制定权划归人民银行行使，改变的不仅是监管制度本身，也改变了监管制度执行，实现了制度制定和执行的分离、制衡。

新技术。伴随着互联网技术尤其是移动互联网技术的发展、智能手机的高度普及和相应资费的大幅度下调，这些将为宣传保险知识、宣传保险产品和保险监管创造更加便利的条件。建议在机构管理方面，在明确持证主体基础上，在许可证上制作二维码，记载机构的基本信息，便于监管部门和消费者查验；在人员管理上，在工作证上制作二维码，记载销售人员所属单位、培训、继续教育、不良记录等信息；要求保险公司总公司对宣传彩页、课件在国家级银行保险行业协会和监管部门备案，通过技术手段，国家级银行保险行业协会和银行保险监管部门对各类培训能够实时监控。

新机制。在保险业内部，重点做好以下三项工作：一是改进产品条款。进一步加快保险产品条款通俗化工作，便于保险销售人员解释和保险消费者理解，从源头上消除保险买卖之间理解分歧。二是改进佣金制度。现在长期寿险产品佣金制度实行“前高后低”。以20年长期寿险产品为例，前三年的佣金比例为80%～60%，第四年、第五年在20%作用，后15年主要是低至1%左右的服务费。改进后的佣金制度实行“前低后高型”或者完全平滑型（按照投保年限平均支付佣金）。三是改进问责机制。对于认定的销售误导行为，要对相关销售人员、高管人员进行经济、职务问责，例如追回佣金、追回奖金等。通过采取综合措施，提升保险销售人员和管理人员的责任心，依法合规进行保险销售，为自己和保险业发挥正能量的积极作用。

（本文发表于2018年7月12日《中国保险报》）

# 探析保险代理新规的“坐标”体系

王小韦　李红维

2018 年 7 月 9 日，中国银保监会下发通知，对制定中的《保险代理人监管规定》（以下简称代理新规）进行公开征求意见。即将出台的保险代理新规引起了保险业尤其是保险中介从业人员广泛关注和深度热议。但是，热议集中于保险代理体系内部，比如对独立保险代理人发展模式、执业登记等。因为保险代理新政是一项监管改革，表面上扭动了市场主体格局，本质上调整着不同主体的经济利益分配。所以，研究保险代理新规确定的“坐标”体系显得尤为重要。

本文以公开资料为素材，通过扼要回顾近十年来相关保险中介监管政策变迁，结合保险市场变化趋势，探析研究保险新规的“坐标”体系，试图全面准确解读保险代理新规，与保险业同仁共享。

按照唯物辩证法的世界观和方法论，凡事皆具有联系。具体到保险业来说，保险代理是保险中介的子系统，保险中介是保险业的子系统，保险业又是社会治理的子系统。基于上述的思维基础，笔者认为研究和看待即将出台的保险代理新规，确立的“坐标”体系为保险代理体系、保险业发展和社会治理发展。

## 立足保险代理体系　优化制度建设体例

保险代理新规创新之处很多，其中最大的创新，笔者认为是制度载体体例的创新，就是将保险代理体系内部三大分支的监管规定集中制定在同一部门规章中，一改多年来实行的平性、分别制定监管规定的做法。这样制定保险代理新政的最大好处就是同时便于保险监管部门依法监管、保险经营主体依法经营，也在很大程度上预防和遏制经营中的监管套利。

从现行的保险代理制度体系来看，保险代理制度是平性、分别制定的，规范保险专业代理机构（以下简称专代）、保险兼业代理（以下简称兼代）和保险个人代理人（以下简称个代）是分别制定监管规定，并且监管规定完备性呈现出“失配”现象。看修订频度，自2006年保险业“国十条”下发以来，专代的监管规定先后历经至少三次修订，兼代的监管规定继续维持2000年出台的规定，其间仅作简单的删除处理，个代的监管规定并未真正出台（与其最接近的规定是营销员、保险销售从业人员的监管规定）；看效力层级，专代和专代的监管规定是部门规章，兼代的监管规定是规范性文件；看完备程度，与实现保费占比业务量相对比，业务占比最低的专代的监管规定最齐备，业务量大的兼代监管规定不足，业务量大的个代监管规定变化起伏较大。面对保险中介市场出现的监管套利现象，固然有不同主体趋利的一面，但是也反映出监管制度亟待完善的短板和弱点，需要消除套利的“温床”。

从保险代理市场本身来看，自2012年3月以来直至现在，暂停了车商等非银行类保险代理机构市场准入，客观上使一部分真实来自车商渠道的业务分流至保险专代、个代渠道商。所以，保险代理新规正式颁布实施，有可能恢复车商类兼代机构审批，有可能扩大代理车险业务的兼代机构审批，势必会将分流制专代、个代渠道的业务回归到真实的车商渠道。另外，由于车商等兼代机构恢复审批，会对现在保险中介市场高价转让牌照现象产生一定影响，逐渐拉低专代“交易”价格。

## 立足保险业功能　统一代理监管标尺

保险代理新政，对于保险业自身的影响，笔者认为可以从形式和内容两个维度进行分析。

形式维度。在征求意见稿的最后一条规定，保险代理新政出台后，现有的保险兼代、专代和保险销售从业人员管理规定废止。将保险代理体系的三大分支放在一个监管规定中，与《保险法》能够保持一致。比如，现行的保险销售从业人员的概念以及广泛使用的保险营销员的概念，在《保险法》中并没有对应的概念；而《保险法》中的个人代理人的概念，在现行的部门规章和规范性文件中也没有作出具体的规定。个人代理人中的独立代理人的概念受到广泛热议的原因在其代理保险公司家数问题上，保险代理新规规定仅可代理一家保险公司。不过，从目前保险市场实务看，“专代＋个代”的模式，已经帮助个人代理人实现代理多家保险公司产品的愿望。而从保险公司的视角看，更倾向于通过“专代＋个代”的模式实现对众多零散个代的管理。

内容维度。保险代理新规正式出台后，恢复兼代审批、创设新的代理种类成为一个大概率的事件，将改变保险代理体系内部的格局，也将对保险公司的经营产生一定影响。例如，从现行保险市场看，由于限制核准车商等兼代市场准入，保险公司在开展车险业务中，只能“绕道”与专代、个代进行合作，导致了保险业务来源渠道真实性的扭曲；从另一个方面看，将违规的隐患从保险公司的账面转移至保险专代的账面上，表面上规范了保险公司的经营行为，实际上加剧了保险代理群体尤其是专代财务处理的违规。当前，商业车险改革进一步深化、互联网企业介入保险业，也对现有的保险经营模式和销售渠道产生新的影响。

保险代理新规与正在完善的保险销售行为可回溯办法等制度相配套，要为广大保险消费者提供更多、更便捷的服务，也要在优化保险业手续费率、综合费用率、赔付率等关键指标发挥积极作用，支持保险业更好地发展。

## 立足社会治理体系　发挥保险保障功能

党的十九大报告进一步明确了社会治理体系和治理能力现代化建设的目标、路径，为社会治理建设指明了方向，当然为保险业发展和保险业内部销售渠道调整指明了方向。从社会治理能力和社会治理体系本身看，商业保险是一种经济手段、财务手段，要发挥作用离不开与法律手段、技术手段相辅相成、密切配合。

充分发挥保险业在社会治理体系中的积极作用，体现在对风险事前识别、事中控制和事后处理三个阶段。具体到保险代理主体来说，保险代理也要切实发挥作用，树立风险思维理念，展现专业风采。

事前识别。当前，保险业中“重销售、轻理赔”现象在一定程度上还是存在，保险销售中的高佣金是表现之一。保险代理新规正式颁布实施以后，保险代理主体之间业务占比结构将发生根本性变化，客观上需要每一类保险代理主体提高保险业务综合素质，能够提供促进保险业发展和经济社会发展的专业技术，真正体现保险中介的行业价值和行业使命。

事中控制。笔者对大量交通事故、安全生产事故等各类事故的研究发现，风险标的被承保之后，保险公司在风险防范可圈可点的措施不能够充分彰显。保险代理新规正式颁布以后，保险业务渠道回归的过程中，缩短了保险产业链条，相关主体对承保的风险标的进行持续关注要成为一种习惯。保险代理是保险销售的窗口环节，掌握着标的物风险状况的第一手资料，切实发挥发现风险变化“蛛丝马迹”，为下发风险隐患通知书提供第一手资料，协助保险公司做好防灾防损工作。

事后足赔。事故是一面多棱镜，从不同的角度可以看到不同的影像。从保险业的风险管控角度看，有的大型交通事故发生以后，保险业积极开展“预赔”工作，为及时救助伤员提供了资金支持。但是，相关部门调查报告显示事故是严重安全责任事故。保险代理新规正式颁布以后，保险公司和保险中介主体要对照监管规定完善公司的内控制度，并严格执行，协助保险公司和保险消费者按照合同约定实现足额理赔。

将保险代理新规研究放在保险代理体系自身、社会治理这样多层次的背景和坐标下，有利于切实发挥保险代理在保险中介体系中的积极作用，有利于发挥保险业自身的积极作用，有利于发挥保险业在社会治理体系和治理能力建设中的积极作用。

（本文发表于 2018 年 7 月 26 日《中国保险报》）

# “银行统治下的保险公司”能否华丽转身“白天鹅”

王小韦

最近，笔者收到一篇题为《银行统治下的保险：36 家保险公司 48 个一把手出身银行》的文章，友人嘱咐写篇文章回答两个问题：第一，为什么银行业“高大上”，宛如一只白天鹅，而保险业缠身于“销售误导和理赔难”，好似一只丑小鸭；第二，“丑小鸭”的保险业华丽转身白天鹅的路径到底在哪里？这两大问题既是保险业孜孜追求的老问题，也是曾经的银行业高管履新保险业高管首当其冲需要考虑的新问题，应当是“三把火”中不能不燃烧的“一把火”。

围绕上述两个问题，本文以公开资料为素材，通过回顾近年来保险监管政策变迁，立足于分析保险业、银行业的双重属性，对改善保险业经营能力、社会形象提出意见和建议，与金融业同仁共享。

## 双重属性：丑小鸭和白天鹅的差异

毋庸讳言，在当前社会公众对金融业大家庭成员认知里，银行业宛如一只白天鹅，同门姊妹保险业好似一只丑小鸭。为了便于表述银行业和保险业社会形象差异性的根源，笔者将行业产品自然特点称为天然属性，将基于监管制度导致的特点称为自然属性，并从天然属性和自然属性两个视角进行比较。

天然属性。笔者认为，天然属性是银行业形象高于保险业形象的基础条件和根本原因，因为银行产品简单于保险产品。林林总总的银行产品大体上可以分为两大类：第一类是存款（贷款）产品，这是银行业的主营业务。第二类是代理产品。例如，代理发放工资、代理收取水电费、代理销售保险产品等金融产品。上述两类银行产品介绍，是以数学公式计算为主、以文字表述为辅，故而很少发生销售误导。

与银行产品相反，保险产品更加复杂。按照2016版保险业“国十条”规定，保险具有经济补偿、资金融通和社会管理三大功能。基于保险业三大功能，保险业产品体系丰富于银行产品，可以分为三个层面：第一类，不同的保险公司经营的保险产品种类不一样，一般在保障型保险产品和理财型保险产品中有所侧重；第二类，即使经营同样的保险产品，不同的保险公司产品保险责任和免除责任不一样，并且在不同保费下；第三类，即使同样的保险产品，同一家保险公司不同的销售人员介绍保险产品内容也不一样。上述三类保险产品介绍，以数学计算为辅、以文字表述为主的，故而经常发生销售误导和各类理赔纠纷。

社会属性。银行业和保险业的社会属性是由对应监管制度和商业模式共同作用下形成的。具体表现在以下三个方面：一是用工制度。银行业以由银行签订使用劳动合同为主、以由劳务派遣公司签订劳动合同为辅，而保险业用工制度以签订劳动合同为辅、以签订代理合同为主。二是准入门槛。银行业继续保持由监管部门或者行业自律机构考试发证制度，而保险业自2015年4月取消了由监管部门考试发证制度。三是业务来源。银行开展业务活动不通过中介机构，银行对业务品质有绝对的掌控性；而保险业实现保费绝大多数来自于中介渠道，对业务品质不具有绝对的掌控性。四是薪酬制度。银行业薪酬按照业绩实行均衡性支付，培养了员工看重长远的收入和可预期的职业生涯规划，而保险业薪酬制度尤其是保险代理人实行无底薪的纯粹绩效制，长期寿险合同佣金采取“前高后低、前有后无”的形式，使保险员工仅局限于眼前利益。

从一般的逻辑看，越是复杂产品、经营技术难度大的行业越需要更加严格的监管；而现实的逻辑表现是保险业的监管、内控制度弱于银行业的监管，进而导致银行业白天鹅形象和保险业丑小鸭形象对比更加明显。

## 两大路径："丑小鸭"华丽转身"白天鹅"

"丑小鸭"保险业如何向"白天鹅"银行业华丽转身？

可谓是仁者见仁智者见智。对于保险业如何内强素质、外树形象，不同的研究人员有不同的视角和结论。本轮研究立足于银行业、保险业差异的双重属性进行分析，分别完善保险业天然属性和社会属性中存在的短板。

一是优化保险产品设计，方便供求双方理解。保险产品是在解释保险责任和免除责任基础上，运用复杂计算来阐释的金融产品。完整准确解释产品是进行保险业经营的基础性工作，也是实现保险业形象根本性提升的基础性工作。针对目前保险产品存在问题，建议开展以下工作：其一，制作规范的保险合同示范文本。由保险行业协会牵头，组织保险业各类专家，广泛吸收律师、法官、医生等专业人士参与，制作规范的保险合同文本，减少保险业内运动员、裁判员对保险合同的理解分歧。其二，统一建立保险业的专家库。在行业协会组织下，建立统一的专家库对保险合同进行解释和保险案件咨询。其三，加强对保险销售员工培训，切实提高员工综合素质，减少自身对保险产品理解的偏差。通过上述工作，便于保险销售方、保险消费者双方准确全面理解保险产品。

二是优化保险商业模式，挖掘保险服务能力。保险用工制度和佣金模式是决定保险公司服务能力高低非常重要的手段。建议开展以下基础工作：其一，逐步在保险业采用劳动合同用工制度。通过签订劳动合同，培养保险从业人员对保险机构的忠诚度，培养保险机构对保险消费者的忠诚度，培养保险业对切实履行参与社会治理的忠诚度。其二，逐步改革现有的保险佣金制度。按照保险责任期间均衡发放保险佣金，对于保险责任 1 年期以下的保险产品，保险佣金实行逐月平均发放佣金；对于保险责任 1 年期以上的保险产品，保险佣金实行逐年平均发放佣金。通过改革佣金制度，从源头上铲除"孤儿"保单现象，培养保险从业人员长远服务保险消费者的潜意识。

三是优化保险监管制度，规范保险主体经营。保险公司合规经营的直接依据是公司的章程和各项制度，间接依据还是保险监管制度。建议落实党和国家机构改革精神为契机，整合保险监管制度。其一，银行机构代理保险业务市场准入。将现行的银行代理保险业务市场准入整合为统一的制度，减少事务性成本。其二，依法恢复保险从业人员从业资格制度。其三，督促保险公司进一步规范风险识别、预防和处置内控制度。通过实现保险监管制度外在压力和保险公司内控制度牵制的互动、衔接，努力实现保险监管制度和保险公司内控制度之间的良性互动。

当前，在银行业、保险业监管架构一体化、制度建设统筹化的背景下，银行业高管转任保险业务高管，有利于进一步优化保险业的经营理念，有利于提升保险公司的经营能力，有利于推动保险业参与社会治理，对于实现保险业从“丑小鸭”形象华丽转身于“白天鹅”形象提供了人才准备、制度准备和实践准备。

（本文发表于 2018 年 9 月 25 日《保险文化》）

# “双峰监管”从理论到实操

时 欣

## 一、“哲思 + 实践” 酝酿出“双峰”理论

1995年迈克·泰勒（Michael W Taylor）给伦敦智库“金融创新研究中心”写了一篇论文，题为《“双峰”——新世纪的监管构架》（“Twin Peaks”——A Regulatory Structure for the New Century），首次提出了“双峰监管”理论。当时这篇并不轰动的小文，现在已经列入所有金融监管人士的必读清单，成为很多关于监管机构争论的经典引证，并深刻影响了世界金融监管架构。

迈克·泰勒本人并非什么经济学家，虽然也像伦敦金融城的精英一样受邀在很多名牌大学开讲座，但他基本算是一个“老监管”，主要任职经历包括英国央行英格兰银行，国际货币基金组织IMF，包括香港金融监管局高级职务。亚洲金融危机期间，作为IMF的代表在印度尼西亚工作两年，后来也参与处置2001年阿根廷金融危机。

而在投身金融监管大业之前，泰勒最初的热爱是哲学和思想史，主要研究维多利亚时期的哲学家赫伯特·斯宾塞（社会达尔文主义之父）。

这种既有哲学思想又有监管实践的大咖，他的话肯定不是随便说说。

然而，双峰理论很长一段时间，在英国并未受到足够重视，倒是澳大利亚于1998年率先在这个理论基础上重构金融监管体系，并经受住了全球金融危机的考验。

而英国在遭受金融危机重创之后，痛定思痛，认识到分业金融监管模式的缺陷。根据《2012年金融服务法案》，英国于2013年4月1日开始了一套

新的基于“双峰理论”的金融监管制度。泰勒在1995年规划的蓝图，终于在18年后成为现实。

## 二、双峰监管基本逻辑和观点

首先有以下三个底层逻辑：

一是现代金融体系中，传统的银行、证券、保险分业监管已经过时（obsolete），需要一种聚焦于监管目标的结构来替代（a regulatory structure that focuses on the objectives of regulation）。

二是每个监管机构都要有清晰、毫不含糊的法定职责，要明确监管究竟具体对什么负责。

三是监管机构的设置要能反映被监管行业的结构。

在此基础上，泰勒提出双峰监管的两个核心观点：

一是传统的银行、证券、保险“三驾马车”分业监管应该整合成两个监管机构：金融稳定监管机构和消费者保护机构。前者负责确保金融系统整体的稳定性，主要是通过采取审慎监管措施。后者负责保证金融机构以公平透明的方式对待消费者。

二是泰勒在随后发表的一篇报告中批评当时的监管机构FSA，选择将监管资源投入高频事件（比如处理消费者投诉）而不是低频但影响重大事件（比如银行破产）。当审慎监管和消费者保护混为一谈，且由一个监管机构执行的话，至少其中一个目标要搞砸。

## 三、双峰之上的央行

英国的双峰机构之一——审慎监管局（PRA）负责对大型金融机构的审慎监管，主要关注影响金融系统稳定性的重大风险。但是PRA在治理结构上又是英格兰银行的子公司。一方面，基于股权控制关系，审慎监管局根据《公司法》受到母公司英格兰银行的直接控制与监督；另一方面，根据《2012年金融服务法案》还要受到英格兰银行内新设的金融政策委员会（FPC）的指导和建议。

英国的双峰机构之二——行为监管局 FCA，其作为 FSA 的继承机构，主要处理与消费者密切相关的金融机构市场行为合规性，也负责对金融科技公司的监管。其在法律地位上虽然独立于英格兰银行，但根据《2012 年金融服务法案》的规定同样需要接受英格兰银行内金融政策委员会（FPC）的指导和建议。由此可见，英国的双峰机构与本国央行联系紧密，在英格兰银行的监督与指导下履行金融监管职责。

2018 年 3 月 9 日，周小川行长曾表示，央行要牵头增强各机构间协调的效率，但是否使用“双峰”监管的体制，目前还是要观察一段时间，不是说就要采用双峰监管的尺度。至于银监会、保监会合并后的新“两会一行”监管架构是否借鉴双峰监管理论及实践，让我们拭目以待吧。

# 附录

# 2012年至2018年9月25日发表文章一览表

| 序号 | 发表日期 | 发表刊物 | 文章名称 | 课题组成员 |
|---|---|---|---|---|
| 1 | 2012年11月27日 | 《中国保险报》 | 陕西定制汽车企业代理保险业务实施细则 | 王小韦 |
| 2 | 2013年5月22日 | 《中国保险报》 | 车企代理车险改革的重点、难点、突破点 | 王小韦<br>高笑寒 |
| 3 | 2013年6月21日 | 《中国保险报》 | 陕西首试车险兼业代理客户告知 | 王小韦<br>高笑寒 |
| 4 | 2013年7月31日 | 《中国保险报》 | 车企“兼改专”走向专业化 | 王小韦<br>高笑寒 |
| 5 | 2013年8月14日 | 《中国保险报》 | 循序渐进叫停车行代理保险“驻点制” | 王小韦 |
| 6 | 2013年8月15日 | 《中国保险报》 | 陕西加快车企代理保险业务规范化 | 王小韦<br>高笑寒 |
| 7 | 2013年8月28日 | 《中国保险报》 | 联合出资突破中小型车企“兼改专”瓶颈 | 王小韦<br>高笑寒 |
| 8 | 2013年9月5日 | 《中国保险报》 | 陕西局回访新批兼业代理机构 | 王小韦<br>高笑寒 |
| 9 | 2013年9月5日 | 《中国保险报》 | 陕西保监局分类推进车企代理保险专业化工作 | 王小韦<br>高笑寒 |
| 10 | 2013年9月11日 | 《中国保险报》 | 提高营销员持证率新思路 | 王小韦<br>高笑寒 |
| 11 | 2013年9月25日 | 《中国保险报》 | 借鉴护板“银管新规”存量车企代理监管新思路 | 王小韦<br>高笑寒 |
| 12 | 2013年10月29日 | 《中国保险报》 | 改进保险兼业代理机构会计核算 | 王小韦<br>高笑寒 |
| 13 | 2013年10月30日 | 《中国保险报》 | 保险中介监管应与工商登记改革衔接 | 王小韦<br>郜恺 |
| 14 | 2013年11月4日 | 《中国保险报》 | 陕西规范车站代理短意险行为 | 王小韦<br>高笑寒 |
| 15 | 2013年10月16日 | 《中国保险报》 | 车险代理“双驻点”隐忧大 | 王小韦<br>高笑寒 |

续表

| 序号 | 发表日期 | 发表刊物 | 文章名称 | 课题组成员 |
|---|---|---|---|---|
| 16 | 2013 年 11 月 29 日 | 《中国保险报》 | 陕西规范券商代理保险业务 | 王小韦<br>高笑寒 |
| 17 | 2013 年第 11 期 | 《保险经理人》 | 推广沪版银管新规保障银保新政实施 | 王小韦<br>高笑寒 |
| 18 | 2014 年 6 月 11 日 | 《中国保险报》 | 解析保险专业代理注册政策 | 王小韦<br>高笑寒 |
| 19 | 2013 年 12 月 11 日 | 《中国保险报》 | 申办中介机构行政许可前置比后置更好 | 王小韦<br>高笑寒 |
| 20 | 2014 年 3 月 26 日 | 《中国保险报》 | 美汽车安全管控技术值得借鉴 | 王小韦<br>王雨飞 |
| 21 | 2013 年 12 月 25 日 | 《中国保险报》 | 专业代理规模化先要规范化 | 王小韦<br>高笑寒 |
| 22 | 2014 年 1 月 29 日 | 《中国保险报》 | 如何杜绝短意险违规 | 王小韦<br>高笑寒 |
| 23 | 2014 年 1 月 28 日 | 《中国保险报》 | 探析现阶段保险门店突围之道 | 王小韦<br>高笑寒 |
| 24 | 2014 年 3 月 20 日 | 《中国保险报》 | 华泰 EA 保险门店模式对我国保险营销体制改革的启示 | 王小韦<br>高笑寒 |
| 25 | 2014 年 2 月 19 日 | 《中国保险报》 | 从一个案例看提高银保业务监管信息化的重要性 | 王小韦<br>高笑寒 |
| 26 | 2014 年第 6 期 | 《保险经理人》 | 从完善顶层制度入手推进保险兼业代理专业化 | 浐灞（王小韦） |
| 27 | 2014 年第 3 期 | 《保险经理人》 | 美国车辆网技术发展掠影 | 王小韦<br>王雨飞 |
| 28 | 2014 年第 8 期 | 《保险经理人》 | 录音录像：银保业务监管的划时代改革 | 浐灞（王小韦） |
| 29 | 2014 年 7 月 3 日 | 《中国保险报》 | 保险专业代理机构转型：一元化还是多元化 | 王小韦 |
| 30 | 2014 年 3 月 21 日 | 《中国保险报》 | 注册资本金十年上涨一百倍，保险代理“高门槛”效果有限 | 王小韦<br>高笑寒 |
| 31 | 2014 年 8 月 6 日 | 《中国保险报》 | 推行间接式监管保险中介市场（上） | 浐灞（王小韦） |
| 32 | 2014 年 10 月 15 日 | 《中国保险报》 | 推行间接式监管保险中介市场（下） | 浐灞（王小韦） |

续表

| 序号 | 发表日期 | 发表刊物 | 文章名称 | 课题组成员 |
| --- | --- | --- | --- | --- |
| 33 | 2014 年 8 月 7 日 | 《中国保险报》 | 陕西：打击保险欺诈开局良好 | 胡　刚<br>王小韦 |
| 34 | 2015 年 3 月 13 日 | 《中国保险报》 | 营销员转型之道：转岗　转行　转制 | 王小韦<br>马丽娟 |
| 35 | 2015 年 4 月 1 日 | 《中国保险报》 | 政策红利助推保险门店逆袭 | 马丽娟<br>王小韦 |
| 36 | 2015 年 3 月 31 日 | 《中国保险报》 | 美国保险门店“生态环境”四特点 | 浐灞（王小韦）<br>马丽娟 |
| 37 | 2015 年 3 月 19 日 | 《中国保险报》 | 保险代理人转型“新思维” | 马丽娟<br>王小韦 |
| 38 | 2015 年 3 月 10 日 | 《中国保险报》 | 探求销售渠道和模式创新 | 马丽娟<br>王小韦 |
| 39 | 2015 年 5 月 6 日 | 《中国保险报》 | 从阿里造车看车险经营转型 | 王小韦<br>马丽娟 |
| 40 | 2015 年 6 月 17 日 | 《中国保险报》 | 市场低迷期险企、车商共谋转型发展 | 王小韦<br>马丽娟 |
| 41 | 2015 年第 3 期 | 《中国保险》 | 互联网技术推动保险营销员转型 | 王小韦<br>马丽娟 |
| 42 | 2015 年第 4 期 | 《陕西保险》 | 纽约州中介渠道报酬公开制度对遏制银邮渠道销售误导的启示 | 马丽娟<br>王小韦 |
| 43 | 2015 年 6 月 17 日 | 《中国保险报》 | 专车现象对车险经营带来深刻影响 | 王小韦<br>马丽娟 |
| 44 | 2015 年 8 月 12 日 | 《中国保险报》 | “商车改革”中车险转型之道 | 王小韦<br>马丽娟 |
| 45 | 2015 年 8 月 26 日 | 《中国保险报》 | 车险经营进入 2.0 时代，谁能活得更好 | 王小韦<br>马丽娟 |
| 46 | 2015 年 9 月 9 日 | 《中国保险报》 | 陕西保监局强力推进“亮剑”行动 | 王小韦<br>郭天文 |
| 47 | 2015 年第 7 期 | 《中国保险》 | 阿里造车搅动车险价格“二次变脸” | （秦岭）王小韦<br>马丽娟 |
| 48 | 2015 年 9 月 8 日 | 《中国保险报》 | 保险营销体制改革要适应保险经营体制改革 | 王小韦<br>马丽娟 |

续表

| 序号 | 发表日期 | 发表刊物 | 文章名称 | 课题组成员 |
|---|---|---|---|---|
| 49 | 2015年9月23日 | 《中国保险报》 | 车险放送：“没有最强，只有更强” 搅局还是常态 | 王小韦<br>马丽娟 |
| 50 | 2015年第4期 | 《中国保险》 | 车险新政：车险1.0时代的下半场 | 王小韦<br>马丽娟 |
| 51 | 2015年10月13日 | 《中国保险报》 | 新形势下遏制销售误导的新思维 | 王小韦<br>马丽娟 |
| 52 | 2015年10月21日 | 《中国保险报》 | 专车“出击”和车险“突围” | 王小韦<br>马丽娟 |
| 53 | 2015年10月21日 | 《中国保险报》 | 新能源汽车出险，按照哪个价格来赔 | 王雨飞<br>王小韦 |
| 54 | 2015年第8期 | 《陕西保险》 | 专车现象对车险经营带来深刻影响 | 王小韦<br>马丽娟 |
| 55 | 2015年10月29日 | 《中国保险报》 | 陕西车险理赔时效向好 | 王小韦<br>马丽娟 |
| 56 | 2015年11月10日 | 《中国保险报》 | “见义勇为”汽车出险，保险该怎么赔 | 王小韦<br>马丽娟 |
| 57 | 2015年11月10日 | 《中国保险报》 | 中介新政下保险“三代”的融合发展 | 王小韦<br>马丽娟 |
| 58 | 2015年第9期 | 《保险中介市场》 | 保险营销体制和保险经营体制辩证关系研究 | 王小韦<br>马丽娟 |
| 59 | 2015年11月16日 | 《中国保险报》 | 陕西保监局“亮剑行动”初显威 | 郭天文<br>王小韦 |
| 60 | 2015年11月18日 | 《中国保险报》 | 挂虚假临时牌照出真实交通事故，车险赔不赔 | 王小韦 |
| 61 | 2015年11月18日 | 《中国保险报》 | 陕西保监局恢复保险中介审批“开闸”平稳 | 王小韦<br>马丽娟 |
| 62 | 2015年11月23日 | 《中国保险报》 | 完善机制——陕西局防范保险案件风险 | 王小韦<br>吴锦今 |
| 63 | 2015年12月1日 | 《中国保险报》 | 从机构监管到功能监管——保险代理机构监管转型的思考 | 王小韦<br>马丽娟 |
| 64 | 2015年12月2日 | 《中国保险报》 | 车险手续费可以取消吗 | 王小韦<br>马丽娟 |

续表

| 序号 | 发表日期 | 发表刊物 | 文章名称 | 课题组成员 |
| --- | --- | --- | --- | --- |
| 65 | 2015 年 12 月 2 日 | 《中国保险报》 | “电商盛宴”给保险业带来的启示 | 王雨飞<br>王小韦 |
| 66 | 2015 年 12 月 8 日 | 《中国保险报》 | 论保险中介行政审批衔接商事制度改革 | 王小韦<br>郜恺 |
| 67 | 2015 年 12 月 8 日 | 《中国保险报》 | 保险营销员监管转型：有所为，有所不为 | 王小韦<br>马丽娟 |
| 68 | 2015 年 12 月 22 日 | 《中国保险报》 | “见义勇为”者伤亡，意外险赔不赔 | 王小韦<br>马丽娟 |
| 69 | 2015 年 12 月 23 日 | 《中国保险报》 | 陕西保监局积极参加省级信用建设 | 郭天文<br>王小韦 |
| 70 | 2015 年第 23 期 | 《中国保险市场》 | 学平险如何走出“鸡肋”困境 | 王雨飞<br>王小韦 |
| 71 | 2016 年 1 月 5 日 | 《中国保险报》 | 保险独立个人代理人“顺诞”的三道关 | 王小韦<br>高笑寒 |
| 72 | 2016 年 1 月 6 日 | 《中国保险报》 | 车险能不能找到新蓝海 | 王小韦<br>马丽娟 |
| 73 | 2016 年 1 月 12 日 | 《中国保险报》 | 地产系寿险公司“新常态” | 杜娟<br>王小韦 |
| 74 | 2016 年 1 月 19 日 | 《中国保险报》 | 境外旅游被蛇咬，保险赔偿有分歧 | 王小韦<br>王雨飞 |
| 75 | 2016 年 1 月 19 日 | 《中国保险报》 | 深度提高保险代理专业水准 | 王小韦<br>高笑寒 |
| 76 | 2016 年 1 月 27 日 | 《中国保险报》 | 陕西保监局多措提升公共服务能力 | 王小韦<br>杨铎 |
| 77 | 2015 年第 4 期 | 《保险中介市场》 | 新背景新格局新策略——未来保险中介市场逻辑思考 | 王小韦<br>马丽娟 |
| 78 | 2015 年第 4 期 | 《保险中介市场》 | 保险专代机构“三资”问题透视 | 王小韦<br>高笑寒 |
| 79 | 2016 年 1 月 28 日 | 《中国保险报》 | 违规洒水结冰致系列车祸，保险该赔吗 | 王小韦<br>王雨飞 |
| 80 | 2016 年 2 月 2 日 | 《中国保险报》 | 当前门店建设扫描 | 王小韦<br>王雨飞 |

续表

| 序号 | 发表日期 | 发表刊物 | 文章名称 | 课题组成员 |
| --- | --- | --- | --- | --- |
| 81 | 2016年2月3日 | 《中国保险报》 | 陕西保险业履行社会责任促多方共赢 | 王岩　王小韦<br>聂秦岭 |
| 82 | 2016年2月4日 | 《中国保险报》 | 陕西保监局充分发挥非现场监管作用 | 田丽　李盼<br>王小韦 |
| 83 | 2016年2月16日 | 《中国保险报》 | 保险销售关键环节应录音录像 | 王小韦<br>高笑寒 |
| 84 | 2016年2月16日 | 《中国保险报》 | 对完善保险兼业代理监管的思考 | 王雨飞<br>王小韦 |
| 85 | 2016年2月16日 | 《中国保险报》 | 保险中介格局“大洗牌”路演 | 王小韦 |
| 86 | 2016年2月17日 | 《中国保险报》 | 微信远程双定一箭多雕 | 王小韦<br>马丽娟 |
| 87 | 2016年2月18日 | 《中国保险报》 | 小狗咬坏汽车面漆，保险赔吗 | 王小韦 |
| 88 | 2016年2月18日 | 《中国保险报》 | 见义勇为行为保护机制和商业保险机制并行联动 | 王小韦<br>马丽娟 |
| 89 | 2016年2月19日 | 《中国保险报》 | 保险业履行社会责任实现“四方共赢”之道 | 王小韦<br>高笑寒 |
| 90 | 2016年2月23日 | 《中国保险报》 | 野象“玩”得欢，保险赔得快 | 马丽娟　陈曙<br>王小韦 |
| 91 | 2016年2月24日 | 《中国保险报》 | 汉中保险业履行社会责任追求“三统一” | 王小韦　马丽娟<br>苟蕊 |
| 92 | 2016年2月25日 | 《中国保险报》 | 保险门店试点在陕西驶入“快车道” | 王小韦 |
| 93 | 2016年3月1日 | 《中国保险报》 | 孔明灯引燃蔬菜大棚，保险赔不赔 | 马丽娟　杨科技<br>王小韦 |
| 94 | 2016年3月8日 | 《中国保险报》 | 浅谈保险中介监管现代化建设之路 | 王小韦<br>马丽娟 |
| 95 | 2016年3月8日 | 《中国保险报》 | 防滑链断裂碰坏自家车，保险赔不赔 | 王小韦<br>王雨飞 |
| 96 | 2016年3月11日 | 《中国保险报》 | “信用陕西”保险出力 | 黄鹏　郭天文<br>王小韦 |

续表

| 序号 | 发表日期 | 发表刊物 | 文章名称 | 课题组成员 |
|---|---|---|---|---|
| 97 | 2016年3月15日 | 《中国保险报》 | 透视保险产销分离说 | 王小韦 王雨飞 |
| 98 | 2016年3月17日 | 《中国保险报》 | 交通事故责任认定：司法鉴定效力高于交警认定 | 王小韦 陈曙 马丽娟 |
| 99 | 2016年3月30日 | 《中国保险报》 | UBI车险找好商业模式是关键 | 王小韦 马丽娟 |
| 100 | 2016年4月1日 | 《中国保险报》 | 人保汉中市分公司公益活动掠影 | 苟蕊 王小韦 |
| 101 | 2016年4月11日 | 《中国保险报》 | 小险种、大杠杆缓解农村融资难 | 王小韦 李盼 |
| 102 | 2016年4月12日 | 《中国保险报》 | 保险门店销售不容忽视 | 马丽娟 王小韦 |
| 103 | 2016年4月14日 | 《中国保险报》 | 陕西保监局调研保险销售基金 | 韩蕾 王小韦 |
| 104 | 2016年5月4日 | 《中国保险报》 | 陕西首个保险创新试验区启动 | 王岩 王小韦 |
| 105 | 2016年5月9日 | 《中国保险报》 | 陕西保监局：用创新提升“消保”工作 | 郭蓉芳 王小韦 |
| 106 | 2016年5月12日 | 《中国保险报》 | 亮点、惑点、支点——探索基层保险机构微信营销 | 苟蕊 王小韦 |
| 107 | 2016年5月11日 | 《中国保险报》 | 车险经营：越亏损越豪放 | 王小韦 马丽娟 |
| 108 | 2016年5月19日 | 《中国保险报》 | 景区落石砸中游客，保险怎么赔 | 王小韦 王雨飞 马丽娟 |
| 109 | 2016年5月31日 | 《中国保险报》 | 陕西保监局：推动行业提升服务水平 | 韩蕾 王小韦 |
| 110 | 2016年5月24日 | 《中国保险报》 | 防控基层保险机构非法集资风险 | 陈朝阳 王小韦 吴锦今 |
| 111 | 2016年6月2日 | 《中国保险报》 | 高速公路散落货物酿事故，保险突围路在何方 | 王小韦 |
| 112 | 2016年5月31日 | 《中国保险报》 | 银保业务监管转型升级路径抉择 | 王小韦 杜娟 |

续表

| 序号 | 发表日期 | 发表刊物 | 文章名称 | 课题组成员 |
|---|---|---|---|---|
| 113 | 2016年第9期 | 《中国保险市场》 | 营改增对保险中介市场影响几何 | 王小韦 王雨飞 |
| 114 | 2016年第56期 | 《保险中介市场》 | 保险中介新政下，香港保险中介市场监管对内地的启示 | 关亿信 王小韦 马丽娟 |
| 115 | 2016年6月8日 | 《中国保险报》 | 三道防线反车险欺诈 | 胡刚 王小韦 马丽娟 |
| 116 | 2016年6月16日 | 《中国保险报》 | 三大节点提升行业精准培训 | 王小韦 苟蕊 |
| 117 | 2016年6月22日 | 《中国保险报》 | 车险微信理赔实现多赢 | 王小韦 王雨飞 |
| 118 | 2016年6月30日 | 《中国保险报》 | 谈寿险公司高管培训 | 王小韦 苟蕊 |
| 119 | 2016年7月7日 | 《中国保险报》 | 西安推行交通事故微信双定 | 王小韦 王雨飞 杨科技 |
| 120 | 2016年7月6日 | 《中国保险报》 | 车险规则创新：北京一小步　行业一大步 | 王小韦 王雨飞 马丽娟 |
| 121 | 2016年7月19日 | 《中国保险报》 | “网约车”平台会成为车险公司的挑战者吗 | 王小韦 王雨飞 马丽娟 |
| 122 | 2016年7月21日 | 《中国保险报》 | 当经济轿车撞上豪华汽车 | 王小韦 陈曙 马丽娟 |
| 123 | 2016年7月21日 | 《中国保险报》 | 准驾车型不符，保险不予赔偿 | 王小韦 陈曙 马丽娟 |
| 124 | 2016年7月28日 | 《中国保险报》 | 陕西保监局：促银行类“兼代”新政落地 | 王雨飞 王小韦 |
| 125 | 2016年12月第47期 | 《中国保险市场》 | “打通”解读银保新规 | 王小韦 王雨飞 |
| 126 | 2016年8月3日 | 《中国保险报》 | 变车险比价为综合评价 | 胡刚 王小韦 |
| 127 | 2016年8月4日 | 《中国保险报》 | 玩具汽车碰倒老人，保险赔不赔 | 马丽娟 王小韦 |
| 128 | 2016年8月4日 | 《中国保险报》 | 违章变道被撞翻车，保险赔不赔 | 马丽娟 王小韦 |

续表

| 序号 | 发表日期 | 发表刊物 | 文章名称 | 课题组成员 |
| --- | --- | --- | --- | --- |
| 129 | 2016 年第 57 期 | 《保险中介市场》 | 关于车险经营划段的研究 | 王小韦<br>马丽娟 |
| 130 | 2016 年第 57 期 | 《保险中介市场》 | “打通”解读银保新规（修订稿） | 王小韦<br>王雨飞 |
| 131 | 2016 年 8 月 11 日 | 《中国保险报》 | 陕西试水为养老机构提供保障 | 范江丽<br>王小韦 |
| 132 | 2016 年 8 月 17 日 | 《中国保险报》 | “一体化”思维：破解车险经营难题 | 胡刚　王小韦<br>马丽娟 |
| 133 | 2016 年 8 月 25 日 | 《中国保险报》 | 银保新规“三抓手” | 王小韦<br>胡刚 |
| 134 | 2016 年 8 月 31 日 | 《中国保险报》 | 商业车险转型需要新思维新举措 | 王小韦<br>王雨飞 |
| 135 | 2016 年 8 月 30 日 | 《中国保险报》 | 借鉴美国经验，推动我国农险转型升级 | 杨科技<br>王小韦 |
| 136 | 2016 年 8 月 31 日 | 《中国保险报》 | 机动车肇事逃离现场，保险赔不赔 | 马丽娟<br>王小韦 |
| 137 | 2016 年 9 月 12 日 | 《中国保险报》 | 延安保险业快速应对安塞暴雨洪灾 | 高川<br>王小韦 |
| 138 | 2016 年 9 月 20 日 | 《中国保险报》 | 延安保险业向辖内灾区献爱心 | 高川<br>王小韦 |
| 139 | 2016 年 9 月 | 《中国保险报》 | 陕西保监局推进中介“两两”回头看 | 郜恺<br>王小韦 |
| 140 | 2016 年 9 月 22 日 | 《中国保险报》 | 顾客在银行网点跌倒摔坏佩饰，保险赔不赔 | 王小韦　王雨飞<br>马丽娟 |
| 141 | 2016 年 9 月 27 日 | 《中国保险报》 | 陕西保险业为“丝路行”活动保驾护航 | 范江丽<br>王小韦 |
| 142 | 2016 年 9 月 27 日 | 《中国保险报》 | 两车先后撞上同一个人致其死亡，保险如何赔偿 | 王小韦<br>王雨飞 |
| 143 | 2016 年 9 月 28 日 | 《中国保险报》 | 车险经营要不要“去中介化” | 曹春喜　王小韦<br>马丽娟 |
| 144 | 2016 年 10 月 11 日 | 《中国保险报》 | 新环境、新理念、新举措——构建农村保险保障新格局 | 王小韦　马丽娟<br>（备注：获奖） |

续表

| 序号 | 发表日期 | 发表刊物 | 文章名称 | 课题组成员 |
| --- | --- | --- | --- | --- |
| 145 | 2016年10月18日 | 《中国保险报》 | 友情代驾要小心！出了事故，可能双方都担责 | 王小韦<br>王雨飞 |
| 146 | 2016年10月20日 | 《中国保险报》 | 快速处理保险纠纷　陕西保监局坚持“三个一” | 耿西瑶<br>王小韦 |
| 147 | 2016年10月24日 | 《慧保天下》 | 机器人“入侵”保险业，哪些保险人的饭碗会被先砸 | 王雨飞<br>王小韦 |
| 148 | 2016年10月27日 | 《中国保险报》 | 新形势下保险中介培训工作如何做 | 王小韦<br>马丽娟 |
| 149 | 2016年11月8日 | 《中国保险报》 | 区块链技术是一把“双刃剑” | 王小韦<br>王雨飞 |
| 150 | 2016年11月24日 | 《中国保险报》 | 陕西省试行“访后付费”制度 | 韩蕾<br>王小韦 |
| 151 | 2016年12月2日 | 《中国保险报》 | 陕西保监局举办党务干部培训班 | 孙韵平　许凤<br>王小韦 |
| 152 | 2016年12月7日 | 《中国保险报》 | 延安保监分局营造发展环境 | 高川<br>王小韦 |
| 153 | 2016年第10期 | 《保险理论与实践》 | 当前银保业务监管转型路径选择 | 王小韦<br>杜娟 |
| 154 | 2016年12月20日 | 《中国保险报》 | 激活传统保险市场的“鲇鱼” | 王小韦<br>张婷 |
| 155 | 2016年12月26日 | 《中国保险报》 | 推动安责险：法治和技术一个都不能少 | 王小韦 |
| 156 | 2016年12月29日 | 《中国保险报》 | 陕西保监局搭建平台支持行业创新 | 海畅<br>王小韦 |
| 157 | 2017年1月5日 | 《中国保险报》 | 2016年保险营销：活跃在改革与延续之间 | 王小韦 |
| 158 | 2017年1月6日 | 《中国保险报》 | 细节看保险：理赔快又足，更要防得勤又准 | 黄明明<br>王小韦 |
| 159 | 2017年1月10日 | 《中国保险报》 | 细节看保险：金华一小步，保险一大步 | 黄明明<br>王小韦 |
| 160 | 2016年第11期 | 《中国保险》 | 对商业车险改革的深度思考 | 王小韦　马丽娟<br>王雨飞 |

续表

| 序号 | 发表日期 | 发表刊物 | 文章名称 | 课题组成员 |
| --- | --- | --- | --- | --- |
| 161 | 2017年1月12日 | 《中国保险报》 | 十起大巴恶性交通事故对当前车险主动经营的启示 | 王小韦<br>胡刚 |
| 162 | 2017年1月20日 | 《中国保险报》 | 责任保险发展要靠两大支点 | 黄明明<br>王小韦 |
| 163 | 2017年1月17日 | 《中国保险报》 | 中保信将为UBI车险腾飞插上翅膀 | 胡刚　王小韦<br>王雨飞 |
| 164 | 2016年12月第59期 | 《保险中介市场》 | 管控营销“咽喉”，回归“保险姓保” | 王小韦<br>胡刚 |
| 165 | 2017年1月19日 | 《中国保险报》 | 创新保险营销新思维（上） | 王小韦　王雨飞<br>郜恺 |
| 166 | 2017年1月24日 | 《中国保险报》 | 互联网保险中介转型之道 | 王小韦<br>王雨飞 |
| 167 | 2017年2月9日 | 《中国保险报》 | 动物园老虎伤人，保险赔不赔 | 王小韦<br>王雨飞 |
| 168 | 2017年2月14日 | 《中国保险报》 | 规范保险移动展业平台的三大抓手 | 高笑寒<br>王小韦 |
| 169 | 2017年2月15日 | 《中国保险报》 | 融合痛点：提升4S店车险体验满意度 | 王小韦<br>王雨飞 |
| 170 | 2017年2月16日 | 《中国保险报》 | 保险营销转型至关重要 | 王小韦<br>马丽娟 |
| 171 | 2017年2月9日 | 《中国保险报》 | 互联网车险“破茧化蝶”的三道关 | 胡刚　王小韦<br>马丽娟 |
| 172 | 2017年1月17日 | 《中国保险报》 | 应对车险欺诈“内功”探析（上） | 胡刚<br>王小韦 |
| 173 | 2017年2月13日 | 《中国保险报》 | 如何把控险资债券回购中的三大风险 | 倪金乾　王雨飞<br>王小韦 |
| 174 | 2017年2月21日 | 《中国保险报》 | 保险中介APP营销：创新还是搅局 | 黄鹏<br>马丽娟 |
| 175 | 2017年2月23日 | 《中国保险报》 | 用好校责险，对“校园欺凌”说不 | 王小韦<br>陈曙 |
| 176 | 2017年2月21日 | 《中国保险报》 | 保险公估机构转型：增质、增技、增营 | 黄鹏　郜恺<br>王小韦 |

续表

| 序号 | 发表日期 | 发表刊物 | 文章名称 | 课题组成员 |
|---|---|---|---|---|
| 177 | 2017 年 2 月 27 日 | 《中国保险报》 | 陕西创新苹果保险试点助力老区果业发展 | 杨科技<br>王小韦 |
| 178 | 2017 年 3 月 1 日 | 《中国保险报》 | 大型保险公司精耕汽车 4S 店业务策略 | 王小韦<br>高笑寒 |
| 179 | 2017 年 3 月 | 《中国保险报》 | 杨凌提供农险风险保障 13 亿元 | 张育新　张艳玲<br>王小韦 |
| 180 | 2017 年 3 月 7 日 | 《中国保险报》 | 保险科技抵达彼岸需铺好三块“桥板” | 高笑寒<br>王小韦 |
| 181 | 2017 年 3 月 7 日 | 《中国保险报》 | 保险中介互联网转型的窘境与出路 | 马丽娟 |
| 182 | 2017 年 3 月 10 日 | 《中国保险报》 | 保险业的碎片化思维和系统化思维 | 黄明明<br>王小韦 |
| 183 | 2017 年 3 月 15 日 | 《中国保险报》 | 中小险企 4S 店业务如何实现弯道超车 | 高笑寒<br>马丽娟 |
| 184 | 2017 年 3 月 15 日 | 《中国保险报》 | 与保险公务 共享交通能否走得更远 | 黄鹏 |
| 185 | 2017 年 3 月 28 日 | 《中国保险报》 | 保险业反洗钱监管模式转型：从合规到风控 | 戴娟<br>王小韦 |
| 186 | 2017 年 4 月 10 日 | 《中国保险报》 | 陕西延川试点保险扶贫新模式 | 高川<br>王小韦 |
| 187 | 2017 年 4 月 11 日 | 《中国保险报》 | 保险需要追赶共享交通进步的节奏 | 高笑寒<br>王小韦 |
| 188 | 2017 年 4 月 11 日 | 《中国保险报》 | 陕西黄陵县打造民生保险网 | 慕阳阳<br>王小韦 |
| 189 | 2017 年 4 月 18 日 | 《中国保险报》 | 剖析典型热点事件，提高风险管控能力 | 高笑寒<br>王小韦 |
| 190 | 2017 年 4 月 19 日 | 《中国保险报》 | 提升车险服务的三大路径 | 浐灞（王小韦） |
| 191 | 2017 年 4 月 19 日 | 《中国保险报》 | 车险经营适应汽贸新政之道：三改一加强 | 王小韦<br>王雨飞 |
| 192 | 2017 年 4 月 26 日 | 《中国保险报》 | 延安发文促推食责险 | 薛玥<br>王小韦 |

续表

| 序号 | 发表日期 | 发表刊物 | 文章名称 | 课题组成员 |
| --- | --- | --- | --- | --- |
| 193 | 2017 年 5 月 4 日 | 《中国保险报》 | 酒驾电动车撞上路边停放的机动车遇难，保险赔不赔 | 王小韦<br>李霞（甘肃局） |
| 194 | 2017 年 5 月 4 日 | 《中国保险报》 | 陕西查处非法“车险超市” | 王雨飞<br>王小韦 |
| 195 | 2017 年 5 月 11 日 | 《中国保险报》 | 陕西保监局召开保险中介监管工作会 | 王雨飞<br>王小韦 |
| 196 | 2017 年 5 月 22 日 | 《中国保险报》 | 细节看保险：遏制车祸的三道防线 | 黄明明<br>王小韦 |
| 197 | 2017 年 5 月 23 日 | 《中国保险报》 | 碎片化保险产品应注重“三个结合” | 李霞（甘肃局）<br>浐灞 |
| 198 | 2017 年 5 月 23 日 | 《中国保险报》 | 互联网保险下一站：借力、人才、环境 | 高笑寒<br>王小韦 |
| 199 | 2017 年 6 月 1 日 | 《中国保险报》 | 闪婚后丈夫谋杀妻子，保险赔不赔 | 王小韦<br>李霞（甘肃局） |
| 200 | 2017 年 6 月 5 日 | 《中国保险报》 | 反车险欺诈：练内功终于借外力 | 黄明明<br>王小韦 |
| 201 | 2018 年 6 月 7 日 | 《中国保险报》 | 揭开另类“车险超市”的神秘面纱 | 马丽娟<br>王小韦 |
| 202 | 2017 年 6 月 6 日 | 《中国保险报》 | 互联网保险的“风口”和“裸泳” | 王小韦<br>高笑寒 |
| 203 | 2017 年 6 月 13 日 | 《中国保险报》 | 打造反保险欺诈的“中央厨房” | 王小韦<br>黄明明 |
| 204 | 2017 年 6 月 21 日 | 《中国保险报》 | 错过网约车，UBI 车险还有风口吗 | 王小韦 |
| 205 | 2017 年 6 月 22 日 | 《中国保险报》 | 差异化培训转型呼之欲出 | 马丽娟<br>王小韦 |
| 206 | 2017 年 6 月 28 日 | 《中国保险报》 | 探寻反保险欺诈机制建设规律 | 黄明明<br>王小韦 |
| 207 | 2017 年 6 月 28 日 | 《中国保险报》 | 非交通事故导致校车出险，保险赔不赔 | 王小韦<br>王雨飞 |
| 208 | 2017 年 7 月 6 日 | 《中国保险报》 | 保险业能否跟上无人驾驶时代来临的节奏 | 高笑寒<br>王小韦 |

续表

| 序号 | 发表日期 | 发表刊物 | 文章名称 | 课题组成员 |
|---|---|---|---|---|
| 209 | 2017年7月18日 | 《中国保险报》 | 未来保险业发展的三大制高点 | 高笑寒<br>王小韦 |
| 210 | 2017年7月20日 | 《中国保险报》 | “叠加”背景下的保险专代监管 | 马丽娟<br>王小韦 |
| 211 | 2017年8月15日 | 《中国保险报》 | 定制保险：保险业发展的下一片蓝海 | 高笑寒<br>王小韦 |
| 212 | 2017年8月22日 | 《中国保险报》 | 预防大巴车风险：管控“软措施”应当更“硬” | 王小韦<br>王雨飞 |
| 213 | 2017年8月 | 《中国保险报》 | 互联网保险助推保险回归保障的三大支点 | 王小韦<br>高笑寒 |
| 214 | 2017年9月4日 | 《中国保险报》 | 细节看保险：开学三味 | 黄明明<br>王小韦 |
| 215 | 2017年9月7日 | 《中国保险报》 | 无接触性交通事故中机动车担责，保险赔不赔 | 李霞（甘肃局）<br>王小韦 |
| 216 | 2017年9月11日 | 《中国保险报》 | 保险可以拯救“替罪羊”吗 | 黄明明<br>王小韦 |
| 217 | 2017年8月24日 | 《中国保险报》 | 电梯安全事故频发，保险该怎么赔 | 浐灞（王小韦）<br>航天（王雨飞） |
| 218 | 2017年9月12日 | 《中国保险报》 | 滞后低效连带：智能保险能否开启交通智能监管新时代 | 王小韦<br>高笑寒 |
| 219 | 2017年第61期 | 《保险中介市场》 | 政策“切换期”，个代监管转型之道 | 高笑寒<br>王小韦 |
| 220 | 2017年9月20日 | 《中国保险报》 | 中介变革路上勿忘风险防范 | 王小韦<br>马丽娟 |
| 221 | 2017年9月21日 | 《中国保险报》 | 车险理赔“竞速”利好反车险欺诈 | 黄明明<br>王小韦 |
| 222 | 2017年10月9日 | 《中国保险报》 | 保险欺诈的罪与罚 | 黄明明<br>王小韦 |
| 223 | 2017年10月17日 | 《中国保险报》 | 互联网促进保险保障回归 | 苏洁<br>王小韦 |
| 224 | 2017年10月18日 | 《中国保险报》 | 遏制意外险欺诈的三道防线 | 黄明明<br>王小韦 |

续表

| 序号 | 发表日期 | 发表刊物 | 文章名称 | 课题组成员 |
|---|---|---|---|---|
| 225 | 2017年10月27日 | 《中国保险报》 | 陕西保监局与陕西省工商局联合发文整治中介市场乱象 | 王雨飞<br>王小韦 |
| 226 | 2017年10月24日 | 《中国保险报》 | “新一拨”互联网保险中介面面观 | 王小韦 |
| 227 | 2017年10月26日 | 《中国保险报》 | 父母为成年子女购买新型寿险产品效力如何 | 李霞<br>王小韦 |
| 228 | 2017年10月31日 | 《中国保险报》 | 人工智能影响保险业的切入点 | 王小韦　马丽娟<br>郜恺 |
| 229 | 2017年10月31日 | 《中国保险报》 | 人工智能影响保险业的切入点（2） | 王小韦　马丽娟<br>郜恺 |
| 230 | 2017年11月1日 | 《中国保险报》 | 发挥保险基本保障功能助力车险经营转型 | 王小韦<br>王雨飞 |
| 231 | 2017年11月14日 | 《中国保险报》 | 互联网保险与传统保险合作大于竞争 | 田丽　王小韦<br>苏洁 |
| 232 | 2017年11月16日 | 《中国保险报》 | 陕西规范保险欺诈案件移办流程 | 胡刚　黄鹏<br>王小韦 |
| 233 | 2017年11月23日 | 《中国保险报》 | 劝烟诱发吸烟人遇难　意外险赔不赔 | 王小韦<br>陈曙 |
| 234 | 2017年12月21日 | 《中国保险报》 | 确认“带病投保”　保险赔不赔 | 王小韦　陈曙<br>胡刚 |
| 235 | 2018年6月21日 | 《中国保险报》 | 细节看保险：两段视频和社会治理体系建设 | 王小韦<br>黄明明 |
| 236 | 2017年11月1日 | 《中国保险报》 | 发挥保险基本保障功能助力车险经营转型 | 王小韦<br>王雨飞 |
| 237 | 2017年12月 | 《汽车工程学报》（第七期） | 新一轮商业车险改革研究视角和深化建议 | 王小韦<br>俞莹蕾 |
| 238 | 2018年3月14日 | 《中国保险报》 | 网约车融合发展新思维 | 王小韦<br>陈亮 |
| 239 | 2018年1月2日 | 《中国保险报》 | “大改”商业车险必须破解三大难题 | 王小韦 |
| 240 | 2018年1月2日 | 《中国保险报》 | 4月起欧盟销售新车都是时刻待命的网联车 | 时欣 |

续表

| 序号 | 发表日期 | 发表刊物 | 文章名称 | 课题组成员 |
|---|---|---|---|---|
| 241 | 2018 年 1 月 2 日 | 《中国保险报》 | 你知道吗？欧洲车险赚钱也不易 | 时欣 |
| 242 | 2017 年 10 月 31 日 | 《中国保险报》 | 保险业适应人工智能发展的对策 | 王小韦　马丽娟<br>郜恺 |
| 243 | 2017 年 11 月 14 日 | 《中国保险报》 | 互联网保险与传统保险合作大于竞争 | 田丽　王小韦<br>苏洁 |
| 244 | 2017 年 12 月 19 日 | 《中国保险报》 | 新技术对未来风险的化解与重构 | 高笑寒<br>王小韦 |
| 245 | 2017 年 12 月 26 日 | 《中国保险报》 | 互联网寿险发展的三大机遇：政策、技术、方式 | 王小韦<br>苏洁 |
| 246 | 2018 年 1 月 9 日 | 《中国保险报》 | 发挥互联网寿险在寿险疾病“预减延”的积极作用 | 王小韦<br>苏洁 |
| 247 | 2018 年 2 月 6 日 | 《中国保险报》 | 互联网寿险驾驭基因检测技术的三大路径 | 王小韦<br>苏洁 |
| 248 | 2018 年 2 月 8 日 | 《中国保险报》 | 陕西保监局出台规范车险经营系列制度 | 郜恺　张艳玲<br>王小韦 |
| 249 | 2018 年 2 月 14 日 | 《中国保险报》 | 陕西保监局探索保险专业中介精细监管 | 郜恺<br>王小韦 |
| 250 | 2018 年 2 月 27 日 | 《中国保险报》 | 保险业加强服务陕西自贸区能力建设 | 李盼　郭涛<br>王小韦 |
| 251 | 2017 年 11 月 28 日 | 《中国保险报》 | 从“新零售”兴起看保险业未来发展转型 | 高笑寒 |
| 252 | 2018 年 3 月 13 日 | 《中国保险报》 | 科技保险赋能保险专业中介 | 高笑寒 |
| 253 | 2018 年 3 月 16 日 | 《中国保险报》 | 陕西保监局多措并举提升保险中介监管服务质量 | 郜恺　马丽娟<br>王小韦 |
| 254 | 2018 年 4 月 26 日 | 《中国保险报》 | 互联网寿险发展：且转、且险、且专 | 王小韦<br>苏洁 |
| 255 | 2018 年 5 月 22 日 | 《中国保险报》 | 依托互联网寿险推进社会治理现代化 | 王小韦　王晶<br>苏洁 |
| 256 | 2018 年 3 月 30 日 | 《中国保险报》 | 互联网寿险：与智能医疗和基因检测相生相克 | 王小韦<br>苏洁 |

续表

| 序号 | 发表日期 | 发表刊物 | 文章名称 | 课题组成员 |
|---|---|---|---|---|
| 257 | 2018 年 6 月 15 日 | 《中国保险报》 | 规则意识：植根于灵魂深处 | 王小韦<br>黄明明 |
| 258 | 2018 年 7 月 31 日 | 《中国保险报》 | 保险科技：发展与风险并存 | 高笑寒 |
| 259 | 2018 年 9 月 11 日 | 《中国保险报》 | 互联网平台经济：保险业的反思和改进 | 高笑寒 |
| 260 | 2018 年 3 月 5 日 | 《中国保险报》 | 2017 年全球保险并购升温　中国资本海淘遇冷 | 时欣 |
| 261 | 2017 年 11 月 16 日 | 《中国保险报》 | 陕西规范保险欺诈案件移办流程 | 胡刚　黄鹏<br>王小韦 |
| 262 | 2017 年 12 月 4 日 | 《中国保险报》 | “一体化”机制助力反车险欺诈 | 王小韦<br>俞莹蕾 |
| 263 | 2017 年 12 月 11 日 | 《中国保险报》 | 反保险欺诈要抓住三大关键 | 王小韦<br>黄明明 |
| 264 | 2017 年 4 月 9 日 | 《中国保险报》 | “赤峰骗保案”对开展反车险欺诈工作的启示 | 王小韦<br>黄明明 |
| 265 | 2018 年 4 月 26 日 | 《中国保险报》 | 细节看保险：无锡骗保案对保险经营的启示 | 王小韦　黄明明<br>胡刚 |
| 266 | 2018 年 4 月 24 日 | 《中国保险报》 | 打击保险欺诈：建一网、把两关、管三人 | 王小韦　黄明明<br>胡刚 |
| 267 | 2018 年 5 月 30 日 | 《中国保险报》 | 细节看保险：社会治理视角下反保险欺诈的预防型思维 | 黄明明　王小韦<br>胡刚 |
| 268 | 2018 年 6 月 4 日 | 《中国保险报》 | 细节看保险：创设保险欺诈指数的基本问题 | 王小韦　胡刚<br>黄明明 |
| 269 | 2018 年 5 月 4 日 | 《中国保险报》 | 遏制保险欺诈危害外溢的行业思维 | 王小韦　胡刚<br>黄明明 |
| 270 | 2018 年 6 月 5 日 | 《中国保险报》 | 细节看保险：保险欺诈指数和保险诈骗链条的辩证关系 | 王小韦　胡刚<br>黄明明 |
| 271 | 2018 年 6 月 11 日 | 《中国保险报》 | 保险实名新政有助于降低保险欺诈指数 | 胡刚　王小韦<br>黄明明 |
| 272 | 2018 年 6 月 26 日 | 《中国保险报》 | 细节看保险：提升反保险欺诈的认知 | 王小韦　胡刚<br>黄明明 |

续表

| 序号 | 发表日期 | 发表刊物 | 文章名称 | 课题组成员 |
|---|---|---|---|---|
| 273 | 2018 年 6 月 11 日 | 《中国保险报》 | 细节看保险：探析保险欺诈行为的复合性、独立性特征 | 王小韦<br>黄明明 |
| 274 | 2018 年 4 月 18 日 | 《中国保险报》 | 细节看保险：打击保险欺诈的三重境界 | 王小韦　胡刚<br>黄明明 |
| 275 | 2017 年 11 月 | 《保险中介市场》 | 动态平衡：保险营销增量和提质的辩证思考 | 王小韦<br>马丽娟 |
| 276 | 2017 年 12 月 | 《保险中介市场》 | 对当前保险中介监管政策和保险中介市场风险的深度思考 | 王小韦　马丽娟 |
| 277 | 2018 年 3 月 15 日 | 《中国保险报》 | 新型保险培训特点、风险和防范 | 王小韦　王雨飞<br>马丽娟 |
| 278 | 2018 年第 1 期 | 《保险中介市场》 | 新架构下提升银保业务监管的三大抓手：理论、制度、技术 | 田丽　王小韦<br>马丽娟 |
| 279 | 2018 年 5 月 11 日 | 《21 世纪经济报道》 | 提升意外伤害保险经营能力的三大路径 | 李鹏彬　王小韦 |
| 280 | 2018 年 6 月 28 日 | 《中国保险报》 | 保险人的“朋友圈”不可任性　保险自媒体宣传新政助推保险销售进一步规范 | 王小韦　段晓华<br>胡刚 |
| 281 | 2018 年 6 月 28 日 | 《中国保险报》 | 培训“三大调整”：产品、架构、知识 | 马丽娟<br>王小韦 |
| 282 | 2018 年 7 月 | 《保险文化》 | 外资险企“拦路虎”——牌照、产品、渠道 | 王小韦 |
| 283 | 2018 年 7 月 12 日 | 《中国保险报》 | 新时代治理保险销售误导的新思维 | 王小韦<br>李红维 |
| 284 | 2018 年 7 月 26 日 | 《中国保险报》 | 探析保险代理新规的“坐标”体系 | 王小韦<br>李红维 |
| 285 | 2018 年 9 月 25 日 | 《中国保险报》 | “银行统治下的保险公司”能否华丽转身“白天鹅” | 王小韦 |
| 286 | | | “双峰监管”　从理论到实操 | 时欣 |

# 代后记

## 新起点　新方向　新征程

《保险观察与思考》系列丛书已经正式出版了两本，第二本是《保险观察与思考（2017）》，《保险观察与思考（2018）》是即将交付印刷的第三本。

一年前的今天，《保险观察与思考（2017）》的后记，我使用了“仰望百万　伏耕卅万”的标题，确立了2018年保险理论写作的奋斗目标是本年度发表文章字数30万字、累计发表100万字；年底盘算，虽然年度的写作目标尚未达成，但是，累计发表文章数量的目标超额完成。一年后的今天，在第三本《保险观察与思考（2018）》的后记中，我想主要的任务还是为未来保险理论写作确立一个目标，也算对自己和喜欢保险写作的同仁一个鼓励，暂且归纳为“新起点、新方向、新征程”。

新起点。一代人有一代人的使命。之所以说未来保险写作的新起点，基于以下三大依据：一是银保监管体制改革，为保险经营和保险监管揭开崭新的篇章。金融监管属于社会科学领域，监管架构设计无论是实行分业经营、分业监管还是实行混业经营、一体监管，或者其他方式，没有绝对的对错、优劣。按照国家机构改革方案的落地实施，银行业、保险业的监管机构一体化运行将会进入实质性阶段，监管制度建设必将提上议事日程，必将会对银行业、保险业的发展产生重大影响。我和同事们的保险理论研究遵循与时俱进的原则，研究对象、取材等必将发生深度变化。二是保险研究能力进一步提高，为提升研究质量和水平提供技术支持。追溯起来，从2011年启动的保险理论研究工作至今已八个年头，累计发表文章篇数超过290篇，字数超过120万字，写作团队也从八年前的一两个人发展到一定的规模人数。三是保险业实践活动的新情况、新问题，为开展理论研究提供了取之不竭、用之不尽的素材。鉴于保险监管和经营揭开新篇章，将为保险理论研究提供新素材和新要求。正是基于上述三大原因，决定了未来保险理论研究将站在新的起点，肩负着新的历史使命。

新方向。学以致用，研以致用。利用业余时间开展理论研究，一种持久、澎湃、向上的驱动力不是经济利益，也不是分内工作，更多源于推动保险业进步，提升保险业的监管能力和治理能力现代化。梳理已经结集出版的两本书和即将出版的第三本书，在文章上可能更多的是着眼于揭摆问题、分析根源。在未来的保险理论研究上，研究重点更多是尝试对制度瑕疵进行完善，尝试在现有监管制度基础上提出更加合理、更具操作性的实施细则，便于保险监管部门依法监管，便于保险经营主体依法经营，便于保险消费者依法维权，便于从保险业的角度提高社会治理能力和社会治理现代化建设，便于建设一个零死亡、轻人伤、低物损为特征的弱风险型社会。

新征程。立足新起点，似乎是一个客观的基础；朝着新方向，的确是一个理想的目标；开启新征程，绝不是一件轻松的行动。构建一个零死亡、轻人伤、低物损为特征的弱风险型社会，肯定是生活在这个国家的每一个人的梦想和追求。实现这样的梦想和追求，需要法律手段、经济手段、技术手段和道德手段的密切配合，而保险手段仅仅是经济手段中的一个组成部分，既要充分发挥保险手段的积极作用，也离不开道德手段的支撑。未来的保险研究，在继续夯实对保险经营、监管理论研究的基础上，主动收集风险管理相关部门的做法，努力实现法律手段、经济手段、技术手段和道德手段之间的良性互动，相互促进、相得益彰。

当然，我们自己的研究工作是利用业余时间，自发自觉地开展研究，研究结论中的各种观点都属于自己的一家之言，如有不适，责任自负，与所在机构无关；在研究中使用了大量生活中的实例，对于涉及事实的表述，均会援引人民法院的法律文书、权威媒体的报道，如有不适，同样责任自负，与所在机构无关。

学无止境。在未来保险研究的道路上，我和我的同仁有信心、有能力、有毅力走得更远、更宽、更稳、更快、更好！

王小韦

**2018年10月7日**